인생의 구조

이 수 정

인생의 구조

이 수 정

철학과현실사

서문

　이 세상에 인간으로 태어나 해맑은 눈망울을 굴리며 주변의 모든 것들을 낯설게 신기하게 두렵게 바라보던 60년 전을 아주 어렴풋이 기억한다. 그로부터 참 별의별 일들을 다 겪어보았다. 매일매일 반복적으로 찾아오는 아침과 저녁, 낮과 밤을 맞으면서, 또 춘하추동을 지나면서, 먹고 입고 자고 깨고, 학교도 다니고 취직도 하고, 뜨거운 연애 후에 결혼도 하고 아이도 낳고 기르고, 세금도 내고 총도 메어보고, 그러면서, 식민지의 흔적, 6·25의 흔적도 주변에서 보았고, 4·19, 5·16, 5·18, 12·12, 6·10, 6·29, IMF, 올림픽, 월드컵 … 그런 것들도 내 삶의 일부에서 다 지켜보았다. 별의별 산하도 다녀보았고 이런저런 도시와 나라들도 구경 다녔다. 별의별 사람들도 다 만나보았다. 온갖 희로애락도 겪어보았고, 생로병사도 겪어보았다. 열심히 일해서 월급이란 것도 받아보았고 이러저런 자리에도 앉아보았고 가끔은 언론에 이름도 오르내렸다. 행복과 불행이 왔다가 가고 왔다가 갔다.

아, 돌이켜보니 그게 다 인생이었다. 그 사이 얼마나 많은 사람들이 태어났으며 살아왔으며 죽어갔는가. 생각해보니 그게 다 신비였다. 한평생 철학이라는 것을 업으로 삼으며 이런 신비에 관심이 안 갈 리 없다. 그래서 작정하고 물어보기로 했다. '인생이란 무엇인가?'

이 책은 그 엄청난 물음에 대한 내 나름의 조촐한 그러나 진지한 대답이다. 이런 철학이 요즘 같은 시대에 얼마나 관심을 끌지는 모르겠지만 나는 이것을 하나의 의무로 생각해왔다. 20대 초부터 60대가 된 지금에 이르기까지. 그 결과물을 나는 일종의 '인생의 현상학'으로서 사랑하는 나의 한국 철학계와 한국의 독서계에 제출한다. 형식과 문체가 좀 특이한 것은 언제나 그렇듯이 철학과 문학을 동시에 사랑하는 나의 독특한 학문적 취향이다. 널리 받아들여지기를 희망한다.

이 험난한, 그러나 아름다운 세상에서 함께 힘겨운 그러나 때로 행복한 인생을 살아가는 인간 동료 여러분들에게 나의 따뜻한 위로와 격려를 전하고 싶다. 모두들 의미 있는 인생을 사시기 바란다. 이 책이 조금이나마 참고가 되기를 바라면서.

2014년 여름 서울에서
이수정

6

차례

서문 / 5

논의를 펼치며: 미리보기 또는 포부 / 11

  인생론의 밑그림 / 11

서론: 이 논의의 주제, 방식, 이유(무엇을, 어떻게, 왜) / 23

  인사 또는 기대: 만남과 인연 / 23
  무엇을 하려고 하는가?(주제) / 30
  어떻게 하려고 하는가?(방식) / 40
  왜 하려고 하는가?(이유) / 56

제1장 삶의 주체 ─ 우리는 누구로 사는가? / 65

  주체의 문제에 대한 철학사적 회고 / 67
  '나'는 누구인가? / 68
  주인공으로서의 나 / 72
  '세인'으로서의 나, '세계-내-존재'로서의 나 / 75
  신분적 존재로서의 나 / 76
  관계적 존재로서의 나 / 81

공공적 존재로서의 나 / 85

육체적 존재로서의 나 / 89

정신적 존재로서의 나 / 92

생명으로서의 나 / 100

인간으로서의 나 / 104

제2장 삶의 시간 — 우리는 언제를 사는가? / 107

시간의 문제에 대한 철학사적 회고 / 109

일생(출생과 죽음 사이) / 109

시간의 이모저모 / 110

세월과 시절 / 116

출생 — 인생의 시작 / 122

유년 시절, 소년 시절 / 124

청년 시절, 장년 시절 / 127

노년 시절 / 133

죽음 — 인생의 마감 / 137

현재(과거와 미래 사이) / 149

현대 / 154

제3장 삶의 장소 — 우리는 어디서 사는가? / 161

장소의 문제에 대한 철학사적 회고 / 163

집(가정) / 163

학교 / 171

사회(동네와 마을, 지역과 고장, 커뮤니티) / 174

직장 / 178

국가(한국) / 180

세계(국제사회) / 183

지구(자연) / 185

세상(삶의 터전) / 189

천지(우주, 존재계, 이승) / 191

제4장 삶의 내용 – 우리는 무엇을 하며 사는가? / 195

행위의 문제에 대한 철학사적 회고 / 197

행위, 활동의 집합 / 197

욕구, 욕망의 추구 / 205

희망과 실망, 성공과 실패 / 216

일상생활 / 221

취미생활, 문화생활 / 226

일과 놀이 / 228

사랑, 성, 결혼 / 235

자녀 양육, 교육, 뒷바라지 / 249

미움과 증오, 대립과 경쟁, 승리와 패배 / 250

교제, 교우 / 258

신체적 단련(운동, 위생, 보건) / 261

정신적 도야(공부, 배움, 교양) / 264

신앙 / 269

제5장 삶의 성격 – 우리는 어떠한 인생을 사는가? / 273

성격의 문제에 대한 철학사적 회고 / 275

신비롭고 불가사의한 인생 / 275

흔하고 당연하고 뻔한 인생 / 277

일회적, 절대적인 인생 / 279

반복적, 순환적인 인생 / 281

개별적, 실존적인 인생 / 283

관계적, 사회적인 인생 / 285

수동적(운명적)으로 던져진, 만들어지는 인생 / 286

능동적(자주적)으로 만들어가는 인생 / 289

부정적인(힘들고 괴로운, 불평등한, 불공정한) 인생 / 292

무상한, 허무한, 헛된 인생 / 298

긍정적인(아름다운, 은혜로운, 고마운) 인생 / 302

비할 바 없이 값진, 소중한 인생 / 305

제6장 삶의 이유 – 우리는 왜 사는가? / 307

원인의 문제에 대한 철학사적 회고 / 309

났으니까 산다 / 309

마지못해 산다 / 310

좋으니까 산다, 원하니까 산다 / 311

의미 때문에 산다 / 312

좋기 위해서 산다 / 314

논의를 접으며: 다시보기 또는 당부 / 317

삶의 주체 / 317

삶의 시간 / 321

삶의 장소 / 323

삶의 내용 / 327

삶의 성격 / 331

삶의 이유 / 334

논의를 펼치며: 미리보기 또는 포부

■ 인생론의 밑그림

나는 일찍이 20대의 청년 시절에 '인생이란 무엇인가?'를 철학적으로 사유하며 다음과 같은 글을 쓴 적이 있다. 시대적 감각은 지금과 다를지라도, 젊음이 주는 신선함과 진지함은 없지 않을 것이다. 어쩌면 시대를 초월한 보편성도 없지 않을 것이다. 하나의 참고가 될까 하여 서두에 올려둔다.

인간이 그의 철학적 사색에 있어서 물을 수 있는 가장 근원적이며 또 가장 궁극적인 물음이 있다면 그것은 어떠한 물음일까? 그러한 물음은 아마도 라이프니츠와 하이데거에 의해 물어진 적이 있는 저 물음— 즉 '도대체 왜 존재자가 존재하며 오히려 무가 아닌가?' 하는 물음일 것이다. 이 물음이야말로 인간이 그의 철학적 사색에 있어서 물을 수 있는 가장 근원적이면서 동시에 가장 궁극적인 물음이다. 존재하고 있는 이 모든 것 — 그것이 유심론에서 말하는 정신으로 해석되든 유물론에서 말하는 물질로 해석되든, 혹은 가상이나, 표상, 의식, 의지 등 그 밖의 어떤 것으로 해석되든 — 이 모든 것의 '존재'는 적어도 깨어 있는 철학적 의식의 소유자에게 있어서는 물음을 던지지 않을 수 없도록 하는 '문제 그 자체'로서 경험된다. 생각해보면, 애당초 아무것도 없고 꼭 이러하지 않을 수도 있을 터인데, 왜 무가 아니고 이 모든 것이 이와 같이 존재하고 있는 것인가?

그러나 이러한 물음에 대한 직접적인 대답은 주어지지 않으며 주어질 수도 없다. 무릇 '왜?'라고 하는 물음은 그 물음 자체의 성질상 '무엇 때문에 그렇다'고 하는 대답을 요구한다. 그것이 일반적이다. 그런데 '도대체 왜 존재자가 존재하며 오히려 무가 아닌가?' 하는 이 물음에 대해서는 '무엇 때문에' 존재자가 존재하고 있다는 그런 인과적인 대답은 주어지지 않는다. 그것은 결코 우리 인간의 지적 능력이 모자라서가 아니다. 그러나 이 물음에 대한 직접적인 대답이 주어질 수 없음에도 불구하고, 이 물음에는 두 가지의 간접적인 대답이 가능하다. 그 하나는, 이 일체존재를 초월한 절대자, 이를테면 신을 상정하여 그 '신의 뜻에 따라', '모든 것은 존재하고 있으며 도리어 무가 아니다'라는 대답이고, 또 하나는, '모든 것이 이와 같이 존재하고 무가 아닌 것은 저 스스로 그러한 것 — 즉 자연(自然)이다'라고 하는 대답이다. 그러나 이러한 종류의 대답은 그 어느 쪽도 '왜?'라는 물음에 대한 충분한 직접적인 대답은 될 수 없다. 왜냐하면 무전제적인 대답을 기대하는 이성이 결코 그것으로 만족하지 못하기 때문이다.

이러한 종류의 물음에는 애당초 충분한 직접적인 대답이 있을 수가 없다. 그렇다면, 그럼에도 불구하고 이러한 물음이 제기되는 것은 왜인가? 그 까닭은 이러한 물음을 진지하게 제기했던 하이데거에 의해서 이미 어느 정도 해명되어 있다. "오로지 무가 현존재[인간]의 근거 속에서 드러나 있는 까닭에, 존재자의 아주 괴이한 성격이 우리를 엄습하여 온다. 오직 존재자의 괴이한 성격이 우리를 압박하여 올 때에만 존재자는 경이를 불러일으키며 또 경이의 대상이 된다"는 것이다. 무의 경험을 매개로 한 존재의 경이, 이것을 근거로 해서 비로소 '왜?'라고 하는 진정한 물음이 일어난다. 이때 존재자의 괴이한 성격이란 '존재자가 존재함의 신기로움'을 의미한다고 보아도 좋을 것이다.

이와 같이 '도대체 왜 존재자가 존재하며 오히려 무가 아닌가?' 하는 이 물음은 '존재의 신비에 대한 경이(thaumazein)의 고백' 이외의 다른 것이 아니다. 가능성으로서야 티끌 하나 없는 완전한 무일 수도 있을 터인데, 도대체 왜 그렇지 않고 이 모든 존재자가 이렇게 존재하고 있는 것인가? 우리는 저 아득한 옛날 진리의 여신이 젊은 파르메니데스에게 들려준 그 한마디를 마음에 떠올리게 된다. "필요한 것은, '오직 있는 것이 있다'고 말하고 또한 생각하는 것이다. 왜냐하면 있는 것이 있고, 없는 것이 아니므로." 또한 우리는 라이프니츠와 더불어 다음과 같이 말하지 않을 수 없다. 정말이지 '존재자가 있다는 혹은 존재가 있다는 이 사실보다 더한 수수께끼가 또 어디에 있을까?'

그런데 이 최후적인 물음은 다름 아닌 '인간'에 의해서 물어지고 있는 만큼, 묻고 있는 인간 자신의 입장에서 다양하게 분절되어 나갈 수가 있다. 그중 우선적인 것은 이 모든 존재의 신비성에 앞서 인간 자신에게 더 직접적인 그 어떤 신비성, 즉 다름 아닌 '인간 자신의 존재의 신비성'에 대한 물음일 것이다. 인간 자신이야말로 인간에게 있어 가장 실감나는, 가장 진지한 물음거리가 아닌가. 이 모든 존재자가 아무런 까닭 없이 그저 어쩌다가 우연히 존재하고 있다고, 백 보 양보해서 그렇게 인정한다 치더라도, 그렇다면 우리 '인간은 왜 이와 같이 존재하고 있는가?', 이것은 자기 자신에 관한 일인 만큼 그냥 넘길 수는 없는 독특한 무게를 지닐 수밖에 없다. 따라서 인간 자신에게 있어서 가장 우선적이고 가장 직접적인 물음이 있다면 그 물음은 아마도 이러한 물음이 될 것이다. '도대체 왜 인간이 이와 같이 존재하고 있으며 오히려 무가 아닌가?'

이러한 물음으로써 우리는 일체존재의 신비에서 인간존재의 신비로 관심을 한정할 수가 있다. 이러한 한정 내지 전이는 자연스러운 것이며 무리한 논리적 비약은 아니다. 하지만 이 물음에 대해서도 대답은 여의치가 않다. '신의 창조'나 '우연 내지 자연'이 그 답이 될 수 있겠지만, 이 또한 앞의 경우와 마찬가지로 우리의 이성을 만족시켜줄 수는 없는 것이다. 그런데 문제는 여기에서도 끝나지 않는다. 인간존재의 신비가 일체존재의 신비보다 인간 자신에게 '더욱' 가깝기는 하지만, 단순한 '인간의 존재함'이 인간에게 '가장 가까운' 것은 되지 못한다. 왜냐하면 '인간'이라는 이 존재자는 그저 존재하고 있는 것이 아니라, 그리고 그저 생존하고 있는 것이 아니라, 유일하게, 어떤 특별한 의미에서, '살면서' 존재

14

하고 있기 때문이다. 아니 어떤 점에서는 인간의 존재라는 것 자체가 '삶'으로 이해되지 않으면 안 된다. 인간존재의 삶 — 이것은 술어상 '인생'이라는 말로서 표현되고 있다. 따라서 인간 자신에게 있어서 가장 문제다운 철학적 문제는 바로 '인생' 그것일 수 있다.

우리는 여기서 또 한 번 우리의 관심을 한정할 필요가 있다. 즉, 인간이 그의 철학적 사색에 있어서 물을 수 있는 제일차적인 물음은 우선 무엇보다도 '인생'이라는 주제를 향해서 던져져야 할 것이다. 그런데 이 주제에 대한 물음은 구체적으로는 아주 다양한 형태로 전개될 수 있다. 예컨대 '도대체 왜 우리는 인생을 살아야만 하는가?'라고 물을 수도 있고, '도대체 어떻게 우리는 인생을 살아야만 하는가?'라고 물을 수도 있고, 더 근본적으로 '인생이란 무엇인가?', '산다는 게 무엇인가?'라는 형태로 물을 수도 있다. 그 물음의 형태가 구체적으로 어떤 것이든 간에, 그 모든 것이 우리가 이미 '인생을 살고 있다'고 하는 '근본 사실'을 기초로 하고 있기만 하다면, 그것은 '진정한' 물음이 될 수가 있다. 아무튼 그러한 물음들과 그 물음과 관련된 대답의 시도들을 총괄하여 우리는 '인생론' 또는 '인생철학'이라고 부를 수가 있다.

그런데 우리는 '철학'에 종사하는 자로서, 그러한 '인생의 문제'가 철학 내에서 과연 정당하게 다루어져 왔으며 또 다루어지고 있는가 하는 것을 묻지 않을 수 없다. 이러한 문제 제기는 어떤 점에서 철학사의 전통 내지 권위에 대한 시비가 될 수도 있으므로 조심스럽고도 면밀하게 이루어지지 않으면 안 된다. 우리는 이른바 연구자들로부터의 몇 가지 반응을 예상할 수 있다. 첫째, 인생론은 철학사의 과정에서 다양한 형태로 전개되어왔다고 하는 것. 둘째, 인생론은 학적인 철학의 진정한 주제가 아니므로 철학이 그것을 다룰 필요가 없으며 다루어서도 안 된다고 하는 것. 셋째, 인생론은 철학의 능력과 권리를 벗어난 것이므로 철학에서는 다룰 수가 없다고 하는 것 등등. 그러나 우리는 이렇게 본다. 철학사의 과정에서 다양한 형태로 전개돼온 인생론이라고 하는 것은, 비록 그 자취가 일부 인정될 수 있다 치더라도, 그 양과 질에 있어서 충분하지 못했으며 그 중요성에 비해 결코 정당한 위치를 차지하지도, 정당한 평가를 획득하지도 못하지 않았는가. 그리고 인생론이 학적인 철학의 진정한 주제가 아니라고 하는 것은 철학의 근거 없는 오만 또는 무지가 아닌가. 그리고 인생론이 철학의 능력 바깥에 있다는 것은 부당한 직무유기 내지 책임회피가 아닌가.

물론 우리는 '인생론'이라고 하는 것이, 이미 세상에 출판된 수많은 통속적인 인생론들로 말미암아, 충분한 오해의 가능성 위에 놓여 있을 뿐 아니라, 진부하고 천박한 느낌을 주는 경우마저 있다는 것을 인정할 수밖에 없다. 그런 식의 통속적인 인생론을 일종의 상품으로서 유통시키는 것이 철학의 할 바가 아니라는 것은 백 번 천 번 지당한 말씀이다. 그러나 그 주제 자체는 누가 뭐라고 하더라도 철학이 빠트려서는 안 될 제일차적 주제, 주제 중의 주제인 것이다. 따라서 우리가 학으로서의 철학 내에서 다루어야 할 '철학적 인생론'은 이른바 '통속적 인생론'들과는 엄격히 구별되지 않으면 안 된다. 물론 '통속적'이라고 하는 평가의 기준이 결코 함부로 쉽게 마련될 수 있는 것은 아니다. 그러나 우리는 대략 다음과 같은 몇몇 사실을 그러한 통속적인 인생론의 '특징'으로서 이야기할 수는 있을 것이다. 첫째, 그것들은 주로 개인적인 사견에 근거하여 쓰였다는 것. 둘째, 그것들은 어디까지나 '대중'들을 독자로 예상하고 쓰였다는 것. 셋째, 그것들은 학적인 개념화의 과정을 거치지 않았다는 것. 넷째, 그것들은 무엇보다도 단편적인 견식의 나열로서 유기적인 체계성을 무시하고 있다는 것 등등.

아무튼, 학으로서의 철학이 다루어야 할 '인생론'은 이러한 몇 가지 사실을 지양하지 않으면 안 된다. 단적으로 말해 학으로서의 '인생론'은 사견에 의해 이런저런 소위 지혜를 단편적으로 나열하는 것이 아니라 엄밀한 철학적 '절차'를 거쳐서 '불변하는 인생의 아프리오리한 구조 내지는 근본 사실들'을 밝혀주어야 한다는 것이다. 예를 들자면 출생, 성장, 배움, 일, 놀이, 만남, 사랑, 다툼, 고난, 늙음, 죽음 등이 그 한 단편이 될 수 있을 것이다. 이 중에서 출생과 죽음은 기본이다. 인생은 그 누구의 것이든 이 두 가지 기본 사실의 '사이'에서 전개되는 것이기 때문이다(석가모니나 예수도 이 점에서는 예외가 아니었다).

그렇다면 '철학적 인생론'이 궁극적으로 목표 삼는 바, 지향할 바는 무엇인가? 그것은 물론, 일차적으로는, 인생의 근본 사실들을 밝혀 언어화하는 것이다. 그러나 최종적으로는 그러한 언어화의 성과를 각각의 인간들이 '듣고', '깨달아서' 각각의 인생에 참고함으로써 인생의 의미를 찾고, 따라서 좀 더 윤택한 각각의 '삶'을 살아가도록 하는 것, 그것이라고 할 수 있겠다. 이는 지극히 당연한 평범한 이야기임에 틀림없다. 그러나 사실 생각해보면 지극히 당연한 것이야말로 지극히 중요한 것이며 또한 그 때문에 지극히 어려운 과제가 되지 않을까?

이러한 취지에서 이제 우리 나름으로 파악한 몇 가지 중요한 근본 사실들을 정리해본다. 그것은 대략 다음과 같다.

1. 인간은 '삶'의 주인공이라는 것
2. 삶은 '행위'의 총체라는 것
3. 행위는 '상호적 관계함'이라는 것
4. 상호적 관계함은 '신분'에 기초한다는 것
5. 신분에는 각각의 '관심'이 있다는 것
6. 관심의 기초에는 '욕구'가 있다는 것
7. 욕구는 '좋음'을 지향한다는 것
8. 좋음이 '인생의 궁극적 원리'라는 것

이상을 조금 더 체계적으로 세분화하면 다음과 같은 근본 주제들이 부각된다.

(1) 우리는 누구로 사는가?(삶의 주체)

주인공, 세인, 신분, 관계, 시민, 국민, 육체, 정신, 생명, 인간

(2) 우리는 언제를 사는가?(삶의 시간)

일생, 세월, 시절, 출생, 유년, 소년, 청년, 장년, 노년, 죽음, 과거, 현재, 미래, 시대, 현대

(3) 우리는 어디서 사는가?(삶의 장소)

가정, 학교, 사회, 직장, 국가, 한국, 세계, 자연, 지구, 세상, 천지, 존재

(4) 우리는 무엇을 하며 사는가?(삶의 내용)

행위, 욕구, 성공, 실패, 희망, 실망, 일상, 취미, 문화, 일, 놀이, 사랑, 성, 결혼, 양육, 미움, 경쟁, 승리, 패배, 교우, 운동, 보건, 공부, 신앙

(5) 우리는 어떠한 인생을 사는가?(삶의 성격)

신비, 당연, 유일, 반복, 개인, 공동, 운명, 자유, 고통, 불평
등, 불공평, 불공정, 무상, 허무, 헛됨, 무의미, 은혜, 감사

(6) 우리는 왜 사는가?(삶의 이유)

맹목, 의지, 의미, 좋음

이상이 우리가 검토해야 할 인생론의 기본적, 구체적 주제들이
다. 이상에 관해 지금 상론은 불가능하지만 몇 가지에 대해서는 약
간의 해설을 곁들이자.

우리가 보기에 인간에 있어서 가장 기본적이고도 중요한 사실은
'삶'이다. 인간 이외의 모든 존재자는 그저 '존재'하거나 '생존'할
따름이며, 오직 인간만이 '삶'을 살아간다. 즉 인간은 '삶의 영위
자'인 것이다.

그런데 '산다'는 것은, 실은 우리 인간이 매일매일 의식적으로
혹은 무의식적으로 행하는 수많은 행위의 총체에 다름 아니다. 이
를테면, 사랑한다, 미워한다, 약속한다, 배신한다, 가르친다, 배운
다, 논다, 일한다 … 하는 등등의 모든 것들이 다 그런 '행위'의 실
질인 것이다. 생각한다는 것도 말하자면 그런 행위의 일종이다.

그런데 이 '행위'란 것은, 대개의 경우 다른 사람(또는 사람들)
과의 관계 속에서 이루어진다. 그런 점에서 행위는 '관계함'이라는
성격을 갖는다. 또한 이 관계함은 일방적인 것이 아니라 상호적인
것이다. 즉 이것은 서로가 서로에게 관계하는 사회적인 것이다. 물
론 하나의 특수한 경우로서 자기가 자기에게 관계하는 그런 실존
적인 관계함도 있다.

그런데 이 관계의 양단에는 각각 행위의 주체가 있고 그 주체들

은 어떤 경우에든 모종의 '신분'에 제약되어 있다. 상호적 관계함으로서의 행위는 어떠한 경우에든 반드시 어떤 '입장'을 대변한다. 즉 우리 인간은 반드시 누구'로서', 무엇인가를 욕구하는 것이다. 이러한 '로서'를 우리는 '신분'이라고 부를 수 있다. 인간은 태어나면서 죽을 때까지 누구'로서', 예컨대 누구의 자식으로서, 학생으로서, 아내로서, 사장으로서, 한국인으로서 … 끊임없이 신분에 제약되어서 행위할 수밖에 없는 것이다.

그리고 신분에 제약된 이런 '행위'들은 유심히 통찰해보면, 거기에는 각각 그 행위 주체들의 고유한 관심 내지 욕구가 근저에 도사리고 있음을 발견할 수 있다. 이 관심 내지 욕구는 무조건적인 것이며 어떤 점에서는 선천적인 것이다. 그 내용은 이른바 부귀공명을 필두로 실로 다양하면서도 끝이 없다. 바로 이 다양한 무한의 욕구들이 '삶'의 다양한 실질적 내용을 이루는 것이다.

그런데 이 '관심' 내지 '욕구'들은 '무언가에 대한' 욕구이며, 특히 '무언가 좋은 것'에 대한 욕구다. 다시 말해 모든 욕구는, 그것이 어떠한 종류의 것이든 간에, 그 어느 것 하나 예외 없이 '좋음'을 지향하고 있는 것이다. '좋음'은 인간 행위의 궁극적 지향점이다. 이른바 행복이라는 것도 이 범주에 포함된다.

이렇듯, 좋음을 지향하는 욕구, 욕구가 결정하는 관심, 관심에 가로놓인 신분, 이러한 신분들끼리 각자의 욕구 충족을 위해 끊임없이 관계를 맺으며, 상호적으로 행위하는 것이 우리들의 삶이요, 이 '삶'이 다름 아닌 인간의 '본질 중의 본질'인 것이다. 이런 것이 우리 '인생'의 기본적인 틀임을 부인할 수 없다.

이러한 것인 이상 철학은 이 주제를 결코 결여할 수 없는 것이다. … 철학에 몸담고 고민해온 하나의 흔적으로 이 단상들을 기록해둔다. 언젠가는 충실한 내실로 채워져 하나의 철학적인 인생론으로 완성될 것을 기약하면서.1)2)

197X년(24세)

이수정

---

1) 이 글은 졸저 『인생론 카페』(철학과현실사, 2013)에 수록된 것을 전재한 것이다.

2) 인생에 대한 나의 관심은 그 최초의 단계에서부터 이미 결여할 수 없는 철학의 한 부분이었다. 이수정, 『인생론 카페』 중 「잠시 일상을 떨치고」 참고. 197X년, 22세에 쓴 그 글은 '인생이 무엇인가 묻는 주책없는 젊은 이의 여행 수첩'이라는 부제를 달고 있다.

서론: 이 논의의 주제, 방식, 이유(무엇을, 어떻게, 왜)

■ 인사 또는 기대: 만남과 인연 ─────────

* 인생론 ─ 인생에 관한 진지한 생각, 진솔한 언어

나는 이 세상에 태어나 인생을 살아본 한 사람의 경험자로서, 함께 인생을 살고 있는, 그리고 살게 될 인간 동료들에게 나의 따뜻한 인사를 전하고 싶다. 여기서 나는 우리 자신들의 '인생'을 주제로 내걸고 그에 관해 근원적이고도 종합적인 철학적 사유와 언어들을 펼쳐보려 한다. 이 생각들, 말들을 나는 아주 흔하지도 아주 낯설지도 않은 '인생론'이라는 말로 부르고자 한다. 그러나 '○○론'이라고 해서 나만이 알고 있는 무슨 특이한 것, 거창한 것을 여기서 가르치려는 것은 아니다. 나의 말들은 어쩌면 인생이란 낯선 나라를 이리저리 다녀본 여행담이나, 또는 인생이란 흥미로운 책을 이곳저곳 읽어본 독후감 같은 것에 불과할지도 모른다. 그 어떤 것으로 치부되든, 나는 여기에 인생에 관한 내 나름의 진지한 사유와 진솔한 언어를 담아내고 싶다. 그런 생각과 목소리를 엮어 '○○론'이라 칭하고 싶은 것이다.

그것을 통해 나는 우리 인생의 이모저모를 함께 '확인'하며 '공감'하고 싶다. 경우에 따라 어쩌면 이것이 삶의 진실에 대한 '소개'나 '안내', 또는 진실된 삶을 위한 '지도'나 '지침'의 역할을 할 수 있을지도 모른다. 만일 그렇게 될 여지가 있다면, 그것은 물론 좋은 일이다. 이 조촐한 인생론이 단순한 정보나 지식으로 끝나지 않고 마음에 남아, 조금이나마 여러 사람들의 인생에 윤기를 줄 수 있게 된다면 다행이겠다.

(이 인생론은 '인생이란 무엇인가?'라는 엄청난 철학적 물음을 감히 묻는다. 하지만 애당초 그 정형이나 정답은 주어질 수 없다. 왜냐하면 인생살이의 경우들과 현상들은 사람마다 달라서 거의 무한에 가까운 다양한 가능성을 지니기 때문이다.[1] 한 사람이 한평생에서 최소한 100가지 일들을 겪게 된다고 하더라도(실제로는 그보다도 훨씬 많지만), 현존하는 70억의 인간들이 삶의 과정에서 겪게 되는 인생사들은 '70억 × 100' 즉 '7천억 경우'다. 최소한이 그런 것이다.[2] 인생에 정답이 있을 리 없는 까닭은 이것만으로도 쉽게 드러난다. 우리는 여기서 다만 그 기본 구조들, 그 뼈대[3]만을

---

1) 이수정, 『인생론 카페』 중 「이런저런 인생들」 참고.
2) 소위 『주역』의 64괘(卦)가 학자들의 해석대로 인생의 대표적, 상징적 '경우들'이라면, 그것만 해도 구체적으로는 '64 × 70억' 즉 '4,480억 경우'다. 더욱이 그것들이 변화하는 모양새가 '역(易)'이니 변화무상한 인생의 실제 상황 내지 실제 양상들은 사실상 무한에 가깝다고 볼 수밖에 없다. '괘'들을 구성하는 '효(爻)'까지 고려한다면 더욱 그렇다.

그릴 수 있을 따름이다. 그것만으로도 우리는 상당한 철학적 의미를 건질 수 있을 것이라고 기대한다.)

* 만남

나는 여기서 하나의 '만남(Begegnung)'을 기대한다. 필자와 독자의, 또는 여기서 소개되는 지자와 독자의 만남. 만남은 우리 인생에서 중요한, 때로는 결정적인 의미를 갖는다. 진정한 의미에서의 만남은 특별하다. '특별한 만남'이란, 그것이 내 인생의 '사건'으로 기록될 수 있는 것을 지칭한다. 그중에는 그것을 통해 내 인생의 방향이 달라지게 되는 것들도 있다. 소크라테스와 플라톤의 만남도 그런 경우다. 예수와 베드로의 만남도 그런 경우다. 이러한 의미에서의 만남은 부버가 말하는 '나와 너(Ich-Du)'의 관계 속에서 이루어진다. '나와 그것(Ich-Es)'이 아닌 '나와 너'의 관계를 맺자. '너(Du)'의 특별한 의미를 인식하자. '인격과 인격으로 맺어지는(인격과 인격이 맞물리는) 관계', '일대일의 관계', '백 퍼센트 대 백 퍼센트의 관계', '정면으로 마주보는 관계', '영혼이 오고가는 관계', 그런 관계가 '나와 너'의 관계다.

[참고] 마르틴 부버, 『나와 너』
"세계는 사람이 취하는 이중적인 태도에 따라서 이중적이다. 사람의 태도는 그가 말할 수 있는 근원어의 이중성에 따라서 이중적이다. … 근원어의 하나

---

3) 이것을 우리는 '인생의 범주'라는 말로 술어화한다. 철 지난 '거대담론'이 될지도 모르겠지만, 나는 철학이 이런 것을 포기하는 것은 부당한 직무유기라고 평가한다.

는 '나-너(Ich-Du)'라는 짝말이다. 또 하나의 근원어는 '나-그것(Ich-Es)'이라는 짝말이다."

[참고] 가브리엘 마르셀, '너(le toi)', '우리(le nous)'
"실존하는 것은 공존하는 것이다."
"한 개별적 의식에 있어서, 실존한다는 것은 타자와의 관계 속에서 존재하는 것이다."
"환희는 존재의 전체성과의 사귐(communion) 속에서 행위하는 것일 뿐이다."

[참고] 법정스님, 「진정한 만남」
"진정한 만남은 상호간의 눈뜸(開眼)이다.
영혼의 진동이 없으면 그건 만남이 아니라 한때의 마주침이다.
그런 만남을 위해서는 자기 자신을 끝없이 가꾸고 다스려야 한다.
좋은 친구를 만나려면 먼저 나 자신이 좋은 친구감이 되어야 한다.
왜냐하면 친구란 내 부름에 대한 응답이기 때문이다.
끼리끼리 어울린다는 말도 여기에 근거를 두고 있다.
이런 시구가 있다.
사람이 하늘처럼 맑아 보일 때가 있다.
그때 나는 그 사람에게서 하늘 냄새를 맡는다."

* 인연

만남은 대개 우연의 형태로 찾아온다. 그러나 그 우연이 실은 거의 운명이었음을 세월이 흐른 후에 확인하게 되는 경우가 있다. 그러한 만남을 우리는 '운명적 우연' 또는 '인연'이라고 한다.4) 삶

---

4) '어느 노부부의 인연'
한 신부가 어느 노부부의 집을 방문했다. 집 안을 둘러본 신부는 눈에 띄는 액자 하나를 발견했다. 가까이 가보니, 그것은 산수 시험 문제지였다.

에서의 모든 만남들이 그런 인연이라 여기며 소중히 하자. 그러면 사람을 대하는 태도가 달라질 수 있다. "인생에서 가장 소중한 시간은? — 지금이다. 인생에서 가장 소중한 사람은? — 지금 내 앞에 있는 당신이다. 인생에서 가장 중요한 일은? — 지금 하고 있는 이 일이다"라고 톨스토이는 말했다. 한 사람과의 만남이 인생 그 자체가 되어버리는 경우도 인생에는 얼마든지 있다. 어떤 사건과의 만남도 또한 마찬가지다. '지금의 이 만남'이 내 인생을 결정한다고 여긴다면, 누구 한 사람인들 어찌 함부로 대할 수 있겠는가. 불교에서는 심지어 "다섯 겁5) 이전부터의 인연이 있어야 오다가다 옷깃을 스칠 수 있다"고까지 말한다. 한 '겁(劫)'이란, 대략 사방

신부는 '저게 뭐 그리 소중해서 저렇게 액자까지 만들어서 고이 모셔 두었을까'라고 생각했다. 그렇게 궁금증을 참고 있다가, 신부는 노부부에게 그 이유에 대해 물어보았다. 이유인 즉, 노부부는 학창 시절 때 그 산수 문제 때문에 만나게 되었고 문제를 푸는 사이에 가까워져서, 현재의 부부의 인연을 맺게 되었다는 것이었다. 그러니 그 산수 문제는 노부부에게 있어서 아주 보물 같은 존재였던 것이다.

5) '겁'의 좀 더 정확한 설명은 다음과 같다.
겁(kalpa, 劫) : 겁파(劫波)라고도 한다. 세계가 성립되어 존속하고 파괴되어 공무(空無)가 되는 하나하나의 시기를 말하며, 측정할 수 없는 시간, 즉 몇 억만 년이나 되는 극대한 시간의 한계를 가리킨다. 힌두교에서 1칼파는 86억 4천만 년이다.
그 길이를 『잡아함경(雜阿含經)』에서는 다음과 같이 설명한다. 사방과 상하로 1유순(由旬: 약 15킬로미터)이나 되는 철성(鐵城) 안에 겨자씨를 가득 채우고 백 년마다 겨자씨 한 알씩을 꺼낸다. 이렇게 겨자씨 전부를 다 꺼내어도 겁은 끝나지 않는다.
또, 사방이 1유순이나 되는 큰 반석(盤石)을 백 년마다 한 번씩 흰 천으로 닦는다. 그렇게 해서 그 돌이 다 마멸되어도 겁은 끝나지 않는다.
『대비바사론(大毘婆娑論)』, 『대지도론(大智度論)』 등에도 같은 내용의 비유가 있다. 앞의 것을 겨자겁(芥子劫), 뒤의 것을 반석겁(盤石劫)이라고 한다. (네이버 지식백과, 두산백과 참조)

천 리 되는 바위를 천 년에 한 번씩 천녀의 옷깃으로 스쳐 그것이 다 닳아 없어지는 시간을 가리킨다. 사실상 거의 영원에 해당한다.

그렇다면 책을 매개로 한 저자와 독자, 우리들의 이 인연은 어떠한가. 이 소중한 인연을 생각하며 나는 정성스럽게 나의 언어를 가다듬는다. (직접적인 만남이 아니더라도 내용으로서 연결되는 인연도 있다. 이러한 인연은 제삼자 내지 세상에 대한 영향 속에서 이어진다.6)7))

---

6) 이수정, 「향기의 인연」
   꽃다이 부는 바람 속
   향기로 남은 어느 영혼이 문득
   눈짓하며
   웃으며
   나그네처럼 허공을 지나간다

   하늘은 세월도 접은 채
   맑고 푸르다
   그 푸르름 사이…
   닫힌 시간의 문이 살며시 열려
   아아 일순의 빛으로 다가온다

   백합처럼 살았던
   어느 그의 백 년 전
   국화처럼 살았던
   어느 그의 천 년 전

   그는 그
   나는 나
   서로의 삶은 다를지라도
   그의 향기는
   시간의 틈새를 굽이굽이 강처럼 돌아
   나의 국화로

나의 백합으로
환생한다

향기와 향기가 잇는
오직 삶의 향기로 하나 되는
동서남북
옛날과 더 옛날 또 더 옛날
아득한 시방세계의 그윽한 미소로 피는
억겁의
인연

꽃다이 부는 바람 속
그의 것으로
나의 것으로
세월과 삶을 가로지르며
마냥 그윽한 한 줄 향기는
유유히
이리도 곱게
흐르고 있다

7) 고다 로한(幸田露伴), 『연환기(連環記)』 및 이수정, 『푸른 시간들』 중 「고요의 숨결」 참고.

8) 철학자 피히테는 어려서부터 뛰어난 신동이었으나 집안 형편이 넉넉지 않아 제대로 교육을 받지 못했다. 그런데 어느 날 밀터스 남작과의 만남을 통해 결정적인 후원을 받게 되고 그 덕분에 저명한 철학자로 성장할 수 있게 되었다. 그 사연은 대략 이렇다. 피히테의 마을에 한 목사님이 있었는데 그 설교가 유명했다. 그 설교를 듣기 위해 밀터스 남작이 그의 마을을 찾았는데 도중에 마차 사고가 나는 바람에 늦게 도착했고 그 설교를 놓치게 됐다. 남작이 몹시 아쉬워하자 누군가가 "우리 마을에 피히테라는 꼬마가 아주 총명해 목사님의 설교를 잘 전해줄 수 있을 겁니다"라고 귀띔해줬다. 남작이 피히테를 찾아갔더니 설교 내용을 거의 그대로 암기해 들려주었다. 크게 감탄한 남작이 그의 사정을 듣고 전폭적으로 후원을 해주게 되었다는 것이다. 그 우연한 만남이 피히테의 운명을 바꾸어놓은 셈이다.

■ 무엇을 하려고 하는가?(주제) ─────────

* 인간의 발견

우리는 인간이다. 인간은 우리 자신(self, Selbst, même)이다. 우리 자신이기에 인간은 우리에게 특별하다. 그 '특별함'을 깨닫고 특별한 관심을 갖자. 이 인생론은 우리 자신인 인간에 대한 그런 특별한 관심의 한 표현이다. 인간은 우리 자신에게 있어 궁극적 관심이요 궁극적 주제다. '인간에게 있어 인간은 만물에 선행한다.' 우리 자신이 인간이라는 것, 즉 인간의 '자기성(selfness, Selbstheit)'은 인간에 대한 모든 학문적 관심의 권리 원천이다. 또

그런데 밀터스 남작이 뜻밖에 일찍 세상을 떠나고 피히테는 다시 어려움을 맞았다. 난국을 헤쳐 나가려는 과정에서 그는 칸트의 철학을 알게 되었고 내친 김에 쾨니히스베르크로 칸트를 찾아갔다. 그는 칸트에게 경제적 도움을 부탁했는데 칸트는 직접적인 도움 대신 저서의 출판을 주선해주었다. 그것이 『계시에 대한 비판의 시도(*Versuch einer Kritik zur Offenbarung*)』였다. 그런데 인쇄 과정에서 실수로 저자의 이름이 빠져버려서 사람들은 그 책이 고대하던 칸트의 종교비판서라고 착각하였고 덕분에 피히테는 일약 철학의 스타로 뜨게 되었다. 역시 우연이 그의 운명을 바꿔놓은 셈이다.

9) 루소는 우연한 기회에 백과전서파인 디드로를 만나 의기투합하는 사이가 되었다. 그런데 디드로가 사건에 연루되어 투옥되자 면회를 가게 되었는데, 도중에 우연히 디종 아카데미에서 논문을 현상공모한다는 기사를 읽게 되었다. 루소는 그것에 응모하여 당선되었고 그것을 계기로 일약 프랑스 사상계의 거물로 성장하게 되었다. 역시 우연한 만남이 루소의 인생을 바꿔놓은 셈이다.

한 학문적 의무의 근거이기도 하다. 그런데 인간은 뜻밖에도 자신이 어떤 존재인지를 잘 모른다. 우리는 그 인간을 알고자 한다.

[참고] 막스 셸러, 「인간과 역사」 서문
"어느 시대도 현대만큼 인간의 본질과 근원에 관한 견해가 불확실, 무규정, 혼란하지는 않았다. … 현대는 거의 일만 년의 역사에 있어서 인간이 여지없이 문제적이게 된 최초의 시대요, 현대 인간은 자기가 무엇임을 도저히 모르고, 또 모른다는 것을 안다."
"인간의 자기 문제성은 우리에게 알려진 전 역사 중에서 현대에 최고도에 도달했다."

[참고] 『구약성서』, 「창세기」, 1장 27-28절, '인간의 특별한 지위'
"하나님이 자기 형상 곧 하나님의 형상대로 사람을 창조하시되 남자와 여자를 창조하시고, 하나님이 그들에게 복을 주시며 하나님이 그들에게 이르시되 생육하고 번성하여 땅에 충만하라, 땅을 정복하라, 바다의 물고기와 하늘의 새와 땅에 움직이는 모든 생물을 다스리라 하시니라."

* 인생의 발견 ― 인생의 무게 혹은 가벼움

인간은 '사는' 자(lebendes Wesen)이다. '산다'란 그저 존재하는 것과도, 그저 생존하는 것과도 본질적으로 다른 것이다. 인간이 '산다'는 것은 우리 인간에게 있어 특별한 무게를 지닌다. 소위 희로애락을 포함한 그 무게가 '인생'이라는 단어에 묵직하게 실려 있다. 인생, 즉 인간으로서의 삶을 부여받아 살고 있다는 것, 그것은 그 무엇과도 바꿀 수 없는 소중한 것이다. 그런데도 그것은 도처에서 너무나도 가볍게, 너무나도 하찮게, 너무나도 함부로 취급되고 있다. 그 소중함을 각성하자. '인생'의 근본적인 가치를 인식하자. 인생은 모든 생적 관심(生的關心)10)의 근원적 출발점이자 궁극적 귀착점이다. 우리 인간들에게 인생보다 더 중요한 주제는 없다. 모든 관심이 이 주제로 수렴된다. 이 인생론은 작금의 '참을 수 없는 인생의 가벼움'에 대한 우려 내지 항의의 한 형태이기도 하다. 나는 다시금 인생에 그 특유의 무게를 실어주고 싶다. 진지함으로.

[참고]　고형곤, 『선(禪)의 세계』
"참 아름다운 이야기가 아닌가. 몇 억겁 년 동안 몇 생을 거쳐 업인(業因)을 쌓고 쌓아서야만 이 단 한 번의 인간의 생을 향유한다는 것이 아닌가. 인간으로 태어나는 것은 망망한 창해에서 눈먼 거북이가 구멍 뚫린 통나무에 얻어걸리는 것보다도 더 희한한 인연이라고 한다. 아! 인생은 그 얼마나 아름답기에 이처럼 희한하고 단명한가."

[참고]　『법화경』, '맹귀우목(盲龜遇木)' 혹은 '맹귀부목(盲龜浮木)'
"… 부처는 만나기가 어려우니 우담바라 꽃과 같고 또한 외눈의 거북이가 부목의 구멍을 만나는 것과도 같습니다(二子 白父母言 善哉父母。願時往詣雲雷音宿王華智佛所 親近供養 所以者何 佛難得値 如優曇鉢羅華 又如一眼之龜 値浮木孔)."11)

---

10) '생적 관심(生的關心)'이란 말이 좀 낯설지도 모르겠지만, 앞으로 이런 표현이 자주 사용될 것이다. '인생과 관련된 실질적이고도 진지한' 어떤 것을 나는 '생적'이라는 말로 부르고자 한다.
11) 『법화경(法華經)』, 제27 「묘장엄왕본사품(妙莊嚴王本事品)」에서 왕비 정덕(淨德)이 그의 두 아들 정장(淨藏), 정안(淨眼)에게 출가를 허락하며, 부처를 만나기가 어렵다는 것을 이런 비유로 일깨운다.

* 철학적 인생론의 수립

이 인생론은 철학 내지 학문 일반에 대한 사랑의 표시이기도 하다. 마땅히 그래야 할 철학의 모습을 나는 인생론에서 찾는다. 그래서 나는 학문으로서의, 철학으로서의 인생론을 펼치려 한다.

인생론에서 가장 먼저 필요한 것은 인생에 대한 새삼스러운 관심이다. 그 관심을 통해 우리는 인생을 — 인생의 오묘한 구조, 질서 및 엄청난 가치와 소중함을 — 새삼스레 발견할 필요가 있다. 새삼스럽다고 하는 것은 우리 자신들이 인생 그 자체의 한복판에 있고 인생 그 자체에 너무나도 가까이 밀착되어 있기 때문에, 그것이 너무나도 익숙하고 당연한 것이기 때문에, 그리고 때로는 너무나도 바쁘고 힘들기 때문에, 인생 그 자체를 객관적, 전체적으로 잘 보지 못하기 때문이다. (이런 것을 우리는 '철학적 근시 현상'이라고 부를 수 있다.) 인생에 대한 철학적 관심으로서의 인생론을 수립, 제공하는 것은 이 경박한 정보-기술-자본 만능의 시대에도 여전히 필요하다. 적지 않은 사람들의 기대와 요청이 그것을 정당화하고 요구한다. 적어도 한국사회에서는 그렇다. 철학에 대한 일반적인 기대는 사실 대부분 인생론에 대한 기대라고 해도 과언이 아니다. 누구에게도 이를 무시, 경시하거나 폄하할 권리는 없다.

* 종합철학, 제일철학, 궁극의 철학

모든 철학은 다 인생론으로 통할 수 있고, 또 통해야 한다. 형이상학도 논리학도 윤리학도 미학도 ⋯ 모두 다 인생론을 위해 봉사해야 한다. 인생론은 철학의 모든 분야들을 거느리는 '종합철학'이어야 한다. 형이상학이 아니라 인생론이야말로 '제일철학(prima philosophia)'이어야 한다. 인생론은 '궁극적 철학', 궁극적 학문이 되어야 한다. 왜냐하면 인생이라는 이 주제 자체가 그 모든 것의 수렴을 요구하기 때문이다.

[참고] 미야가와 토루, 아라카와 이쿠오, 『일본근대철학사』, 제7장 제3절 「인생과 학문의 연결가능성을 찾아」[12])

* 새로운 철학, 상식의 철학, 친근한 철학

내가 원하는 것은 '새로운 종류의 철학'이다. 나는 하나의 '신선한 철학'을 수립하고자 한다. 그것은 '상식의 철학'이다. 그것은 '보통사람의 보통사람에 의한 보통사람을 위한 철학', '범인의 철학'이다. 그것은 '친근한 철학'이다. 그것은 거리에서 혹은 버스와

---

12) "철학의 역할은, 우리들 개개인의 실인생을 겹겹이 철저하게 한정하고 있는 조건들을 그 대전제로부터 논리적으로 풀어헤침으로써, 어떻게 해서 우리들 개개인이 그 자질에 맞는 풍요로운 실인생을 끝까지 밀고 나갈 수 있을지, 논리에 따라 향도하는 것에 있다. 그렇다고 한다면, 철학의 시원은 소여로서의 개개인의 실인생에 놓이지 않으면 안 된다. 철학은 개개인의 실인생에서 출발해서, 개개인의 실인생의 진정한 현실적인 구제와 해방이 과연 어떠한 방향에서 어떻게 해서 달성될 수 있는지, 논리적으로 밝히지 않으면 안 된다고 하는 과제를 짊어진다. 이와 같이 철학은 소여로서의 실인생에서 출발해서, 과제로서의 실인생을 지향한다. 이렇게 보면, 철학에게 있어 인생을 떠나는 것은 용서되지 않는다. 철학은 인생을 말하고, 인생을 논하지 않으면 안 된다. 철학은 소박한 형태에 있어서도, 혹은 감성적 소여가 자기부정적으로 스스로를 보편적인 것으로 드높인 지식의 형태에 있어서도, 인생론이지 않으면 안 된다."

지하철에서 만날 수 있는 철학, 텔레비전과 신문과 인터넷과 휴대폰에서 접할 수 있는 철학이다. 이것은 하나의 '철학적 이념'이다. 나는 오만한 천재의 철학을 특별히 숭배하지 않는다. 나는 그것을 비스듬한 눈으로 바라본다. 감히 선언하지만 이것은 오직 학자들만을 위한 이른바 강단철학(종종 이상한 암호들로 사람들을 겁주기도 하는 난해한 철학)에 대한 하나의 반역이다. 이 유쾌한 반역에 많은 후원, 동조, 동참이 있기를 나는 기대한다.

* 쉬운 철학, 친절한 철학, 부드러운 철학

철학은 어렵다고 많은 사람들이 두려워한다. 수학이나 과학이라면 전문적인 지식이 없이는 분명 어렵다. 그러나 철학은 어느 누구나 거론할 수 있다. 적어도 그럴 수 있는 여지가 있다. 그것은 우리 자신인 인간을 다루기 때문이다.13) 그러므로 철학은 어려운 것이 아닐 수 있다. 철학은 이 점을 살려야 한다. 우리가 지향해야 할 21세기의 철학은, 생활 속에서 향유할 수 있는 문화의 일부로서 '쉬운 철학'이어야 한다. '알 수 있는 철학', '접근 가능한 철학'이어야 한다. '친절한 철학'이어야 한다. 그런 점에서 또한 딱딱한 철학이 아닌 '부드러운 철학'이어야 한다.

---

13) 철학은 인간과 세계의 거의 모든 것을 그 주제로 논의해왔다. 자연, 인간, 가치, 신, 인식, 언어는 그 대표적 주제였다. 그 모든 것이 '존재'로 수렴되기도 한다. '인간'과 그의 '삶'이 철학적 대주제의 하나임은 부인할 수 없다.

* 사랑의 철학, 따뜻한 철학, 자상한 철학

내가 이런 인생론을 세상에 제시하는 것은, 한편으로는 우리 인간과 인생에 대한 나름대로의 사랑과 애착에서 말미암는 것이다. 이에는 더불어 살아가는 다른 사람들과 그들의 삶에 대한 애정도 당연히 포함된다. 아무래도 좋은 것이라면 관심도 있을 수 없다. 관심이라는 것은 그 자체로 이미 사랑의 결과이다. 그런 점에서 이 인생론은 하나의 '따뜻한 철학', '온기 있는 철학', '자상한 철학'이기를 희망한다. 그리고 가능하다면 '마음을 상대하는 철학', '마음에 작용하는 철학', '마음을 움직이는 철학'이기를 희망한다. 그리하여 우리들의 이 인생을 어떤 형태로든 아름다운 방향으로 돌보고 가꾸어나가기를 희망한다. 그런 점에서 나의 이 인생론은 '질의 철학(philosophy of quality)'을 지향한다. 인생이 얼마나 소중한 것인데 그것을 아무렇게나 함부로 되는대로 닥치는 대로 마구잡이로 싸구려같이 살아서야 되겠는가. 그렇게 낭비, 허비하기에는 인생이 너무나도 아깝지 않은가.

* 비범한 평범

어쩌면 여기서는 누구나 다 알고 있는 쉽고 당연한 내용들이 나열된다고 의아해할 수도 있다. 이게 무슨 개념이고 철학이냐고 고매한 지식인들은 분개할 수도 있다. 그럴지도 모른다. 그러나 그렇다고 해서 쉽사리 외면하지는 말자. 무시하지는 말자. 나의 언어들, 나의 개념들은 비록 지극히 일상적인 것이어서 금방 우리들의 주

36

목을 끌지는 못할지라도 그 일상적인 언어들 사이사이에 이른바 고매한 형이상학적 언어들보다도 훨씬 더 중요한 철학적 진실(비범한 평범)이 담겨 있음을 우리는 알아야 한다.[14] 조금만 깊이 생각해보면 알겠지만, 예컨대 공기나 물이나 가족이나 국가 같은 것이 그렇듯이, 당연한 것이라고 하찮은 것은 결코 아니다. 우리는 그런 뻔하고 당연한 것들이 담고 있는 엄청난 철학적 진실을 주목해야 한다. '익숙한 것, 당연한 것'을 새롭게 보자. 당연함을 깨트려 보자. 익숙함을 뒤집어 보자. 나는 그런 친숙하고 당연한 것들을 재인식함으로써 그 속에 매몰된 가치들의 권리 회복을 꾀하는 것이다. (철학의 역할이 그런 것이다. 그것은 마치 프리즘과 같다. 그것은 평범한 백색광에 숨어 있던 아름다운 일곱 빛깔 무지개를 드러내 보여준다.)

나는 마치 이 당연한 일들을 너무나 신기하게 들어줄 어떤 화성인에게 '지구인의 인생'을 이야기해주는 그런 심정으로 이 글을 쓴다.

* 문화로서의 철학

그런데 인생을 논한다는 것, 즉 인생을 살피고 진실을 발견한다는 것은 그저 그냥 산다는 것과는 다른 것이다. 그것은 그저 산다는 것에 '+α'를 하는 것이다. 그것은 일상적인 차원에서 볼 때 다

---

14) 하이데거가 그의 존재론에서 '존재'가 '단순한 것'임을 강조한 것도 같은 이유임을 우리는 알아야 한다. 정말로 중요한 것들, 진정한 주제는 투명하여서 평범한 눈들은 그것을 못 볼 수도 있다.

소 번거로운 작업일 수도 있다. 그러나 바로 이 번거로움이야말로 인간을 위대하게 만드는 절차 중의 하나임을 알아야 한다. 거기서 이른바 '문화'가 창조된다. '문화'란 삶의 요소들 중 '손질한 것', '다듬은 것', '가꾼 것', 그렇게 해서 '특별히 확보된 것'을 일컫는다. (감성, 이성, 지성 등이 이것을 도와준다.) 인생을 살펴본다는 것, 즉 '성찰'도 그런 문화의 일종이다. 문화란, 그것이 없어도 살아가는 데 별 지장은 없지만, 있으면 있는 만큼 좋은 어떤 것이다. 그것을 이루는 만큼 우리를 높여주고, 넓혀주고, 키워주고, 적셔주는 어떤 것이다. 굳이 야만(그저 되는대로 함부로 막 살아가는 것)이 좋다면 이런 문화적 관심은 일찌감치 배제하는 것이 좋다. 그것은 야만적 삶을 살아가는 데 방해만 될 것이기 때문이다. 그러나 인간을 원숭이와 근본적으로 다르다고 생각하는 자존심이 있다면, 그리고 좀 더 멋있게 수준 높게 살고자 하는 문화의식이 있다면, 인간에 대해, 인생에 대해, 새삼스러운 관심의 눈길을 향해야 한다. 학문, 특히 철학은 거기서 나와야 한다. 나의 이 인생론은 그런 '문화로서의 철학'을 지향하는 것이다.

[참고] 에른스트 카시러, 『상징형식의 철학』, '문화철학'
[참고] 모이세이 카간, 『문화철학』

* 철학의 역사를 이어갈 사상, 개념의 제시

하지만 기본적으로는 어디까지나 '철학적 인생론'을 견지한다. 철학을 포기하는 것이 아니라 철학의 새로운 가능성을 모색하는 것이다. 철학은 그렇게 열려 있다. 그러나 가능성은 두드리는 자에게만 열린다. 그래서 나는 여기에 하나의 '사상'을 전개하고자 한다. 사상은 철학의 최전선에서 살아 활동해 철학사의 맥을 이어가는 것이다. 그 맥을 잇는 '고리'의 역할을 하는 것, 그것이 다름 아닌 '개념'들이다. 자신의 개념을 확보한 사상가가 철학의 역사를 이어간다. 물론 철학적 개념들은 누구나가 사용하는 평범한 '단어'들로 이루어져 있다. 바로 그런 단어에 새 숨결을 불어넣는 경우, 즉 철학적 사상을 실어 담는 데 성공할 경우, 그 단어가 '개념'으로 거듭나는 것이다. 그러한 개념들을 나는 제시하고자 한다.15)

* 언어의 제공

사람들을 위해 내가 하고 싶은 것, 할 수 있는 것은 '좋은 언어'를 제공하는 것이다.16) ('질적 언어'라고 불러도 좋다.) 우리의 인생을 촉촉하게 적셔줄 단어와 문장들이 사람과 사람 사이에 떠돌아 다녀 '대기'를 이루어야 한다. 그 대기(언어의 대기, 교양의 대기, 정신적 대기, 인문학적 대기)를 호흡하며 인간들의 정신 내지 영혼이 건강해지고 세련되어지고 윤택해지고 풍요로워질 수 있게 만들어야 한다. 철학자에게는 그런 '맑은 언어', '산소 같은 언어'를 세상에 제공하고 유통시켜야 할 의무가 있다. (이 산소가 요사이 세상에 가득한 '언어의 황사', '언어의 미세먼지', '언어의 이산

---

15) 내가 『본연의 현상학』을 내놓은 것도 그런 차원이었다. '본연'에 이어 나는 여기서 '인생'이라는 철학적 개념을 하나 추가하는 셈이다.

16) 이수정, 『진리 갤러리』(철학과현실사, 2014) 중 「언어 클리닉」 참고.

화탄소'를 조금이나마 정화해주리라고 나는 기대한다.) 나는 특히 젊은이들의 가슴 한가운데를 향해 '좋은 언어'의 화살, '건강한 언어'의 화살을 끊임없이 쏘아댈 것이다.17) 거기에는 '교양'이라는 '약'이 묻어 있다. 그것은 알게 모르게 그들의 핏속을 흐르다가 이윽고 세포에까지 스며 그들의 정신적 문제점들을 치유하고 그리고 언젠가는 그들의 일부로 자리 잡을 것이다. 또는 그것이 무지나 옳지 못한 생각, 언어, 습관 등을 바로잡아서 그들의 정신적 건강에 기여할 것이다. 부디 그 단단한 타성과 아집의 방탄조끼를 벗어주기 바란다.

언어들은 귀로 눈으로 사람들에게 들어가나, 세월이 지나면서 정신의 핏줄을 타고 떠돌다가 어느 순간 영혼의 세포에 스며 뼈가 되고 살이 된다. 그것이 이른바 '교양', '지성'의 메커니즘이기도 하다.

[참고] 공산권의 '언어철학' – 투쟁적 의식을 위한 투쟁적 언어
[참고] 자크 라캉, '진리가 언어에 의존한다.'
[참고] 영화 『마이 페어 레이디』의 한 테마인 '말'

■ 어떻게 하려고 하는가?(방식) ─────────────

* 현상학과 해석학, 탐구와 이해, 직관과 공감

인생론은 두 가지 방식으로 추구하는 것이 바람직하다. 하나는 '인생이란 무엇인가?', '어떻게 살 것인가?'를 현상, 사태, 진리 그

---

17) 여기서 내가, 철학책에는 어울리지 않게 '하자'라는 말투를 자주 사용하는 것은 그 때문이다. 의도적 사용임을 양해하기 바란다.

자체에게 직접 묻고 답을 찾는 현상학적 탐구이고, 또 하나는 이 주제에 관련된 전통, 권위, 문헌, 텍스트 속의 예지를 찾아 공감하는 해석학적 이해다. 무릇 지적 활동에 있어 이 두 가지는 '잘 굴러가기 위한' 수레의 두 바퀴, '잘 보기 위한' 안경의 양쪽 렌즈처럼 상호 보완적이며 지적 균형을 이루기 때문이다. 나는 이 두 방법을 그때그때 적절히 병용할 것이다.

[참고] 공자, 『논어』 – '학'과 '사'의 균형
"배우고 생각하지 않으면 막막하고 생각하고 배우지 않으면 위태롭다(學而不思卽罔 思而不學卽殆)."18)

[참고] 후설, '현상학' – 의식으로의 회귀를 통한 본질의 직관
"본원적으로 부여하는 의식은 모든 인식의 권리 원천이다."

[참고] 하이데거, '현상학' – 자기현시로서의 현상, 탈은폐로서의 진리, 자기부여로서의 존재, 문제적인 것으로서의 사태, 그리고 그것들의 언어적 전달
"문제 그 자체로!(Zu den Sachen selbst!)"

[참고] 가다머, '해석학' – 이해란 지평의 융합
"이해란 항상 이와 같이 각각 별개로 있다고 생각되는 지평의 융합이라고 하는 사건이다."

* 물음과 대답, 듣기와 이해

인생에 관한 현상학적 탐구를 위해서는 '육하원칙'19)에 따른 직

---

18) 이수정, 『인생론 카페』(철학과현실사, 2013) 중 「배우고 생각하고, 생각하고 배우고」 참고.

접적인 질문과 대답이 효과적이다. 그것은 주제 내지 대상의 뼈대와 전체를 묻기 때문이다. 그 물음20)에 대한 대답으로 학문적 체계화를 시도해본다. 이 과정에서 아프리오리한 삶의 구조와 조건들(삶의 범주)이 해명될 수 있다. 그것들이 개념의 형태로 다듬어져야 한다.

인생에 관한 해석학적 이해를 위해서는 학문적 텍스트는 물론, 속담이나 각종 '이야기'류, 명사들의 명언, 영화, 드라마, 소설, 시, 가요 등의 경우를 탐색 혹은 검색해 주의 깊게 살피고 그 내용들을 들어보는 것도 좋다. 이것들은 인생의 예지를 담고 있는 보고(寶庫)라 해도 과언이 아니다. 종교도 부분적으로는 이에 포함될 수 있다. 특히 불교와 기독교는 그 근본 구조가 철저하게 인생론적이다. 탈무드도 그렇다.21) 그것들은 삶의 예지 내지 지혜를 풍부하게 담고 있어 (제대로 이해만 한다면) 참으로 얻을 것이 많다. 또 세계의 주요 국가들을 한 바퀴 돌며 각국의 여러 문화적 결과물에서 예지들을 찾아보는 것도 재미있고 유익한 지적 작업이 될 수 있다. 나는 이 작업들을 독자들이 직접 수행해보기를 권유한다.

---

19) 기사나 설명문 작성의 요령으로 알려진 이 원칙의 효과에 대해서는 열암 박종홍도 이미 높이 평가한 바가 있다.
20) '물음(Frage)'의 철학적 의미에 관해서는 하이데거의 『존재와 시간』 제2절을 참조.
21) 이것들을 철학으로 수렴하는 것은 결코 철학의 변질이나 격하가 아니라 오히려 그 반대임을 알아야 한다.

* 현상학적 접근

현상학,[22] 즉 삶의 현상 그 자체에 대한 물음과 대답의 모색은 육하원칙에 따라 여섯 갈래로 전개된다. 이때 현실적 인생과의 직접적인 상대와 모든 권위를 배제한 현상학적 직관이 바람직한 태도로서 권장된다. 그것이 이른바 현상학의 근본 의의이다. 접근의 통로들은 다음과 같다.

1. 삶의 주체 — 우리는 누구로 사는가?
2. 삶의 시간 — 우리는 언제를 사는가?
3. 삶의 장소 — 우리는 어디서 사는가?
4. 삶의 내용 — 우리는 무엇을 하며 사는가?
5. 삶의 성격 — 우리는 어떤 인생을 사는가?
6. 삶의 이유 — 우리는 왜 사는가?

---

22) 철학으로서의 현상학 그 자체에 대해서는 상세한 논의를 생략한다. 이수정, 『하이데거: 그의 물음들을 묻는다』 중 「하이데거의 현상학」 참고. 단, 여기서 한 가지 언급해둘 것은 현상학이라는 것이 후설과 하이데거 이후 하나의 흐름을 이루고 있는 움직이는 실체이며, 크게 볼 때 후설, 메를로-퐁티의 '인식론적 현상학'과 하이데거, 사르트르의 '존재론적 현상학'으로 나눌 수 있다는 것이다. 이 두 흐름의 경향은 내용적으로 상당히 다르다. 철학사적인 연원도 사실은 다른 것으로 평가되어야 한다. 전자는 데카르트와 칸트의 맥을 잇고, 후자는 소크라테스 이전 철학자들의 맥을 잇는다. 레비나스는 여기에 '사랑의 현상학'을 추가하였고, 나는 여기에 '인생의 현상학'을 추가하려는 것이다.

* 해석학적 접근

해석학, 즉 동서고금의 전통적 예지들에 대한 이해, 즉 지평융합의 기도는 편의상 주요 국가별로 나뉘어 수행된다. 이때 대표적, 상징적인 문화 영역들이 임의로 선택된다. 이는 일종의 예지 컬렉션으로 보아도 좋다. 이 책이 택한 접근의 통로들은 다음과 같다.[23)]
 1. 한국인의 예지 : 속담의 경우, 명사들의 경우
 2. 중국인의 예지 : 고사성어의 경우, 제자백가의 경우, 명심보감의 경우
 3. 인도인의 예지 : 베다 등의 경우, 불교의 경우, 라즈니쉬의 경우
 4. 아랍인의 예지 : 코란의 경우, 아랍 철학과 문학의 경우
 5. 유태인의 예지 : 탈무드의 경우, 성서의 경우
 6. 유럽인의 예지 : 그리스 로마 신화의 경우, 명언들의 경우
 7. 미국인의 예지 : 위인전의 경우, 처세서의 경우
 8. 일본인의 예지 : 코토와자(諺)의 경우, 센류(川柳)의 경우

* 현상학적 태도의 의의

현상학은 생생하게 전개되고 있는 실제의, 있는 그대로의 구체적인 인생 그 자체를 살펴보고 그것을 기술해야 한다.[24)] 나 자신

---

23) 이 계획은, 양적인 문제로 불가피하게 포기되었다. 별도의 책으로 계획을 수정했다. 하지만 당초의 계획대로 그 내용은 연결된다. 독자들의 넓은 양해를 바란다.

의 인생은 가장 효과적인 대상이 된다. 나의 인생이니만큼 나 자신이 직접 그것을 다룰 수 있다. 이성적 직관이, 특히 무엇보다 체험적 직관25)이 그 정당성을 보장해준다. 그것으로 '삶의 현상학', '인생철학'이 성립될 수 있다.

[참고] 헤라클레이토스
"나는 나 자신으로부터 모든 것을 배웠다."

[참고] 데카르트, 『방법서설』
"… 바로 그러한 이유 때문에 내가 나의 스승들의 주의에서 벗어나도 좋을 나이에 이르자마자, 나는 완전히 그런 학문의 연구에서 떠나게 되었다. 이리하여 나는 나 자신 속에서 발견될 수 있거나 세계라는 커다란 책 속에서 발견될 수 있을 학문 외의 다른 학문은 더 이상 연구하지 않을 것을 결심하고, 나는 나의 나머지 청춘을 여행하거나 궁정과 군대를 견문하거나 여러 사람들의 여러 가지 기질과 생활조건을 찾거나 여러 가지 경험을 쌓거나 운명이 나에게 지시해주는 만남 속에서 스스로를 체험하거나 또 어디서든지 내가 이익을 끄집어낼 만한 사물들에 대하여 사려 깊은 숙고를 하는 데 이바지하였다."

[참고] 후설, '현상학적 환원' − 순수의식, 자기의식의 자기직관
"문제 그 자체로!(Zu den Sachen selbst!)"

---

24) 나는 이것을 '생적 현상의 학적 기술'이라고 술어화한다. 이때 기술의 주체는, 우리가 후설을 따르는 한, '의식'이다. 단 우리의 현상학, '인생의 현상학'에서 작용하는 의식은 어디까지나 '살고 있는 의식', '생적 의식', '체험적 의식'이지 않으면 안 된다.

25) 나는 이것을 '생적 직관(lebensmäßige Anschauung)'이라 부르고 싶다. 이 직관이 현상과 기술의 사이에 위치한다. 그러나 이것이 생, 즉 체험 그 자체와 '동시 진행적'임을, 즉 '살면서 보는 것'임을 잊지 말아야 한다.

단, 내 의식에 지향적으로 비쳐진 것을 직관해보라는 것이 후설 현상학의 권유다. 그러나 의식에 대한 내성적 관찰만 가지고 인생을 논할 수는 없다. 진정한 인생론은 생생한 삶의 현장에서부터 체험적으로 생산되는 발언이어야 한다. 경험, 체험보다 더 진실되고 훌륭한 선생은 없다. 의식이 지향적 대상을 갖는다고 해도 지향된 체험류는 역시 생생한 삶을 통해 충전되는 것이어야 한다.

[참고] 후설, '생활세계(Lebenswelt)'
[참고] 메를로-퐁티, '살아지는 세계(le monde vecu)'
[참고] 하이데거, '현상학적 해체(Destruktion)', '현상학적 환원(Reduktion)', '사유(Denken)'

* 현상학적 탐구의 구체적 전개

육하원칙의 물음에 대한 일차적인 대답은 예컨대 다음과 같이 세부적으로 구체화된다.

누구? — "내가" — 구체적으로는? — 주체, 세인, 신분, 육체, 정신, 생명… 등

언제? — "지금" — 구체적으로는? — 일생, 세월, 시절, 현재, 현대… 등

어디? — "여기" — 구체적으로는? — 집, 학교, 사회, 직장, 국가, 세계, 지구, 세상… 등

무엇? — "산다" — 구체적으로는? — 생활, 문화, 일, 놀이, 사랑, 미움… 등

어떤? — "이런" — 구체적으로는? — 신비한, 유일한, 괴로운, 무

상한, 허무한… 등

왜? — "~ 때문" — 구체적으로는? — 났으니까, 마지못해, 좋으
니까… 등

"~ 위해" — 구체적으로는? — 좋음을 위하여, 의미를 위
하여… 등26)

이러한 구체화의 과정에서 되도록 많은 관련 예화들과 지식들을
수집해 소개한다.27) '이야기'야말로 독특한 마력을 지닌 최고의 언
어 형태라고 나는 평가하기 때문이다. 또 고전적 지식들은 역사의
과정에서 평가받아 남게 된 '예사롭지 않은' 것인 만큼 사람들의
공감, 인정, 승인을 반영하고 있기 때문이다. '사라진 것'과는 달리
'남게 된 것'28)은 반드시 그만한 무언가를 지니고 있다.

* 현상학적 탐구의 기대적 결과

현상학적 탐구의 결과로서 우선 기대하는 것은 '인생의 기본 사
실들에 대한 총정리'다. 인생의 '모든 것'을 논하는 일은 이미 앞
에서 밝혔듯 인간과 인생 그 자체의 구체적 다양성으로 인해 원천
적으로 불가능하지만 근본 구조의 동일성은 존재하는 바이니, 그

---

26) 나는 이러한 세부 항목들을 '생적 현상(lebensmäßige Phänomena)'이라는
   술어로 부르려 한다.
27) 그것이 이 책에서는 [참고]의 형태로 제시되어 있다.
28) 무언가를 사라지게 하고 남기게 하는 것, 그것을 나는 '역사의 선택'이라
   고 개념화한다. '역사의 재판정'에서는 끊임없이 이러한 판정과 선택이 이
   루어진다. 거기서 작용하는 것은 역사 자체의 '역사적 선택권'이다. 그것
   은 일개 사관도 아니고 정부도 아니다. 거기서 결정적 역할을 하는 것은,
   좀 막연하긴 하지만, '사람들의 관심'이라는 것이다.

것을 현상학적으로 충실하게 기술하는 것은 가능할뿐더러 충분히
의미 있는 학적, 철학적 과업이 될 수 있을 것이다.

  * 해석학적 태도의 의의

  그런데 인간의 앎(자기지)에는 한계가 있다. 양적으로도 그렇고
내용적으로도 그렇다. 그래서 남의 말과 글, 다른 사람의 언어에
대한 '듣기나 읽기'가 필요한 것이다. 들어서 읽어서 '더', '잘' 알
고자 하는 것이 해석학적 태도다. 특히 이른바 고전, 이른바 전통
을 '이해'하고자 하는 것이 해석학의 의의다. 이해의 모든 대상은,
그것이 표현의 결과물인 한, 그 다양한 형식과 상관없이 다 '텍스
트'로 간주된다. 이해의 핵심은 '공감'이며 '확인'이다. 그것이 실
은 '진리의 공유'다. 고전 내지 전통에 대한 이해는 단순한 지식의
습득 내지 확대로 끝나는 것이 아니라 이른바 교양과 견식과 인품
의 폭을 넓히고 깊이를 심화해준다.

[참고] 딜타이, '체험(Erlebnis)-표현(Ausdruck)-이해(Verstehen)'
[참고] 가다머, '지평융합(Horizontverschmelzung)', '이해'

  * '나'에서 출발

  인생에 대한 관심, 즉 인생론은 '나'에게서 시작돼야 한다. 즉
인생의 문제는 일단 '나의 인생'의 문제여야 한다. 그래야만 그 관
심이 진짜가 될 수 있다. '자기성'이 곧 '진정성'의 기반이 된다는

말이다. '일반적으로', '객관적으로', '본질적으로' … 하는 것들은, 분명히 대단한 것이기는 하지만, 또한 많은 경우 한갓된 정보나 지식으로 끝나며, 따라서 언제나 '나의 저쪽'에 머물고 말, '나와는 무관한' 헛수고에 그칠 위험도 있다. 그러니 먼저 '나'를, '나의 인생'을 생각해보자. 거기서 시작하자.29)

'자기 자신의 가슴을 열고 그 내부를 들여다보자.' 그 '나'라고 하는 것을 잘 살펴보자. 그러면 그것이 온갖 관심들의 중심이라는 것을 발견할 수 있다. 그 중심에 도사리고서 삶의 온갖 일들을 겪어 나가고 있는 것, 감당해나가고 있는 것, 헤쳐 나가고 있는 것, 그것을 우리는 인생의 주체라고 부를 수 있다. 우리들의 인생에서 펼쳐지는 모든 일들은 그곳 즉 '나'에서 시작되고 그곳 즉 '나'로 되돌아오게 된다. '나'는 모든 생적인 관심, 모든 생적인 활동의 출발점이자 귀착점인 것이다. 우리가 제대로 '인생'이라는 것을 이해하고 싶다면, 가장 먼저 그 참된 주체를 발견하고 확고히 설정해야 한다. 인생의 주체 즉 '나'는 너무나 가까이 있기 때문에 그것을 만나기가 오히려 쉽지 않다.30) 우리가 인생을 발견하기 위해서는 우선 먼저 인생의 주체인 '나' — 진정한 '생적 자아(lebensmäßiges Ich)' — 를 발견해야 한다. 인생이란 그 누구에게나 제일

---

29) 조금 생각의 진폭을 넓혀서 보면, 후설이 말하는 '의식에의 환원'도 내가 말하는 '내 인생의 우선성'과 내용적으로 결코 무관하지 않다. 연결성이 있다. 단, '현상학적 자아의 우선성'과 '인생론적 주체의 우선성'의 준별은 필요해 보인다. 전자는 인식의 중심이며 후자는 삶의 중심이라는 것이 결정적인 차이다. 그러나 양자가 결국은 '겹쳐지는 동일자'이며 별개가 아니라는 점은 인정되어야 한다. 이들의 차이는 방점의 차이, 강조점의 차이, 혹은 지평의 차이, 논점의 차이, 혹은 역할의 차이, 기능의 차이다.

30) '가까움'과 '멂'은 하이데거 후기 철학의 한 테마이기도 하다.

차적으로 '나의 인생'이기 때문이다. 그 '나'의 발견을 적극적으로 권유한다. 그리고 그 나의 '문제들'을 하나씩 하나씩 짚어 나가자. 나란 — 적어도 '인생론적' 관점에서 보자면 — 관심의 덩어리다. 이 관심은 생적인 관심(lebensmäßiges Interesse)으로, 반드시 그에 관련된 현실적 내용을 가지고 있다. 따라서 그것은 지향적이다. 인생의 온갖 문제들이 바로 이 나의 생적인 관심에 얽혀들게 된다. 그것은 각각 나의 것이다(인생의 각자성). 내 인생의 것들이다. 나에게 좋은 것들이고, 나에게 싫은 것들이다. 나의 관심이 무엇을 좋아하고 무엇을 싫어하는지를, 무엇을 원하고 무엇을 원하지 않는지를 우선 들여다보자.31) 거기서부터 인생론을 시작하자. 그렇지 않은 인생론들은 결국 한갓된 지적 유희 혹은 지적 장식품으로 끝날 수 있다.

[참고] 헤라클레이토스
"나는 그 누구의 제자도 되지 않았다. 나는 나 자신으로부터 모든 것을 배웠다."

[참고] 데카르트, 『방법서설』
"… 바로 그러한 이유 때문에 내가 나의 스승들의 주의에서 벗어나도 좋을 나이에 이르자마자, 나는 완전히 그런 학문의 연구에서 떠나게 되었다. 이리하여 나는 나 자신 속에서 발견될 수 있거나 … 이외에는 아무것도 믿지 않기로 했다."

---

31) 이수정, 『인생론 카페』 중 「관심에 대한 관심」, 「무엇을 좋아하세요?」, 「좋아하는 것들」, 그리고 『진리 갤러리』 중 「나는 싫은데요」 참고.

* 인생에 대한 전체적, 종합적 시야의 확보(인생 전체에 대한 조망)

우리 자신인 인간의 삶을 전체적으로 조망해보자. 인생'론'을 위해서는 그러한 '눈', 전체를 보는 눈(인생론적 시야)을 확보하는 것이 필요하다.

예컨대 '○○의 일생' 같은 소설의 경우. 특히 '○○전' 같은 고소설의 경우. 또는 '위인전'의 경우. 이를테면 영화 『닥터 지바고』를 관람하는 관객의 눈. 그러한 눈.

인간들이 바쁘게 움직이는 개미들의 삶을 내려다보듯, 인간이 아닌 그 위의 상위 존재(또는 제3의 존재)가 있어 인간을 내려다보는 그러한 자세로 한번쯤 인간들의 삶을 내려다보자. 우리는 이따금씩 개미들이 바쁘게 움직이는 것을 목격한다. 그 바쁜 움직임을 보며 도대체 무엇이 이것들을 이토록 바쁘게 하고 있는가 하는 의문을 가져보기도 한다. 그 움직임에는 아마도 개미 자신들은 전혀 의식하지 못하는 어떤 원리가 작용하고 있다. 이를테면 먹이를 구하여 찾고 날라 비축하고자 하는 것, 또는 그보다 더 이전에 생명을 유지하고자 하는 것 등이 있을 것이다. 그것은 개미들이 생명의 위협 앞에서 저항하는 모습을 통해서도 확인될 수 있다.

그런데 때로 우리는 우리 자신인 인간들의 부산한 움직임에서도 그러한 느낌을 받을 때가 있다. 바쁘게 움직이는 군중들, 자동차의 줄을 잇는 행렬, 특히 우리가 비행기에서 그러한 움직임을 '내려다'볼 때 그것은 더욱 실감나기도 한다. 출퇴근, 등하교 시의 움직임도 그렇다. 그럴 경우 우리는 인간들에게도 그들을 움직이는 — 조종하는 — 숨은 원리가 작동하고 있음을 감지한다.[32] 도대체 무엇이 인간들을 저토록 바쁘게 움직이게 하는가? 인간들의 그러한 움직임은 '삶'의 양태라고 우리는 파악한다. 그 삶을 움직이는 원리가 작용하고 있는 것이다. 우리는 그 원리들을 찾아내고자 한다. 도대체 무엇이 인간들의 삶을 움직이는가? 그것은 아마도 욕구이리라. 그것은 인생의 숨겨진 원리이며 질서다.33) 이를테면 바로 그러한 것들을 보기 위한 '눈'이 필요한 것이다.

그런 눈으로 인간이란 존재를 관조하고 그에 대한 철저한 지적 보고를 시도해보자. 이를테면 '인간이란 존재 … 그들은 … 예컨대 …을 좋아한다…'는 식으로. 그런 현상학적 시도 속에서 무언가 의미 있는 진리를 얻어낼 수 있을 것이다.

[참고] 김만중, 『구운몽』
[참고] 허균, 『홍길동전』
[참고] 조설근, 『홍루몽』
[참고] 무라사키 시키부, 『겐지이야기』
[참고] 아리스토텔레스, '관조(theorein)'
[참고] 테오도르 슈토름, 『임멘호수』

* 경계에 서기, 한계에 서기

전체를 보기 위해 의미 있는 인생론적 시야를 확보하는 것은 인생의 경계, 인생의 한계에 서볼 때 가능하다. 삶의 한가운데 있으면서 경계, 한계에 서본다는 것은 일견 모순인 듯이 보이지만, 그

---

32) 미셸 푸코의 '권력' 이론 참조.
33) 이에 관해서는 본론에서 좀 더 상세히 논의한다. 뒤의 '욕구론' 참조.

렇게 서게 되는 경우가 실제로 있을 수 있다. 경계에 서는 것은 탄
생과 죽음을 진지하게 생각해볼 때 가능하다. 한계에 서는 것은
'삶의 위기'에 놓일 때 이루어진다. 그것은 꺼림칙한 일, 싫은 일이
기는 하다. 그러나 싫어도 어이하랴. 그것이 누구에게나 필연인 것
을. 무한한 삶, 좋기만 한 삶은 없기 때문이다. 그러니 차라리 용감
하게 삶의 경계에 서보자. 삶의 한계에 서보자. 아무리 막 사는 사
람에게도 스스로의 삶을 되돌아보게 되는 순간들이 삶의 과정에는
반드시 있다. 그 순간들('반성적 순간' 혹은 '성찰적 순간')이 갖는
철학적 의의를 놓치지 말자. 이러한 철학적 행위는 삶의 근원적인
가치를 자각하는 데 결정적인 기여를 할 수 있다.34)35)

---

34) 이수정, 『푸른 시간들』 중 「죽은 자의 편지」 참고.
35) 이수정, 「인생론 특강」
　　사색으로든
　　명상으로든
　　살짜기
　　저승에 미리 한번 다녀옵시다
　　이승이 다름 아닌 천국일지니

　　깨달음 오면
　　웬만큼 당해도 화내지 말고
　　이익을 챙기려 다투지 말고
　　꽃 피면 보고
　　새 울면 듣고
　　봄 여름 가을 겨울 시도 읊으며
　　강에도 가고
　　산에도 가고
　　처자식 더불어 맛있게 먹고
　　하늘에 감사하며 푹 잡시다

　　욕심을 다스리며 그것만 해도

[참고] 하이데거, 『존재와 시간』, '죽음에의 선구적 결의', '현존재의 전체성', '근원성'

[참고] 하이데거, 『형이상학이란 무엇인가』, '불안', '초월'
"도대체 왜 존재자가 존재하며 오히려 무가 아닌가."

[참고] 야스퍼스, 『철학』, '한계상황'

[참고] 예니 마르크스
"… 마지막이 다가오면 올수록, 사람은 이 눈물의 계곡[삶]에 집착을 느끼는 것입니다."

[참고] 『중앙일보』, 「백성호의 우문현답」, '관 속에 누웠을 때'

* 진지하게 그러나 재미있게, 학문적으로 그러나 대중적으로

나는 여기서 학문성과 대중성, 진지함과 재미라는 두 마리 토끼를 다 잡아보려고 한다. 그것은 가능하다. 가능하면 좋겠다. 가능해야만 한다. 학문에게도 대중성은 필요하고 대중에게도 학문성은 필요하다. 이 둘은 절대 물과 기름이 아니다. 설혹 물과 기름이라고 하더라도 우리가 인간인 한 우리에게는 물도 기름도 다 필요하다. 그러니 너무 고매하지도 않게, 너무 천박하지도 않게, 그렇게

건강과
평화와
행복이 꽃처럼 피어날지니

강물 흐르듯
구름 흐르듯
삶의 향기 그윽이 흘러갈지니…

인생을 논해보자. 그것은 양쪽으로부터 모두 비난받을 수도 있지만 양쪽으로부터 모두 칭찬받을 수도 있다. 모험일 수도 있지만, 모험은 또한 즐거운 일이 아니겠는가.

(물론 재미에도 수많은 종류들이 있다. 부디 '학문의 재미', '철학의 재미'에 눈뜨기를….)

[참고] 칸트,『순수이성비판』, '학문성'
[참고] 후설,『엄밀한 학문으로서의 철학』
[참고] 니체,『즐거운 학문』

* 사실, 진실, 구조의 인식, 그리고 윤리, 행동, 실천의 권유

나는 여기서 삶이란 '어떠한 것인가', '어떻게 되어 있는가' 하는 삶의 기본 사실 내지 근본 사실들을 먼저 인생론적인 관점에서 통람할 것이다. 그 결과로서 '삶의 구조',36) '삶의 범주들',37) '삶의 주제들'이 자연스럽게 드러나 인식에 이르기를 기대한다.

그리고 그와 관련해 우리가 이 삶을 '어떻게 살 것인가', 어떻게 하는 것이 '좋을 것인가'를 생각하면서 그 방향도 제시해볼 것이다. (그것은 본문에서 주로 '~하자', '~야 한다'라는 식으로 표현

---

36) 이 책의 제목이 『인생의 구조』인 것은 그 때문이다.
37) 이 개념은 일견 하이데거가 말한 '실존범주(Existentialien)'와 유사해 보이나 엄밀히 보면 많이 다르다. 내가 말하는 삶의 범주는 이 책 전체에서 드러나듯, 인생의 '누구', '언제', '어디', '무엇', '어떤', '왜'라고 하는 6대 관심 영역을 기초로 그 각각에 산재하는 기본적, 근원적, 실질적, 포괄적인 생적 관심사로서의 주제들을 가리킨다. '관심의 현실성'이 그 기준이 된다.

된다.) 그것은 우리가 보통 말하는 '윤리'와도 통한다. '인식'은 아주 자연스럽게 '윤리'로 연결되는 구조를 지니고 있다. 소크라테스는 바로 그러한 '앎'과 '삶'의 일치를 보여준 대표적인 경우였다. 예수, 부처, 공자의 경우도 또한 마찬가지다. 나는 말한다. "우선 알자. 그 앎이 머리에서 가슴으로 내려온다면, 아는 것이 곧 되는 것이다."38) '함'으로 이어지지 않는 '앎'은 의미가 없다. '됨'으로 이어지지 않는 '앎'은 의미가 없다.

[참고] 하버마스, 『이론과 실천』

■ 왜 하려고 하는가?(이유)

* '인생'론의 존재이유 ― 인생 자체의 근본적, 궁극적 중요성

나는 왜 인생론을 펼치고자 하는가? 이 분주한 시대에 웬 인생론인가? 여기에는 나름대로의 이유, 배경, 취지, 근거가 있다. 바로 나 자신이 인간이고, 나 자신이 인생을 살고 있기 때문이다. 더욱이 삶은 온갖 문제들 그 자체로 다가온다. '문제'는 진정한 관심의 진정한 원천이다. 하여 '인생'은 우리 인간들이 갖는 모든 생적 관

---

38) 한평생 윤리를 말하면서도 그다지, 아니 전혀 윤리적이지 못한 인간들을 우리는 때때로 본다. 그것은 그의 앎이 그저 다만 머리에 머물 뿐, 도무지 가슴으로 내려오지를 않기 때문이다. 그러한 이른바 '지적 윤리'는 때로 '진정한 윤리'의 방해가 되기도 한다. 그러한 윤리는 없느니만 못하다. 그들의 윤리는, '윤리니 도덕이니 그런 것들, 남에게 권할 것은 돼도 자기가 할 것은 못 된다'는 시중의 저 농담 속의 윤리와 다를 바 없다. 귀 있는 자는 들어야 한다.

심의 근원적 출발점이자 궁극적 귀착점이 되는 것이다. 삶이 아무리 바빠도, 아무리 복잡해도, 우리 인간들에게 인생보다 더 중요한 주제는 없다. 모든 것이 결국은 이 주제로 수렴되어야 한다.

* 인생'론'의 존재이유 ─ 인생에 대한 성찰의 중요성

인생은 주어진 대로, 주어지는 대로 그냥 대충대충 살아갈 수도 있다. 닥치는 대로 함부로 막 살아갈 수도 있다. 그러나 그러기에는 우리의 삶이 너무나도 소중하지 않은가. 너무나도 아깝지 않은가. 하여 삶을 살펴본다는 것, 그리고 검토해본다는 것은 그 자체로 고귀한 삶의 한 형태가 될 수 있다. 그것은 삶을 가꾸는 것이고 다듬는 것이다. 이러한 '가꾸기'와 '다듬기'가 제대로 살기 위한, 삶의 수준을 '올리기' 위한 첫걸음이다.

[참고] 플라톤, 『소크라테스의 변명』
"검토되지 않는 삶은 살 가치가 없다."

* 인생론에 대한 기대와 외면

적어도 한국에서는 많은 사람들이 철학에 대해 인생을 언급해주기를, 인생의 지침을 제시해주기를 바라고 있다.39) 내가 보기에 그

---

39) 일본에서도 '인생론(人生論)'은 철학의 주요 지향점이며, 미국에서도 사람들은 철학에 대해 '삶의 길(a way of life)', '삶의 안내(a guidance of life)'를 기대한다. 유럽에서도 '삶(das Leben, la vie)'이 철학의 핵심 주제 중 하나인 것은 물론이다.

것은 정당한 요구다. 그러나 우리 철학계는 그 요구에 제대로 부응하고 있는지 의문이다. 철학이 진정한 문제를 외면하고 있다고, 소홀히 하고 있다고, 그것은 철학의 책임 회피라고 적지 않은 사람들이 비판하고 있다. 철학자들이 성과라고 쏟아내는 '논문들'에는 온통 진부하고 따분한 평론과 주석과 해설뿐이라고, 거기에는 살아있는 영혼의 언어가 결여되어 있다고, 많은 사람들이 따가운 눈총을 보내고 있다. 그것이 한국 철학계의 서글픈 실상이다. 그러한 철학은 홀대받아도 어쩔 수 없다. 경이원지(敬而遠之)되는 철학은 이미 그 의미의 절반을 상실하고 있다. 진정한 철학적 언어들은 살아서 바깥을 돌아다니는 그러한 것이어야 한다. 공자, 석가모니, 소크라테스, 예수의 살아 있는(체온 있는) 언어들처럼.40)

[참고] 하이데거의 '연구 업적, 『존재와 시간』' 관련 일화41)

---

40) 철학계라는 좁은 틀 안에서만 통용되는 현학적 언어들과 사람들 사이에서 회자되는 생적 언어들을 나는 수족관의 물고기와 바닷속의 물고기에 빗대고 싶다.

41) 하이데거는 프라이부르크로 가기 전 한때 마르부르크대학의 조교수로 근무했는데 마침 니콜라이 하르트만이 자리를 옮기면서 정교수 자리가 비어 학장이 하이데거를 추천했다. 그런데 한참이 지난 후 이 추천은 반려되었다. '지난 10년 간 업적이 없다'는 게 그 이유였다. 그런데 바로 그 10년 간 하이데거는 20세기 최고의 고전이 될 『존재와 시간』을 쓰고 있었다. 학장이 '아무래도 실적이 좀 필요할 것 같다'고 설득을 해서 하이데거는 그 『존재와 시간』을 미완성인 채로 서둘러 후설이 주관하던 『철학 및 현상학적 연구 연보』에 실어 별책으로 출간한 뒤 서류를 다시 올렸다. 그런데 그것도 한참 후 '불충분'이라는 딱지가 붙어 반려되었다. 그 사정을 알고 당시에 이미 유명인사의 반열에 올라 있었던 막스 셸러가 베를린으로 쳐들어가 장관에게 직접 항의를 했고 장관은 마지못해 하이데거를 승진시켰다고 한다. 진정한 철학, 언어에 대한 세간의 무지, 그리고 양화된 성과,

* 인생론이 있던 풍경에 대한 동경

한때 인생론이라는 것이 교양이라는 이름으로 우리 사회에 크게 유행한 적이 있었다. 비록 통속적이라는 비판도 없지 않았지만, 그 것은 인간의 영혼을 가다듬어보려는 아름다운 인문학적 풍경의 하나였다. 쇼펜하우어, 톨스토이, 칼 힐티, 린위탕, 무샤노코지 사네아쓰, 김형석, 안병욱 등 많은 우수한 인물들이 그 풍경을 장식했다. (그 잔영은 아직도 서점의 한 켠에 남아 있다.) 편견 없이 접할 경우, 그들의 말에는 귀담아 들을 만한 것도 적지 않았다. 그러한 인생론적 분위기의 부흥을 은근히 기대해본다. 박제화된 지식들, 정보들만이 학문이라는 그럴듯한 옷을 걸치고 행세하는 현재의 삭막한 풍경을 둘러볼 때 그러한 기대는 더더욱 커진다.

그러나 최상급의 인생론 대가는 공자, 석가모니, 소크라테스, 예수42) 같은 이른바 인류의 4대 성인들이다. 편견이나 전제 없이 생각해보면 이들은 실로 놀랄 만한, 경이적인 삶을 살았던 인물이었다. (이분들의 시공을 초월한 지명도나 영향력을 생각해보라!) 우리는 그들의 소중한 언어를 철학으로, 인생론으로 수용할 필요가 있다. 그것을 종교라는 이름으로 제외, 배제한다면 너무나 아까운 노릇이 아닐 수 없다. 철학은 그러한 언어들이 출입할 수 있는 문을 열어놓고 있다. (실제로 중국 고대철학, 인도 고대철학, 서양 고대철학, 서양 중세철학에서 이들의 정신과 언어가 명시적인 '철학

업적에 대한 세간의 엉뚱한 평가를 상징적으로 보여주는 유명한 일화다.
42) 이 이름들의 순서는, 그 일부가 종교와 관련되므로, 조심스럽다. 여기서는 일단 가장 무난한 순서로 가나다순을 택하였다.

적 주제'로서 다루어지고 있음을 상기해보라.)43)

* 삶의 안내를 위해

인간이라면 누구나 다 갖는 인생이지만, 누구나 다 그 인생에
관심을, 특히 철학적 관심을 갖는 것은 아니다. 누구나 다 잘 알고
있는 것도 아니다. 많은 사람들이 인생에 대한 무지를 안타까워하
며 누군가에게 배우기를 바라기도 한다. 그러므로 안내 내지 지도
라는 노력이 하나의 분야를 이룰 수 있다. 'ㅇㅇ론'이란 외견상 일
단은 안내의 시도이며, 향상의 기대일 수도 있다. 수요가 있는 한,
공급도 있어야 한다. 인생론이 이 부분을 책임져야 한다. 진실을
미리 알게 된 자가 이를 동류에게 알려주고 싶어 하는 것은 소크
라테스 이래 철학의 한 전통이 되어 있다. 공자, 석가모니, 예수의
'가르침' 행위도 마찬가지다.

(단, 안내는 어디까지나 안내일 뿐 알맹이 그 자체와는 구별된
다.44) 안내는 달을 보기 위한 '손가락', 선반 위의 꿀단지를 내리
기 위한 '사다리' 같은 것이다. '달'과 '꿀'을 '보고', '먹는' 것은
자기 인생을 살아가는 각자의 몫이다.)

[참고] 플라톤, 『국가론』 중 '동굴의 비유'

---

43) 이수정, 『인생론 카페』 중 「그날 하버드에서」 및 『진리 갤러리』 중 「그분
    들의 의식주」 참고.
44) 이 '구별'과 '구별의 명시'(이러이러하게 다름을 알려주는 것)는 논의의 혼
    란(논란), 오해, 시장의 우상 등의 회피를 위한 이수정 철학의 한 중요한
    방법론이다.

[참고]　하이데거, 『지인 — 헤벨』, '달의 비유'
[참고]　석가모니, 『금강반야경』, '뗏목의 비유'

* 삶의 질적인 향상 — 인간다운 인간이기를 위해

우리는 분명 인간이다. 그런데 인간이라고 다 같은 인간인가? 그렇지 않다. 평균적인 인간도 있고, 인간 이상의 인간도 있고, 인간 이하의 인간도 있다. 특히 인간이면서도 '인간'이란 이름에 합당하지 않은 인간들도 무수히 많다. 인간 이상의 인간은 참으로 드물다. 그것이 이 인간 세상의 실상이다. 누구나 인생을 잘 살아가고 있는 것은 아니다. 아니 오히려 많은 사람들이 형편없는 인생을 살아간다.

대낮에 등불을 밝혀 들고 "나는 인간을 찾는다"고 말한 디오게네스의 심정으로, 그리고 한평생 '영혼의 향상'을 위해 동분서주했던 소크라테스의 심정으로 나는 사람들을 보고 있다. 우리는 평균적인 인간 이상이기를 바라야 한다. 최소한 그러한 지향을 가져야 한다. 그래서 향상의 노력도 필요하다. 현재 상태에서 만족하지 말자. 향상되자! 질의 향상45)은 사고와 실천적인 노력으로 가능하다. 현재의 세계는 인간들이 오랜 세월에 걸쳐 '생각하며', '노력하여' 향상시킨 결과이기도 하다. 그러한 생각과 노력이 없었다면 아직도 원시 상태가 계속되고 있었을 것이다. 생각의 훈련을 하자. 그리고 행동하자. 그것이 우리의 삶의 수준, 삶의 질을 높여준다. 조

---

45) 향상 혹은 개선, 특히 '영혼의 향상'은 소크라테스 철학의 궁극적 지향이었다. 플라톤, 『소크라테스의 변명』 참조.

금이라도 좋다. 이를테면 '한 치의 질적 성장'을 위해 나는 이 글을 쓴다. 단 한 치라도 좋으니 질적으로 성장한 인간이 되기를 나는 바란다. 단 한 조각이라도 좋으니 교양과 품격을 지닌 인간이 되기를 나는 바란다. 철학, 인생론도 그러한 차원에서 이바지할 수 있어야 한다. 인간으로서 '제대로 된 인생', '좋은 인생', '더 나은 인생'을 살아가기 위한 노력은 분명 가치 있는 것이다. 자신을 위해서도 남을 위해서도. 그리고 우리 모두를 위해서도. 궁극적으로는 세상을 위해서도.

[참고] 디오게네스
"나는 인간을 찾고 있다(ἀνθρωπον ζητω[anthropon zeto])."

[참고] 헤르만 헤세, 『데미안』
"새는 알에서 나오려고 싸운다. 알은 곧 세계다. 태어나고자 하는 자는 하나의 세계를 깨트리지 않으면 안 된다."

[참고] 니체, 『차라투스트라는 이렇게 말했다』, '초인' — 넘어서는 인간. 인간은 끊임없이 넘어서야 할 극복의 대상

  * '좋은 삶', '좋은 세상'을 가꾸기 위해

인생론은 삶의 한가운데서 잠시 머물러 그 삶을 돌이켜보는 것이다. 그러한 돌이켜봄, 반성, 성찰이 곧 철학이 될 수 있다. 그러한 반성 — 즉 철학 — 으로 우리는 우리들의 인생을 조금은 가꾸어갈 수 있고 바꾸어갈 수 있다. 그러한 가꿈과 바꿈이 이윽고 '좋은 세상'을 만들어간다. 사람들이 이왕이면 아름다운 인생과 세상

을 일구어나갈 수 있기를 나는 기대한다. 쓰레기장이나 돼지우리에서 살기보다는 화원이나 훌륭한 저택에서 사는 것이 당연히 더 '좋은' 것이 아닌가. '좋다'는 것, 그것은 모든 원리 중의 원리다. 그것은 최초의 원리이며 최후의 원리다. 이제 이 인생론에서 펼쳐질 한마디 한마디의 단어와 문장들이 우리의 인생과 세상이라는 화원을 가꾸는 호미와 삽으로 작용해서, 철따라 그리고 곳곳에서 아름다운 꽃을 피우고 향기를 뿜어내는 데 기여할 수 있다면, 그래서 '좋은 삶'과 '좋은 세상'에 기여할 수 있다면 좋겠다. 나는 이런 종류의 철학이 많은 동지를 얻어 '거리'에 나다니게 되기를 기대해 마지않는다.46)

---

46) 그것은 아마 언어가 누릴 수 있는 최고의 영광일 것이다.

제 1 장

삶의 주체 — 우리는 누구로 사는가?

인생의 주체는 누구인가? 누가 인생을 살아가는가? 누구든 망설임 없이 '나', '나 자신'이라고 답할 수 있다. 그러나 그 나란 도대체 누구인가? 정색을 하고 한번 물어보자. 나의 정체는 결코 그렇게 간단하지 않다. 김아무개, 학생, 남자, 교수, 사장 등등 수많은 대답이 가능하다. 인생이 '인'간의 '생'인 한, 궁극에는 '인간'이라는 것도 답이 될 것이다. 그 다양한 대답들에는 제가끔의 의미가 있다. 그 의미들을 우리는 차근히 새겨볼 필요가 있다.

■ 주체의 문제에 대한 철학사적 회고[1] ─────────────

Γνῶθι σ 'αυτόν / Ἀνθρώπον ζητῶ / ens creatum / cogito
ergo sum / Subjekt / Vernunft / Ich / Geist / Ego-Id / Wille /
bourgeois-prolétariat / Bewusstsein / Person / Dasein …

[참고] 소크라테스, 디오게네스, 아우구스티누스, 피코, 데카르트, 홉스, 칸
트, 피히테, 셸링, 헤겔, 포이어바흐, 프로이트, 니체, 마르크스, 셸러, 하이데
거 등

─────────────

1) 이 부분들은 이 책에서 실제로 수행되지는 않는다. 양적으로 너무나 방대
해지기 때문에 별도의 전문적 연구를 필요로 한다. 훗날을 기약하며 여기
서는 그 개요의 제시로 만족한다.

■ '나'는 누구인가?

* '자기'에 대한 자기의 물음

'나란 누구인가?' 우리는 먼저 이 물음을 물어봐야 한다. 내가 나를 물어봐야 한다. 거기서 물음의 진정성이 우러나온다. 내가 나를 볼 경우의 나, 나에게 있어서의 나를 우리는 '자기'라고 부른다. 먼저 이 '자기'를 철학적으로 음미해보자. 나 자신, 자기 자신의 정체를 파악하는 것은 철학적 인생론의 기본 과제다. 인생을 사는 우리에게는 모든 것의 중심에 '자기'가 있다. 우선 이 자기가 누구인지, '누구'로 불리는지 살펴보자. 그 '누구'가 인생을 사는 주체, 삶의 수행자인 '나'의 구체적인 모습이다. 어떤 존재인지를 알려준다.

[참고] 요스테인 고르데르, 『소피의 세계(Sofies verden)』
"너는 누구니?(Hvem er du?)"[2]

[참고] 류시화, 『삶이 나에게 가르쳐 준 것들』 중
"삶이 어떤 길을 걸어가든지
늘 그대가 어디로 가고 있는가를 생각하라.
그리고 '나는 누구인가'라는 근본적인 질문에서
달아나지 말라. 슬프면 때로 슬피 울라.
그러나 무엇이 참 슬픈가를 생각하라.
그대가 어디로 가고 있는지도 모르고,
또 자신이 누구인가를 알려고 하지 않는 것,
그것이 참으로 슬픈 것이다."

---

2) 이 책은 이 물음이 철학사의 한 핵심 주제임을 알려준다.

* '나'의 정체, '나'의 실체 ― 기억과 기대, 그리고 관심

'나'는 무엇으로 이루어져 있는가? 자신의 내면을, 의식을, 스스로 살펴보자. 그 속에 침전된 수많은 기억들…. 그리고 품어진 기대들…. 그리고 거기에는 온갖 종류의 생적인 관심들이 가득하다. 그 기억과 기대 그리고 관심들이 인생의 실질적 내용이다. 인생을 사는 '나'의 실질적 내용이다. 그것들은 '나'라는 것이 '생적인 주체'임을 알려준다. '주관'도 '의식'도 '의지'도 '계급'도 '나'에 대한 근원적, 종합적 설명으로서는 항상 불충분하다.

한번쯤은 이렇게 해보자. 눈을 감는다. 그리고 귀를 막는다. 한 동안을 그렇게 있어보자. 그러나 그것이 너무 길어지면 우리는 아마도 지겨워질 것이다. 그러니 그렇게 되기 전까지만 한번 해보자. 그러니 적당히 눈을 뜨자. 그리고 생각해보자. 내성해보자. 눈을 감고 귀를 막으면 당연히 아무것도 보이지 않고 들리지 않게 된다. 눈과 귀는 단 두 가지밖에 안 되는 것이지만 그것이 차단됨으로써 우리는 갑자기 모든 것과 유리되는 것을 느끼게 된다. 지금까지 너무나도 익숙했던 거의 모든 것이 '바깥'에 있었다는 것이 새삼스레 느껴질 것이기 때문이다. 그와 더불어 동시에 그 모든 것과 단절된 '이쪽'에, 이 '안쪽'에 무언가가 남아 있다는 것을 느끼게 된다. 이쪽의 그 무언가를 우리는 '나'라고 부른다. 바로 그것이 수많은 '기억들', 수많은 '기대들', 그리고 수많은 '관심들'을 담고 있다. 그 '생적 내용들'의 담지자가 바로 삶의 주체인 '나'인 것이다.

[참고] 불교, '제법무아(諸法無我)'[3)]

* '나'의 이중적 측면 — 단독성과 집단성

'나'는 이중의 모습을 지닌다. '홀로 있는 나'와 '함께 있는 나'다. 전자는 개인, 개체, 단독자로서의 나를 나타내며, 후자는 우리, 즉 집단(가정, 학교, 직장, 사회, 국가 등)의 구성원으로서의 나를 나타낸다.

나는 나인 동시에 또한 '우리'의 한 부분이기도 하다. '우리'란 '나'의 확장된 형태다. 이 '우리'는 삶의 한 강력한 요소로 작용한다. '우리'의 구체적인 모습은 다양하다. 그것은 가족, 동창, 동료, 국민 등등의 모습으로 나타난다. 그 다양성이 '나'를 규정한다. 나의 규정의 다양성이 인생의 다양성을 규정한다. 내가 누구인가에 따라, 어떤 나인가에 따라, 어떤 인생을 사는지가 결정되는 것이다.

[참고] 키어케고어, '단독자(den Enkelte)'
[참고] 아리스토텔레스, '사회적 동물(ζῷων πολιτικόν)'
[참고] 하이데거, '공동존재(Mitsein)'

* 나의 가소성, 개조 가능성

'나'란 것은 애당초 현실, 상황, 환경, 조건 등에 의해 형성되는 것이다. 그러나 또한 자신이 선택하고 결정하고 만드는 것이기도

---

3) 불교의 무아론은 나 자체의 존재에 대한 근본적 부정이라기보다는 나의 불변적 실체성에 대한 부정, 그 가변성, 그 가상성, 허망함에 대한 지적, 그럼에도 불구하고 우리가 보여주는 그 헛된 자기에 대한 집착, 그 집착으로 인한 번뇌와 고, 그런 것에 대한 강조의 교설로 이해될 수 있다.

하다. 요컨대 그것은 고정체가 아니다. 가소적인 것이다. 개조가 능성이 우리에게는 주어져 있다. 내가 나를 만들 수 있고 바꿀 수 있다. 그러니 '자기'가 만족스럽지 않다면 작은 습관부터 바꾸며 개선해가자. 습관은 운명을 바꿀 수도 있다. 굳은 의지로, 생각의 습관, 언어의 습관, 행동의 습관을 바꾸어보자. 끊임없이 '새로운 나'를, '좋은 나'를 만들어가자.

단, 같은 상황도 사람들은 각각 다르게 받아들인다. 동일한 상태가 사람에 따라 긍정적이기도 하고 부정적이기도 하다. 그것은 그 사람의 주관적인 인격, 입장, 자세, 태도에 좌우된다. 그러니 주관의 틀 속에 갇히지 않으려면 객관적인 좋고 나쁨을 고려해야 한다. 타인의 반응, 특히 말, 평판을 거울삼아서 나의 모습을 거기에 비추어 보자. 귀는 언제든 남에게 열어둬야 한다.

[참고]　사르트르, 『실존주의는 휴머니즘이다』, '자유', '선택', '책임'
"사람은 스스로 만드는 것이다."

[참고]　『공자가어』
"좋은 약은 입에는 쓰나 병에는 이롭고, 충언은 귀에는 거슬리나 행실에는 이롭다(良藥苦於口利於病　忠言逆於耳利於行)."

[참고]　공자, 『논어』
"예순에 귀가 순조로웠고(六十而耳順) …"

[참고]　『탈무드』
"입보다 귀를 높은 위치에 두라."
"인간은 입이 하나 귀가 둘이 있다. 이는 말하기보다 듣기를 두 배 더하라는 뜻이다."

■ 주인공으로서의 나 ────────────

* 인생은 나의 것 ─ 주연은 나

모든 인생은 각각 한 편의 드라마다. 일종의 대하극이다. 그것은 무한의 다양성을 지닌다. 지구상에 70억의 인간이 있다면 70억의 인생이 있다. 과거에 100억의 인간이 있었다면 역시 100억의 인생이 있었다. 그 모양새는 제각기 다 다르다. 각각의 인생에 파란만장한 장면들이 전개된다. 따라서 인생은 일률적으로 재단할 수 없다. 그러나 공통의 기본 구조는 있다. 그 기본 중의 기본이 우선 '나'의 존재다.

모든 인생극의 중심에는 '내'가 있다. 인생의 주인공은 '나'다. 내가 인생의 주인공이다. 세상에 자기 인생의 조연인 사람은 아무도 없다. 인생이라는 절대적 작품의 주연은 어떤 경우이든 각각의 '나'다. 이 주연에는 대역이 없다. 그 누구도 나의 인생을 나 대신 살아줄 수 없다. 부모 형제는 물론, '일심동체'라는 부부라도 예외는 아니다. 아무리 형편없는 인생이라도 그 인생의 주인공은 그래도 '나'다. 심지어 노예의 인생도 그 주인공은 '나'다. 주인공으로서의 '나'는 모든 인생의 기본 단위다.

그러니 나의 인생은 나의 권한으로, 나의 책임으로 살아야 한다. 그러므로 남에게, 환경에게, 조건에게 일방적으로 휘둘리지는 말자. 각자가 자기 운명의 주인이 되어야 한다. 그런 자세로 인생을 살아나가자.

[참고] 에픽테토스
"자기 자신의 주인이 되지 못하는 사람은 결코 자유인이 아니다."

[참고] 필 보스만스(Phil Bosmans)
"너는 아직 너 자신의 완전한 주인이 아니다. … 이 순간에 있어서 무언가를 변화시킬 수 있는 사람은 세상에 너 자신 이외에는 아무도 없다. 왜냐하면 이 하루를 너의 입장에서 살아줄 수 있는 사람은 아무도 없기 때문이다."

* 조연, 타인으로서의 나

한편, 나는 남에게 있어 한 사람의 '타인'이기도 한다. 타자로서 나는 조연의 역할을 하기도 한다. 조연으로서 나는 다른 누군가의 인생에 참여한다. 모든 사람이 다 그렇다. 이러한 구조를 생각할 때 우리는 나 자신이 그중 하나인 '타자, 타인, 남, 너'의 의미를 되새겨보지 않을 수 없다.

단, 타인과의 비교나 경쟁을 통해 자기를 괴롭히는 일은 어리석다. 나는 각각 '남과는 다른 나'다. 같을 수가 없다. 생김새도 성격도 조건도 다 다르고, 지문도 홍채도 DNA도 다 다르다. 따라서 나는 나로서 나의 인생을 살면 되는 것이다. 보잘것없어도 "제비꽃은 제비꽃답게 피면 되고",4) 민들레는 민들레답게 피면 되는 것이다. "지 팔 지 흔들고 산다"는 경상도 지방의 속어도 이러한 삶의 각자성과 무관하지 않다.

---

4) 정호승, 『내 인생에 힘이 되어준 한 마디』(비채), 90쪽 참조.

✳ 자기에 대한 배려

주인공으로서의 '나'를 깨닫자. 주인공은 중심적 인물이며 따라서 중요한 인물이다. 주인공은 '특별한 배려'의 대상이다. 그러니 자신에 대한 배려를 소홀히 하지 말아야 한다. 배려? 어떻게? 우선, 그 자기의 욕구에 충실하게 봉사하자. 스스로 납득하고 만족할 수 있는 삶을 살아주자. 자기를 위해. 남에게 잘해주듯이 자기 자신에게도 잘해주어야 한다. (그것은 일종의 자기윤리다.) 자기 자신도 부여받은 것인 한 자기 자신의 소유가 아니기 때문이다. 나도 '내 것'은 아닌 것이다. 나는 나에게 맡겨진 것이다.

그러므로 나는 나 자신에 대한 의무와 책임이 있다.5) 그러니 나를, 그리고 다른 사람을, 함부로 생각하지 말자. '함부로 함' 그것은 비난받아 마땅할 오만의 소치이다. 이 오만이 온갖 문제들을 생산해낸다. 이 오만이 인생을 쓰레기통으로 만들고 온 세상에 악취를 풍기게 한다.

[참고] 『탈무드』
"자기가 자기를 위해 하지 않으면 누가 당신을 위해 해준단 말인가."

---

5) 이런 점에서 내가 나에게 잘해주는 것도 칭찬 내지 포상의 대상이 되는 것이고, 내가 나에게 잘못하는 것도 비판 내지 징벌의 대상이 되는 것이다. 그런 차원에서 내가 나를 죽이는 '자살'이란 행위도 또한 '살인'에 해당하는 것이다. 그래서 그것은 '죄와 벌'의 주제가 된다.

■ '세인'으로서의 나, '세계-내-존재'로서의 나 ──────

* '세인(das Man)' ─ 얼굴 없는 자기, 이름 없는 자기

일상적 차원에서 사람들은 '우선 대개' 불특정 삼인칭의 '사람들'로서 살아간다. 사람들은 교묘히 군중 속에 '자기'를 숨기고 막연한 '사람들' 중의 일부로서 살아간다. 그러한 숨김은 편함을 보장해주기도 하지만, 비겁함을 보호해주기도 한다. 이러한 모습은 긍정적인 순기능을 갖기도 하고 부정적인 역기능을 갖기도 한다. 자신의 삶의 역사에서 무언가를 이룩하고자 하는 자는 그러한 '은둔'에서 벗어나 의식된 진정한 '자기'를 탈환해야 한다. 자기가 '누구'라는 명백한 '이름'을 내세워야 한다. 세인은 이름 없는 자기이며 얼굴 없는 자기다.

[참고] 하이데거, 『존재와 시간』, '세인으로서의 일상인' ─ 그 특징은 수다, 호기심, 모호성(재잘재잘, 기웃기웃, 대충대충)

* '세계-내-존재'

'나'라는 존재는 또한 근원적으로 무수히 많은 '사물들', '도구들', 그리고 '타인들'과의 상호연관 속에서 삶을 살아간다. 그 모든 것들이 이른바 '세계'를 구성한다. 그래서 인간은 '세계-내-존재'라 일컬어진다. 그러한 상호관련이 삶의 구체적인 실질을 부여한다. 이를테면 공기를 호흡하고 물을 마시고 음식을 먹고 망치질을 하고 꽃구경을 하고 숲길을 걷고 누군가와 약속을 하고 만나서 차를 마시며 담소를 하고 토론을 하고 사랑을 하고 경쟁을 하고… 하는 등등이 모두 다 그런 것이다.

[참고] 하이데거, 『존재와 시간』, '세계-내-존재(In-der-Welt-Sein)'

■ 신분적 존재로서의 나 ─────────────

* 신분 ─ '누구누구임'

사람은 반드시 어떤 '누구누구로서' 살아간다. 이 '누구누구' 아닌, '누군가'가 아닌, 그런 것이 없는 '누군가'는 원천적으로 있을 수 없다.6) 이 '〜로서', '〜임'을 우리는 '신분'이라고 부른다. 봉건적 신분,7) 사회적 신분8)만이 신분이 아니다. 나를 규정하는 그 모든 '규정성'9)이, 즉 '어떤 사람'인가가 다 신분이다. 신분은 출생에서 죽음까지 인생의 내실을 속속들이 지배한다. 누구로서 사는가가 그때그때 인생의 모양을 결정짓는 것이다. '신분'은 인생의 가장 결정적인 조건의 하나가 된다. 그러니 달가운 신분의 획득을

---

6) 그 어떤 장자(莊子) 식의 궤설을 들이대더라도 원천적으로 그것은 불가능하다. 마치 뜨겁지 않은 불이나 차갑지 않은 얼음이 불가능한 것처럼.

7) 이를테면 양반, 중인, 상민, 천민 등.

8) 이를테면 귀족, 평민, 사장, 사원 기타 등등.

9) 이러한 '규정성'이 곧 우리의 '누구임'을 지시한다. '아무것도 아닌 자'라는 것도 일종의 규정성이다. 그렇게 규정되는 순간 그것은 그 즉시 어떤 규정임을 피할 수 없게 된다. 바로 '그러한 규정'을 획득하는 것이다.

목표로 설정하자. 인생의 행복은 절반 이상이 바로 이 신분과 함수 관계에 있다. 한번 물어보자. 나는 지금 '누구'인가? 그리고 '누구'가 되려 하는가?

[참고] 김광규, 「나」
살펴보면 나는
나의 아버지의 아들이고
나의 아들의 아버지고
나의 형의 동생이고
나의 동생의 형이고
나의 아내의 남편이고
나의 누이의 오빠고
나의 아저씨의 조카고
나의 조카의 아저씨고
나의 선생의 제자고
나의 제자의 선생이고
나의 나라의 납세자고
나의 마을의 예비군이고
나의 친구의 친구고
나의 적의 적이고
나의 의사의 환자고
나의 단골 술집의 손님이고
나의 개의 주인이고
나의 집의 가장이다

그렇다면 나는
아들이고
아버지고
동생이고
형이고

남편이고
오빠고
조카고
아저씨고
제자고
선생이고
납세자고
예비군이고
친구고
적이고
환자고
손님이고
주인이고
가장이지
오직 하나뿐인
나는 아니다

과연
아무도 모르고 있는
나는
무엇인가
그리고
지금 여기 있는
나는
누구인가

* 신분의 종류

  선천적 신분과 후천적 신분, '받는' 신분과 '되는' 신분, '타고나
는' 신분과 '획득하는' 신분, 신분에는 이렇게 기본적으로 두 가지

의 종류가 있다. 이것들은 다중적이며 서로 복잡하게 얽혀 있다.

선천적으로 덮어 씌워져 '부여받는', '타고나는' 신분은, '누구로서 태어났느냐' 하는 것이 결정한다. 이것이 인생의 기본적인 조건으로서 작용한다. 예컨대,

- '남자' 또는 '여자'로서의 나
- '가족'으로서의 나, 즉 아무개의 아들, 딸, 형, 누나, 동생 …으로서의 나
- '한국인'으로서의 나
- '현대인'으로서의 나

등이 이에 해당한다.

후천적으로 자기 자신의 능력과 노력에 따라 '획득하는', '되는' 신분은, '누구로서 살아가느냐' 하는 것이 결정한다. 이 또한 복합적으로 얽히고설킨다. 이 경우는 나의 '누구인가?'라는 것이 곧 내가 어떻게 살아왔는지를 보여준다. 예컨대,

- '친구'로서의 나
- '학생'으로서의 나
- '부부'로서의 나
- '부모'로서의 나
- '직업인'(사원, 공무원, 교원, 농부, 상인 …)으로서의 나
- '부자, 가난뱅이'로서의 나
- '선인, 악인'으로서의 나

등이 이에 해당한다. 이런 것들이 또한 인생의 실질적인 내용을 구성하는 결정적 변항(變項)으로서 작용하는 것이다.

* '다움'

　모든 신분에는 각각의 '본질'이 있다. 이를 '본분'이라 불러도 좋고 '다움'이라 불러도 좋다. 대통령에게는 대통령다움, 공무원에게는 공무원다움, 학자에게는 학자다움, 학생에게는 학생다움 … 이 있다. 이 신분의 본질(다움)이 부실할 경우, 왜곡될 경우, 상실될 경우, 망각될 경우, 삶의 갖가지 문제들이 발생한다. 왕이 왕답지 않고, 신하가 신하답지 않고, 부모가 부모답지 않고, 자식이 자식답지 않을 때, 역사상의 온갖 문제가 발생했고, 사회적인 온갖 문제가 발생했다. 지금도 앞으로도 역시 마찬가지다.

　이 문제들을 해결하기 위한 덕목이 '본분의 충실', '본질의 구현', '다움의 실현'이다. 우리는 살면서 무엇이 되건 그것'답게' 살아야 한다. 자신을 위해서도 남을 위해서도 세상을 위해서도 그렇다. 그러니 자기 자리에서 자기 역할을 다하자. 각자 자기의 이름을 지키자. 신분에 충실하자. 자신의 신분과 본질에 충실할 때, 자기 자신의 인생도, 그리고 남의 인생에 대해서도 좋은 삶이 될 수 있다. 세상도 바로 선다. 그런데 많은 사람들이 제 이름값을 못하고 있다. 거기서 삶의 문제들이 발생한다. 공자는 바로 그 점을 주목했다. 그래서 이름을 바로잡고자 했다. 그의 정명(正名: 이름 바루기)이란 그런 것이다. 왕은 왕답게, 신하는 신하답게, 부모는 부모답게, 자식은 자식답게…. 이런 멋있는 이론도 흔치는 않다.[10]

---

10) 이수정, 『진리 갤러리』 중 「당신은 누구십니까」 참고.

[참고] 공자, 『논어』, '정명(正名)'
"자로가 말했다. '위나라 왕이 선생님을 모시고 정치를 하려 합니다. 선생님은 무엇을 먼저 하실 생각이십니까?' 공자가 말했다. '반드시 이름을 바로잡을 것이다.' … (子路曰, 衛君待子而爲政, 子將奚先. 子曰, 必也正名乎. 子路曰, 有是哉, 子之迂也. 奚其正. 子曰, 野哉, 由也. 君子於其所不知, 蓋闕如也. 名不正, 則言不順, 言不順, 則事不成, 事不成, 則禮樂不興, 禮樂不興, 則刑罰不中, 刑罰不中, 則民無所錯手足. 故君子名之必可言也, 言之必可行也. 君子於其言, 無所苟而已矣)"
"제나라 경공이 공자에게 정치를 물었다. 공자가 대답하여 말했다. '왕은 왕답게, 신하는 신하답게, 부모는 부모답게, 자식은 자식답게 하는 것입니다.' … (齊景公問政於孔子. 孔子對曰, 君君, 臣臣, 父父, 子子. 公曰, 善哉. 信如君不君, 臣不臣, 父不父, 子不子, 雖有粟, 吾得而食諸)"

[참고] 마틴 루터 킹 2세
"만약 어떤 사람이 거리 청소부의 사명을 타고났다면, 그는 미켈란젤로가 그림을 그리듯, 베토벤이 작곡을 하듯, 셰익스피어가 시를 쓰듯, 그렇게 거리를 쓸어야 한다.'"

■ 관계적 존재로서의 나 ─────────

* 관계적 존재(관계-내-존재)

인생의 주체로서의 나는 필연적으로 타인(들)과의 관계 속에 얽혀 있다. 인간은 원천적으로 관계적 존재다. 인간(人間)이라는 단어 자체가 (특히 '間'[사이]이) 이 점을 지시한다고 해석할 수도 있다. 주변 여건, 즉 삶의 조건 연관을 살펴보아도 이 점은 확인된다. 이 사실은 출생에서 죽음까지 우리를 지배한다. 상관자가 없는 절대적 나란 성립될 수 없다. 그 상관자가 구체적으로 드러나 있지 않은 경우라도 '잠재적 상관자'는 도처에 존재한다. 예컨대 내가 '농부'라면 나는 이미 내가 만드는 이 사과를 사 먹어줄 그 '누군가'와의 관계 속에서 지금 이 사과나무를 돌보는 것이다. 내가 어부라면 이미 내가 잡을 고기를 사 먹어줄 그 누군가와의 관계 속에서 지금 이 그물을 던지는 것이다. 사제, 부부 등은 말 그 자체가 이미 이 관계를 지시하기도 한다.

나와 누군가와의 관계는 파악의 관계일 뿐 아니라, 상호형성의 관계이기도 하다. 나의 정체는 부단히 '인적 주변'(누군가[들])에 의해 형성된다. 그리고 형성된 내가 다시 인적 주변을 형성한다. 그렇게 맞물리는 인간관계가 인생을 결정해간다.

[참고] 사회학, '인간관계론'
[참고] 후설, 메를로-퐁티, '상호주관성(Intersubjektiviät)'

* 관계의 종류

나를 규정하는 인간관계는 복잡 다양하다. 그러나 기본적으로는 '사적 관계'와 '공적 관계', '내적 관계'와 '외적 관계', '개인적 관계'와 '사회적 관계'로 구분될 수 있다. 예컨대 다음과 같다.
  - 사적, 내적, 개인적 관계 : 가족(부모, 자녀, 부부, 형제), 친구의 관계 등
  - 공적, 외적, 사회적 관계 : 일과 관련된 관계, 사회환경으로서의 관계 등
그러나 이 양자는 고정된 것이 아니며 가변적이고 유동적이다.

이를테면 아버지가 동시에 대통령일 수도 있고 사장이 동시에 친구일 수도 있다. 딸이 동시에 제자일 수도 있다.

* 관계의 성격

관계는 만남으로 이루어진다. 만남은 인연으로 이루어진다. 출생에서부터 이미 만남은 시작된다. 이 책 서론을 참조 바란다.

단, 다가옴으로써 성립되는 관계도 있지만 다가감으로써 성립되는 관계도 있다. 관계는 능동적으로 만들어지기도 한다는 말이다. '많은 관계'가 인생의 풍요로움에 기여하기도 한다. 그러나 동시에 번잡함, 고단함을 주기도 한다. 그렇게 관계의 양이 인생의 질을 결정하는 경우도 있지만, 관계의 질이 인생의 질을 결정하는 경우도 있다. 어느 쪽이건 관계의 확보, 유지, 발전은 생적 노력의 대상이어야 한다. 만들어진 관계든 만들어질 관계든, 좋은 관계를 이루기 위해 노력하자. 좋은 인간관계가 좋은 인생의 관건이기 때문이다.

* 인간관계의 한 특수 양상으로서의 '인맥'

인간관계는 삶의 과정에서 실로 다양한 형태로 구성된다. 사적, 공적 관계에 따라 그 관계의 양상도 달라진다. 그 특수한 결과적 양상의 하나로서 이른바 '인맥'이라는 것도 생겨난다. '아는 사람들', '잘 아는 사람들', '특별한 사이의 사람들'이라는 연결고리를 일컫는 말이다. 소위 지연, 학연, 종교 등이 이 인맥의 형성에 요소로서 작용하기도 하고, 심지어는 '사돈의 팔촌' 같은 어설픈 인연들까지 총동원되기도 한다. 이 인맥은 때로 인생살이의 큰 자산이 되고 소위 사회적 삶에서 큰 의미로 작용하게도 된다. 세속적인 삶에서는 이 인맥의 관리가 삶의 한 과제가 되기도 한다. 물론 그것이 소위 사회적 정의에 기반하지 못할 때는, '요령'으로서 비난받을 여지도 없는 것은 아니다.

* 관계 속에서의 나의 위치

타인(들) 또는 사회(세상)와의 관계 속에서 볼 때, 우리는 각자 어떠한 인간이며 어떠한 인간이어야 하는가? 관계 속에서 볼 때 나는 대체로 다음 다섯 중의 어느 하나에 속하게 된다. 즉,

(1) 있어야만 하는 인간
(2) 있는 편이 나은 인간
(3) 있어도 없어도 되는 인간
(4) 없는 편이 나은 인간
(5) 없어야만 하는 인간

개인적으로나 사회적으로나, 이 순위(관계에 대한 기여도)가 높아질수록 '삶의 행복도', '삶의 충실도'가 높아진다. 역으로 이 순위가 낮아질수록 '삶의 불행도', '삶의 위험도'가 높아진다. 이 기여도는 관계의 이쪽인 나에 대해서도, 관계의 저쪽인 상대에 대해서도 물어야 한다. 자신에게 물어보자. 지금 나는 몇 번에 해당하는 인간인가? 나는 인간 (1)인가, (2)인가…, 혹시 인간 (5)는 아닌가? 그리고 남들에게도 물어보자.

단, 이 규정의 기준은 상대적이고 가변적이다. 모든 평가에서는 항상 기준이 문제다. '윤리학' 내지 '가치론'이 바로 이 문제를 도와줄 수 있다.

■ 공공적 존재(시민, 국민)로서의 나 ─────

* 시민의 조건 ─ 타자의 상호 인정

관계적 존재로서의 '나'가 공공화될 때 시민 또는 공민이라는 성격이 형성된다. (국가를 단위로 할 때는 그것이 국민이 된다.) 근대 초 유럽에서 이른바 시민사회가 성립된 이래, 시민이라는 인간의 사회적 신분은 전 세계적으로 확산되어 이제는 보편적 현상으로 자리 잡았다. 이러한 신분에게 요구되는 덕목이 '공공성', 구체적으로는 시민의식, 질서의식 등이다. 이는 시민이 시민이기 위한 최소한의 기본 조건이다. 시민사회를 함께 구성하는 타자의 상호 인정, 상호 존중, 상호 배려라는 것이 그 바탕에 깔려 있다. 이것이 삶의 장소인 한 사회의 질과 수준을 결정한다. 우리 사회의 시민들은 어떠한가. 무질서와 무배려는 사회적 질병인 '짜증'의 근원이 된다. '타자의 존재'에 대한 의식의 존재 유무가 이 문제의 핵심이다. 우리가 '제대로 살기'를 바란다면, 우선 서로가 타자의 존재를 인정하고 존중하는 연습을 착실히 하자. '타자의 존재'를 배려하지 않는 사회는 이기적인 사회가 되고 천박화된다. 그러한 사회에서의 삶은 고단하고 힘들고 짜증스러운 것이 될 수밖에 없다.

[참고] 지하철, 차량 정지선, 출입문, 대중탕 등 공공장소에서의 질서의식
[참고] 하이데거, '공존재'
[참고] 하버마스, '공공성'
[참고] 레비나스, '타인의 얼굴'

* 시민의 한 특수 형태 — 신사 숙녀

시민성을 제대로 갖춘 수준 있는 인격체를 우리는 '신사 숙녀'라고 부른다. 예의, 예절, 인격, 도덕 등을 몸에 지녀 타인과 더불어 원만히 살 수 있도록 잘 다듬어진, 세련된 인간의 모습이 신사 숙녀다. 신사 숙녀가 되자. 신사 숙녀는 그렇게 대접받음으로써 그렇게 되며, 그렇게 됨으로써 그렇게 대접할 수 있다. 이러한 선순환 구조를 요즘의 우리 사회는 상실해가고 있다. 그 반대의 악순환 구조가 이 사회를 구성하는 한 사람 한 사람의 개인들을 '싸구려 인간', '막돼먹은 인간', '문제적 인간'으로 만들어가고 있다. 지금 자신에게도 물어보자. 나는 과연 신사인가? 나는 과연 숙녀인가? 제대로 된 훌륭한 시민인가?

[참고] 영화 『마이 페어 레이디』11)
"네가 예의를 지키지 않는다면 쫓아버릴 거야."
"내가 주워다 키운 아이한테 예의를 지키라구요?"
"당연하지."
"말도 안 돼."
"넌 어떻게 내 아들한테 예절을 배웠니?"

---

11) 각본: 버나드 쇼, 원작: 알란 제이 레너, 감독: 조지 큐커, 주연: 오드리 헵번, 렉스 해리슨.

"쉽지 않았어요.
피커링 대령이 아니었으면 예의가 뭔지 몰랐을 거예요.
그분은 절 꽃 파는 소녀 이상으로 대해주셨어요.
히긴스 부인, 꽃 파는 소녀를 주워왔다는 건 중요치 않아요.
꽃 파는 소녀와 숙녀의 차이는 어떻게 대접받느냐의 문제예요.
히긴스 교수께 저는 평생 꽃 파는 소녀가 될 수밖에 없어요.
하지만 피커링 대령께 저는 항상 숙녀가 될 수 있죠."

* 구체적 힘으로 작용하는 공공성

삶에 있어서 때로는 '공공성'이 개인의 사적인 삶에 우선하는 경우도 생기게 된다. 이른바 '선공후사(先公後私)', '멸사봉공(滅私奉公)' 등의 말이 이러한 경우를 반영한다. 이러한 생적 현상으로서의 공공성은 하나의 구체적 조건, 실질적 힘으로 삶에 작용한다. 이러한 힘은 특히 가문, 회사, 교회, 기관(특히 공공기관) 등 특정 집단이나 국가 혹은 민족을 위해 개인의 삶이 희생되는 경우에 극단적으로 드러난다.

[참고]   쑨원, '천하위공(天下爲公)'[12]
[참고]   이순신의 인생, 혹은 안창호, 안중근, 김구 등 항일 독립운동가들의 인생

---

12) 이 말은 원래 국가의 모든 권력이 인민으로부터 나오며 국가가 더 이상 황제 개인의 것이 아니라는 취지이지만, 공공성이 모든 사적인 행위에 우선해야 한다는 공공성의 강조로 자유롭게 확대 해석할 수도 있다.

* 국민(한국인)

　인생에서 내가 어느 나라의 '국민'인가 하는 것은 삶에 구체적인 실질을 부여한다. 즉 그것은 실질적인 힘으로서 나의 삶에 작용하는 것이다. 한국인의 삶과 중국인, 일본인의 삶이 같을 수 없다. 한국인의 삶과 미국인, 유럽인의 삶도 같을 수 없다. 콩고인, 우간다인의 삶은 더욱 다르다. 우리는 한 사람의 국민으로서 국방의 의무, 납세의 의무, 그리고 교육, 근로의 의무를 삶의 일부로서 짊어지고 있으며, 한 사람의 한국인으로서 북한을 의식하는 삶을 살고 있다. 일본, 중국, 미국을 의식하며 사는 것도 마찬가지다. 무엇보다도 내가 국민의 한 사람이라는 것은 특히 외국으로 여행을 가거나 외국에서 생활하게 되는 경우, 올림픽, 월드컵, 세계선수권대회 등 국가의 이름을 내걸고 하는 국제 스포츠 대회의 경우에 설명의 여지없이 드러난다. 소위 '붉은 악마'로 "대～한민국!"을 응원했던 자기를 생각해보라. 그럴 때는 국가가 곧 나인 것이다. '한국' 내지 '한국인'13)14)의 질적 향상에 관심과 노력을 기울여야 할 필연적 이유가 바로 거기에 있다.

[참고]　동아일보사, 『한국인 진단』

---

13) '한국인'에 관한 좀 더 구체적인 논의는 제3장의 '국가' 부분을 참조.

14) 중국인, 일본인, 미국인, 유럽인… 들도 다 마찬가지다. 선천적 신분인 '국민'이 한 인간의 국민으로서의 삶을 구체적으로 지배, 좌우한다. 그렇게 생성된 행위를 우리는 '국민적 행위' 혹은 '국가 연유적 행위'라고 개념화할 수 있다. 붉은 악마의 응원 등이 이에 해당한다. 안중근의 이토 히로부미 저격 같은 애국 행위도 이에 해당한다.

[참고] 김대환, 『한국인의 자기발견』
[참고] 구로다 가쓰히로, 『한국인 당신은 누구인가』

■ 육체적 존재(몸, 신체)로서의 나 ──────────

* 육체의 복권

　인생을 살아가는 인간은 제일차적으로 '몸'이다. 즉 '육체적 존재'다. 몸 없이 사는 인간은 없다. 그것은 결정적으로 중요한 삶의 한 요소다. 키, 몸무게, 피부색, 또는 식욕, 성욕, 수면욕 등등 신체적, 육체적인 요인들이 인생에 얼마만큼 실질적인 내용을 부여하는지를 돌이켜보라. 가수 비의 키가 158센티미터였다면, 이효리의 몸무게가 75킬로그램이었다면, 배용준이 대머리였다면, 이영애의 피부색이 검은색이었다면, 클레오파트라의 코가 1센티미터만 낮더라면… 그 인생들이 어떠했을지를 생각해보라. 악수, 포옹, 키스, 섹스 등 '신체적 접촉'도 인생의 중요한 요소로 작용한다. '병/건강'의 문제는 인생의 비켜갈 수 없는 주제가 된다. '잘생김/못생김'의 문제도 남녀를 불문하고 삶의 무시할 수 없는 조건으로서 작용한다. '화장하는 여성'(화장한다는 현상)과 '성형수술'은 인간이 육체적 존재임을 여실히 보여준다. '성전환' 같은 현상은 육체의 중요성을 드러내는 특이한 사례다. 피겨스케이팅, 체조를 비롯한 온갖 스포츠는 말할 것도 없고, 발레 등의 무용 예술도 육체 없이는 아예 성립될 수 없다. 그 밖에도 수많은 '육체적 행위'들을 생각해보라. '먹는다', '마신다', '눈다', '병든다', '낳는다', '걷는다', '씻는다', '운동한다' 등등. 인간이 육체임은 명약관화하다.

'육체로서의 인간'은 지금까지의 학문, 특히 철학에서 부당하게 무시, 폄하되어온 측면이 없지 않다. 그것은 이제 인생론적인 관점에서 재조명되어야 한다. 육체의 복권이 필요하다. 철학이 삶의 진실에 대해 무심하지 않다면.

육체의 인생을 위한 '덕'으로서 위생과 보건, 운동과 단련, 청결, 가꿈 등을 주목하자. 이런 뻔하고 뻔한 것들이 철학의 담론에서 언급되어야 하는가? 그렇다. 이러한 것들이 이제 철학적, 인생론적 개념으로서 확보되고 강조되어야 한다. 더러움, 약함, 아픔 등의 결여적, 부정적, 마이너스적 상태를 대비시켜보면 곧바로 그 필요성과 중요성이 드러나게 된다. 이 상태들이 반대되는 위의 가치들을 상대적으로 부각시키는 '어두운 배경'15)으로 작용할 수 있다. 무릇 철학은 '삶의 실상'을 소홀히 보지 말아야 한다. 육체의 중요성이 바로 그런 것이다.

[참고] 영화 『미녀는 괴로워』, 『브리짓 존스의 일기』

[참고] 쿠베르탱
"건강한 육체에 건강한 정신이 깃든다."

[참고] 린위탕(林語堂), 『생활의 발견』
"좀 더 고상한 철학은 우리가 육체라고 부르는 섬세하고 아름다운 감수기관에 대한 신뢰를 고쳐 세워야만 한다. 그리고 먼저 육체 경멸 사상을 몰아내고, 이어서 관능 공포를 몰아내야만 한다."

---

15) '존재를 밝히는 조명으로서의 언급'과 함께, 이 '어두운 배경의 지적'은 가치들을 부각시키는 인생론의 상당히 효과적인 방법론이 될 수가 있다.

[참고] 예수의 육화(Incarnation)
[참고] 마르셀, '육체'
[참고] 메를로-퐁티, '신체적 주관성'

[참고] 이기철, 「육체는 말한다」
이성이여
너의 명징과 예리함은 귀하나
너의 차가움으론 세상을 껴안을 수 없다
너의 밝음은 귀중하나
한 사람의 가슴 속에 사랑을 심을 수 없다
너의 형형으론 저 무한의 가능성, 저 순수의 덩어리,
새 세계의 주인인 아이를 낳을 수 없다
인간은 하루의 사반을 이성으로 살고
나머지 시간은 감정으로 산다

아무도 휘파람새의 노래를 이성으로 듣지 않고
풀벌레 노래를 이지에 담지 않는다
누구도 내일을 만난 사람 없지만
아무도 내일의 있음을 부인할 수 없듯이
우리가 토론하고 추구하고 행간을 헤매는 이성적 시간 뒤에도
수저질하고 술잔을 들고 노래하고 사랑하는 감정의 시간이 기다린다

인간은 기원전 십 세기에도 일리어드를 썼고 기원전 오 세기에도
시경을 엮었다
신라인들도 시를 썼고 페르샤인들도 루바이를 썼다
노래와 시들, 그것은 이성의 건반인 감정의 산물
사원과 교회에서 진실을 잃은 사람도
시장과 주점에서 진실을 발견한다

인간이여, 어느 불가시의 존재에게도 용서를 구해서는 안 된다
인간은 그 스스로가 거룩하다

때로 인간은 라마단과 절식으로 육체와 싸운다
그러나 드디어는 익힌 고기와 푸성귀와
쌀과 빵으로 돌아온다

육체는 말한다
육신이 정신보다 저속한 것이 아니라고
이성은 귀하지만
감정이 이성보다 통속한 것은 아니라고
모든 명징도 어둠 뒤에 온다고
모든 청정도 흙탕물을 씻은 뒤에 온다고
부토 위에 향기로운 꽃이 피듯
육체의 희원은
어둠 위에 밝음을 꽂고
묘망 위에 형형을 세우는 일이라고

■ 정신적 존재(영혼, 마음, 인격)로서의 나

* 정신은 인간의 진수

　인생의 주체로서 인간을 볼 때, 우리 인간은 결코 육체만이 아니다. 우리는 육체인 동시에 정신이기도 하다. (정신은 영혼, 마음, 인격, 의식, 이성 등 모든 정신적 요소들을 다 포괄한다.) 인간은 원천적으로 정신과 육체를 공유하는 존재다. 이 둘은 불가분리적이다. 정신 없는 육체도 없고 육체 없는 정신도 없다. 이 둘의 원천적 결합은 참으로 묘한 신비다.

　우리 인간은 끝없이 정신적인 만족을 추구한다. 이 점에서 인간은 다른 동물과 결정적으로 차별화된다. 정신16)은 인간의 진수다.

이 정신이 인간의 모든 문화적, 문명적 성과들을 비로소 가능케 한다. 정신이 비로소 인간을 인간이게 한다.

[참고]   노먼 빈센트 필(Norman Vincent Peale), 『긍정적 사고의 힘』
"우리의 정신에는 우리의 인생을 성공적으로 만드는 데 필요한 모든 샘들과 힘들이 잠들어 있다. 중요한 것은 그것을 자유롭게 나오게 하고 적극적으로 펼쳐지도록 하는 것, 그것뿐이다."

[참고]   아낙사고라스, '정신(vous)'
"정신은 무한하고 독재적이고 어떤 것과도 혼합되지 않고 오직 저 스스로 있다. … 그리고 정신은 영혼을 갖는 모든 것들을, 그것이 큰 것이든 작은 것이든 모두 지배한다. … 또 일찍이 있었지만 지금은 없는 것도, 지금 있는 것도, 앞으로 있을 것도, 모두 정신이 질서 지웠다."

* 정신의 질

그 정신을 위한 '덕'으로서 사고, 순화, 교양이 필요하다. 육체에도 '질'이 있듯이 정신에도 '질'이 있다. 이 정신의 '질'이 인생의 질을 결정한다. 공부, 수행 등은 정신의 질을 향상시키기 위한 생적인 노력으로 이해되어야 한다. 공부는 그저 골치 아프기만 한 것이 결코 아니다. 공부는 정신을 향상시킨다. 향상된 정신은 아름답다. (그것을 우리는 '인격' 혹은 '인품'이라 부르기도 한다. 거기에는 지성, 감성, 덕성이 어우러져 있다.) 그러한 정신의 아름다움(美)은 신체에도 반영된다. 특히 그것은 눈빛과 표정 등 '얼굴'을

---

16) 인간의 이 '정신'은 헤겔이 말한 추상적 '정신(Geist)'과는 구별된다. 아낙사고라스의 '정신(nous)'도 마찬가지다. 이 구별로써 표현의 동일성으로 인한 혼동을 피해야 한다.

통해 드러난다. 그것은 억지로 꾸밀 수 있는 것이 아니다. "나이 40이 되면 자기 얼굴에 대해 책임을 져야 한다"고 한 링컨의 말은 옳다. 세월의 흐름은 그것을 더욱 명백히 한다. 만년의 오드리 헵번이나 테레사 수녀 같은 인물들은 정신의 미를 보여주는 좋은 본보기가 된다. 그들의 얼굴은 할머니가 되어도 아름다웠다.

[참고] 오드리 헵번이 아들에게 한 말
아름다운 입술을 갖고 싶으면
친절한 말을 해라.
사랑스런 눈을 갖고 싶으면
사람들에게서 좋은 점을 봐라.
날씬한 몸매를 갖고 싶으면
너의 음식을 배고픈 사람과 나누어라.
아름다운 머리카락을 갖고 싶으면
하루에 한 번 어린이가 손가락으로 너의 머리를 쓰다듬게 해라.
아름다운 자세를 갖고 싶으면
결코 너 혼자 걷고 있지 않음을 명심해라.
사람들은 상처로부터 복구되어야 하고,
낡은 것으로부터 새로워져야 하며,
병으로부터 회복되어야 하고,
무지함으로부터 교화되어야 하며,
고통으로부터 구원받고 또 구원받아야 한다.
결코 누구도 버려서는 안 된다.
기억해라… 만약 도움의 손이 필요하다면
너의 팔 끝에 있는 손을 이용하면 된다.
네가 더 나이가 들면 손이 두 개라는 걸 발견하게 된다.
한 손은 너 자신을 돕는 손이고
다른 한 손은 다른 사람을 돕는 손이다.[17]

---

17) 1992년 오드리 헵번이 숨을 거두기 일 년 전 크리스마스이브 때 아들에게

[참고] 테레사 수녀 애송시

사람들은 불합리적이고 자기중심적이고 비논리적이다.

그래도 사랑하라.

당신이 선한 일을 하면 이기적인 동기에서 하는 것이라 비난받을 것이다.

그래도 좋은 일을 하라.

당신이 성실하면 거짓된 친구들과 참된 적을 만날 것이다.

그래도 성실하라.

당신이 선한 일을 하면 내 일은 잊힐 것이다.

그래도 선을 행하라.

당신이 정직하고 솔직하면 상처받을 것이다.

그래도 정직하고 솔직하라.

당신이 여러 해 동안 만든 것이 하룻밤에 무너질지도 모른다.

그래도 만들라.

사람들은 도움이 필요하면서도 도와주면 공격할지 모른다.

한 말.

For attractive lips,
Speak words of kindness.
For love eyes,
Seek out the good in people.
For a slim figure,
Share your food with the hungry.
For beautiful hair,
Let a child run his/her fingers through it once a day.
For poise,
Walk with the knowledge that you never walk alone.
People, even more than things,
Have to be restored, renewed, revived, reclaimed,
And redeemed; never throw out anyone.
Remember, if you ever need a helping hand,
You will find one at the end of each of your arms.
As you grow older, you will discover that you have two hands;
One for helping yourself, and the other for helping others.

그래도 도와줘라.

세상에서 가장 좋은 것을 주면 당신은 발길로 채일 것이다.

그래도 가진 것 중에서 가장 좋은 것을 주어라.18)

[참고] 데카르트의 '실체(substantia)', 그 이래의 심신문제

[참고] 피타고라스, '육신은 무덤(soma sema)', '정화(katharmoi)'

[참고] 엠페도클레스, '카타르시스'

[참고] 소크라테스, '정신의 향상'(영혼의 개선)

[참고] 파스칼, 『팡세』

"인간은 자연 속에서 가장 연약한 갈대에 지나지 않는다. 그러나 인간은 생

---

18) Kent M. Keith, "The Paradoxical Commandments"

People are illogical, unreasonable, and self-centered.

Love them anyway.

If you do good, people will accuse you of selfish ulterior motives.

Do good anyway.

If you are successful, you will win false friends and true enemies.

Succeed anyway.

The good you do today will be forgotten tomorrow.

Do good anyway.

Honesty and frankness make you vulnerable.

Be honest and frank anyway.

The biggest men and women with the biggest ideas can be shot down by the smallest men and women with the smallest minds.

Think big anyway.

People favor underdogs but follow only top dogs.

Fight for a few underdogs anyway.

What you spend years building may be destroyed overnight.

Build anyway.

People really need help but may attack you if you do help them.

Help people anyway.

Give the world the best you have and you'll get kicked in the teeth.

Give the world the best you have anyway

각하는 갈대다. 인간을 짓누르는 데 우주 전체가 무장할 필요는 없다. 한 차
례의 바람, 한 방울의 물로도 충분하다. 그러나 설사 우주가 짓누르더라도 인
간은 우주보다 더욱 고귀하다. 왜냐하면 인간은 자기가 죽는 것을 알며, 우주
가 인간보다 우월하다는 것을 알고 있기 때문이다. 우주는 이 사실에 대해
아무것도 모른다. 그러므로 우리의 존엄은 사고 속에 있다. … 그러므로 우리
는 잘 생각하도록 노력해야 한다."

[참고] 데카르트, '실체로서의 정신, 속성으로서의 사고'

* 마음의 소유주로서의 나

넓은 의미의 정신 속에는 마음이라는 것이 깃들어 있다. (좁은
의미의 정신은 '머리'[이성]만을 가리키기도 한다. 마음은 '가슴'을
가리킨다.) '나'는 마음이다. 마음이 그 나라는 것을 움직인다. 마
음으로 인해 인간은 천사가 되기도 하고 악마가 되기도 한다.[19]
마음의 근원은 '욕(欲)', 즉 '싶음'이다. 마음의 표면은 '감정' 혹은
'기분'이다. 마음은 원인인 동시에 결과이기도 하다.

마음은 인생의 핵이다. 인생을 사는 인간의 핵이다. 인생의 모든
상황에 마음이 부수된다. 마음은 인간의 한 본질이다. 인간은 분명
이성적인 동물이다. 그러나 동시에 감성적인(마음, 느낌, 감정, 기
분을 가진) 존재이기도 하다. 이 현상은 다른 동물에게서는 발견되
지 않는다. 무수한 존재 중에서 오직 우리 인간들만이 웃고 울고
화내고 기뻐하고 원망한다. 오직 우리 인간들만이 희로애락애오욕
(喜怒哀樂愛惡欲)을 갖는다. 인간의 마음이라는 것은 그 수가 한

---

19) 이수정, 『인생론 카페』 중 「마음이라는 이름의 홍기」 참고.

정되어 있지 않다. 또한 대단히 복잡하다. 인간의 마음속에는 온갖 종류의 감정들이 있다. 희로애락은 물론, 경이, 존경, 정열, 질투, 숭배, 멸시, 사랑, 미움, 희망, 망설임, 경쟁, 공포, 가책, 선망, 후회, 호의, 감사, 긍지, 수치, 혐오, 희열, 우울(멜랑콜리) 등등이 존재한다. 그것은 하늘의 구름처럼 끊임없이 변한다. 끊임없이 오고 가고 끊임없이 생겨나고 또 없어진다.

[참고] 데카르트, 『감정론』, '감정, 정서의 분석'

* 마음 다스리기

우리가 아무리 애를 써도 해결되지 않는 문제는 많다. 그럴 때는 마음을 다스리자. 우리는 마음의 노예가 되지 않도록 그것을 잘 다스려야 한다. 스스로 자기 마음의 주인이 되어야 한다. 인생의 행복은 마음이 작정한 것만큼 주어진다. 마음을 잘 다스리는 자가 지혜로운 자다. 마음은 끊임없는 관리의 대상이 되어야 한다. 마음이 인생을 사는 우리들의 실체이기 때문이다. 정신을 말할 때 우리는 머리를 가리키고 마음을 말할 때 우리는 가슴을 가리킨다. 마음의 소재는 가슴이다.

"마음이 세상을 걸어 다니며 이런저런 상황에 부딪치는 것, 그것이 곧 인생이다. 때로는 채우고 때로는 비우며 저울의 균형을 맞춰가는 것,20) 그것이 곧 삶의 지혜다."

---

20) 세상에 넘쳐나는 소위 '마음공부'들도 다 그 일환이다.

[참고] 『법구경』

"마음이 모든 것의 근본이 된다. 마음이 받들고 마음이 시킨다(心爲法本 心尊心使)."

"마음은 불안하여 흔들리고, 지키기 어렵고, 억제하기 어렵다. 지자는 마음을 곧게 지키기를 마치 활쟁이가 화살을 곧게 하듯 한다(心多爲輕躁 難持難調護 智者能自正 如匠搦箭直)."

"하늘이 칠보를 비처럼 내리거늘 욕심은 오히려 배부를 줄 모르나니 즐거움은 적고 괴로움은 많도다. 깨친 자는 이것을 현명으로 삼으라(天雨七寶 欲猶無厭 樂少苦多 覺者爲賢)."

[참고] 원효대사, '해골바가지에 담긴 물'
[참고] 이솝우화, '배고픈 여우와 포도'

[참고] 웨스트민스터 지하묘지의 글귀, '죽음 앞에 선 주교의 깨달음'

"나 자신을 먼저 변화시켰더라면 내 가족을, 내 나라를, 이 세상을 변화시켰을 텐데…"

[참고] 힌두교 경전
"인간은 자신이 생각한 것과 같은 인간이 된다."

[참고] 에픽테토스
"육체의 종양을 제거하는 것보다 마음속의 나쁜 생각을 제거하는 것이 더 중요하다."

[참고] 마르쿠스 아우렐리우스
"우리의 인생은 사고(생각)에 의해서 만들어진다."

[참고] 도스토예프스키
"신과 악마가 싸우고 있는 전쟁터가 인간의 마음이다."

■ 생명으로서의 나 ───────────────────

* 생명의 신비

나는 생명이다. 생명은 나를 나일 수 있게 하는 최초의 그리고 최후의 기반이다. 그것은 신비 그 자체다. 그 신비를 외경해야 한다. 그것은 나의 것이되 나의 것이 아니다. 생명은 결코 가볍게 함부로 할 수 없는 것이다. 생명은 일종의 자체적 가치, 무조건적 가치, 절대적 가치다. 생명의 흔적을 찾기 위해 달로 화성으로 타이탄으로, 온 우주를 뒤지고 있는 우리를 생각해보라. 달에서 개미 한 마리가 발견되었다고 가정해보라. 화성에서 모기 한 마리가 발견되었다고 가정해보라. 그것이 지구와 무관한 달 개미, 화성 모기라면 온 지구가 발칵 뒤집힐 것이다. 또한 화성인이 우리 자신의 존재를 발견했다고 가정해보라. 화성이 온통 뒤집어질 것이다. 생명은 그만한 사건인 것이다. 그런데 바로 앞에 최고의 사건인 생명들이 지천으로 널려 있건만 그것이 얼마나 큰 사건인지를 인간들은 스스로 잘 깨닫지 못한다. 생명인 '나의 존재'는 '우주적인 대사건'이다. 하나의 생명이 되기 위해 펼쳐지는 수억 정자들의 치열한 경합을 생각해보라. 그중 단 하나만이 생명이 되는 영광을 얻는다. 인간이 생명인 한 그것은 기본적으로 고귀하다. 나를 생명으로서 인식할 때 비로소 '소중함', '대체 불가능성'이 드러난다. 그런데도 오늘날 그것은 너무나 하찮게 취급되고 있다. 살인, 자살, 테러, 전쟁 등 보편화된 생명경시풍조는 우리를 아프게 한다. 인간의 생명은 지상의 가치를 갖는다. 생명은 '최고로 비싼 것'이다. 만일 돈으로 그것을 살 수 있다면 억만금을 지불할 사람도 없지 않을 것이다. 생명의 가치를 삼가 받들고 섭생과 양생에도 힘써야 한다. 칸트가 말한 '정언적 명령(kategorischer Imperativ)'21)은 최우선적으로 이 생명의 보전에 대해 적용되지 않으면 안 된다.

[참고] 『신약성서』,「마가복음」, 8장 36절
"사람이 만일 온 천하를 얻고도 제 목숨을 잃으면 무엇이 유익하리오."

[참고] 알베르트 슈바이처
"우리 현존재의 모든 순간에 있어서 의식에로 다가오는 기본적인 사실은, 내가 살고자 하는 생명 한가운데의, 살고자 하는 생명이라는 것이다. 생명을 향한 내 의지의 신비로움은, 나의 생명의 곁에서 현존하는 모든 살고자 하는 생명들에 대해 동정적으로 대해야 한다고 나 자신 강요되듯 느낀다는 것이다. 선의 본질은 생명을 보존하고 생명을 진흥하고 생명을 그 최고의 가치에

---

21) '무조건적, 절대적인 명령'을 가리킴. '의무'로서의 윤리의 기본 성격. 무엇보다도 '죽이지 말라'는 것이 그 지상 명령이다. 그 점에 관해서는 레비나스의 '얼굴' 개념을 참조.

로 가져온다는 것이다. 악의 본질은 생명을 부정하고 생명을 해치고 생명을 그 발전에서 저해하는 것이다."

[참고] 생명과학, 생명공학, 생명윤리, 생명철학
[참고] 장영희, 『조선일보』, 2004년 9월 25일자 칼럼[22]

---

22) 「장영희 칼럼」
"신은 인간의 계획을 싫어하시는 모양이다.
올가을 나는 계획이 참 많았다.
이제껏 연재했던 '문학의 숲'을 책으로 묶어 내는 일, 여름에 쓰던 논문을 마무리하는 일, 번역 한 권을 새로 시작하는 일, 그리고 올해만은 꼭 어머니와 함께 가을 여행을 떠나는 일 등….
이 계획들이 다 성사된다면 난 참 행복할 것이라고 생각했다.
그리고 장영희의 삶은 그런대로 잘나가고 있다고 자부했다.
3년 전 이야기를 해야 할 것 같다.
안식년이라 나는 하버드대 방문교수 자격으로 보스턴에 있었다.
그냥 무심히 보험료 밑천 뺀다고 건강 검진하다가 대번에 유방암 판정을 받고 그곳에서 수술 두 번 받고 귀국, 방사선 치료 받고 깨끗이 완치되었다.
학교에도, 가까운 친지들에게도 알리지 않고 말끔히 마무리한 셈이었다.
나는 속으로 쾌재를 불렀다.
'흠, 역시 장영희군. 남들이 무서워서 벌벌 떠는 암을 이렇게 이겨내다니….'
그러다가 된통 뒤통수를 맞은 것이다.
지난여름부터 느꼈던 허리와 목의 그 지독한 통증이 결국은 유방암이 목 뒤 경추 3번으로 전이된 때문이고, 척추암이라고 했다.
'빨리 입원하라'는 전화를 받았을 때, 이상하게 나는 놀라지 않았다.
꿈에도 예기치 않았던 일인데도 마치 드디어 올 것이 왔다는 듯, 그냥 풀썩 주저앉았을 뿐이다.
뒤돌아보면 내 인생에 이렇게 넘어지기를 수십 번, 남보다 조금 더 무거운 짐을 지고 가기에 좀 더 자주 넘어졌고, 그래서 어쩌면 넘어지기 전에 이미 넘어질 준비를 하고 있었는지도 모른다.
그러나 신은 다시 일어서는 법을 가르치기 위해 넘어뜨린다고 나는 믿는다.
넘어질 때마다 번번이 죽을 힘 다해 다시 일어났고, 넘어지는 순간에도 나는 다시 일어설 힘을 모으고 있었다.

102

그리고 그렇게 많이 넘어져봤기에 내가 조금 더 좋은 사람이 되었다고 나는 확신한다.

입원한 지 3주째, 병실에서 보는 가을 햇살은 더욱 맑고 화사하다.

'생명'을 생각하면 끝없이 마음이 선해지는 것을 느낀다.

행복, 성공, 사랑 – 삶에서 최고의 가치를 갖고 있는 이 단어들도 모두 생명이라는 단어 앞에서는 한낱 군더더기에 불과하다.

'살아 있음'의 축복을 생각하면 한없이 착해지면서 이 세상 모든 사람, 모든 것을 포용하고 사랑하고 싶은 마음에 가슴 벅차다.

그러고 보니 내 병은 더욱더 선한 사람으로 태어나라는 경고인지도 모른다.

입원하고 나흘 만에 통증이 조금 완화되고 나서야 나는 처음으로 다리 보조기를 신고 일어섰다.

그리고 창가에 서서 밖을 내다보았다.

문득 내 발바닥이 땅을 딛고 서 있다는 데 생각이 미치자 강한 희열이 느껴졌다.

직립인간으로서 직립해 있을 수 있다는 사실이 얼마나 소중한지, 누워서 보는 하늘이 아니라 서서 보는 하늘은 얼마나 더 화려한지….

새삼 생각해보니, 목을 나긋나긋하게 돌리며 내가 보고 싶은 사람을 볼 수 있는 일, 온몸의 뼈가 울리는 지독한 통증 없이 재채기 한 번을 시원하게 할 수 있는 일이 얼마나 큰 축복인가를 모르고 살아왔다.

이제 꼭 3년 만에 일단 이 칼럼을 접으려고 한다.

언젠가 이 칼럼에 '또 다른 시작'이라는 글을 쓴 적이 있다.

거의 완성된 논문을 잃어버리고 다시 써야 했던 일, 완성된 논문을 도둑에게 헌정한 일화를 얘기하면서 나는 포크너의 말을 인용했다.

'문학은 인간이 어떻게 극복하고 살아가는가를 가르친다.'

그렇다. 문학은 삶의 용기를, 사랑을, 인간다운 삶을 가르친다.

문학 속에 등장하는 인물들의 치열한 삶을, 그들의 투쟁을, 그리고 그들의 승리를 나는 배우고 가르쳤다.

문학의 힘이 단지 허상이 아니라는 걸 증명하기 위해서도 나는 다시 일어날 것이다.

떠나기 전, 감사해야 할 사람들이 너무나 많다.

… [중략] …

위대한 작품을 남겨준 작가들이 너무 고맙고, 변변치 못한 선생을 두어 걸핏하면 내 글의 소재가 되는 나의 학생들에게도 미안함과 고마움을 전한다.

박경리, 마지막 산문「물질의 위대한 힘」
"세월이 흘러서 나이도 많아지고 건강도 예전만 못하니 세상을 비관하고 절
망을 느낄 법도 한데 나는 전혀 그렇지가 않습니다.
오히려 인생이 너무 아름답습니다.
문학에 일생을 바쳐온 사람인데도 시간이 흐를수록 문학을 자꾸 낮춰 보는
시각을 갖게 됩니다.
나는 평소에 어떤 이데올로기도 생존을 능가할 수 없다고 말해왔습니다.
글을 쓰는 행위는 가치 있는 일이지만 살아가는 행위보다 아름다울 수는 없
습니다.
요즘에는 그러한 생각이 더욱 절실하게 느껴집니다.
살아 있는 것, 생명이 가장 아름답다는 생각이 요즘처럼 그렇게 소중할 때가
없습니다."

■ 인간으로서의 나 ────────────────

* 인간의 자기이해

인생을 사는 '나'는 기본적으로, 그리고 궁극적으로 '인간'이다.
인간이란 어떤 자인가? 인간은 스스로를 어떻게 인식, 규정하고
있는가? 이러한 물음에서 '인간학'이라는 것이 성립되어 있다. 그
성과에 귀 기울여보자. 거기서는 우리 인간의 본질적인 모습들이
여러 각도에서 조명되어 있다. 예컨대 인간은 신에 의한 피조물-죄
인으로, 이성적 동물로, 디오니소스적 충동의 소유자로, 손과 도구
를 사용해 물건을 만드는 자로, 끊임없이 운명을 넘어서는 자로,

그리고 무엇보다 내 글을 읽어준 독자들에게 감사한 마음을 전한다.
… [중략] …
고맙습니다. 그리고 사랑합니다."

그리고 인격체로 자신을 규정해왔다.23)

　스스로를 어떻게 이해하느냐가 우리의 사고방식, 행동방식, 삶의 방식을 결정하기도 한다. 다시 한 번 자기 스스로에게 물어보자. '나'는 도대체 누구인가?

[참고]　『구약성서』, 「창세기」

[참고]　막스 셸러가 『철학적 인간학』에서 정리한 인간의 모습
(1) 종교적 인간
(2) 이성적 인간(homo sapiens)
(3) 충동적 인간
(4) 공작인(homo faber)
(5) 초인(영웅, 천재)
(6) 정신적, 인격적 존재

[참고]　세계인권선언24)

---

23) 언뜻 교과서적인 따분한 이야기로 들릴 수도 있지만 그 하나하나를 실제에 적용해서 고찰해보면 이 규정들이 얼마나 인간의 실상을 잘 지적해주고 있는지를 절감할 수 있다.

24) Universal Declaration of Human Rights(UDHR), 1948년 12월 10일 유엔 총회 채택.
　"인류 가족 모든 구성원의 고유한 존엄성과 평등하고 양도할 수 없는 권리를 인정하는 것이 세계의 자유, 정의, 평화의 기초가 됨을 인정하며,
　인권에 대한 무시와 경멸은 인류의 양심을 짓밟는 야만적 행위를 결과하였으며,
　인류가 언론의 자유, 신념의 자유, 공포와 궁핍으로부터의 자유를 향유하는 세계의 도래가 일반인의 지고한 열망으로 천명되었으며,
　사람들이 폭정과 억압에 대항하는 마지막 수단으로서 반란에 호소하도록 강요받지 않으려면 인권이 법에 의한 지배에 의하여 보호되어야 함이 필수적이며,

국가 간의 친선관계의 발전을 촉진시키는 것이 긴요하며,

국제연합의 여러 국민들은 그 헌장에서 기본적 인권과, 인간의 존엄과 가치, 남녀의 동등한 권리에 대한 신념을 재확인하였으며,

더욱 폭넓은 자유 속에서 사회적 진보와 생활수준의 개선을 촉진할 것을 다짐하였으며,

회원국들은 국제연합과 협력하여 인권과 기본적 자유에 대한 보편적 존중과 준수의 증진을 달성할 것을 서약하였으며,

이들 권리와 자유에 대한 공통의 이해가 이러한 서약의 이행을 위하여 가장 중요하므로,

따라서 이제 국제연합 총회는 모든 개인과 사회의 각 기관은 세계인권선언을 항상 마음속에 간직한 채, 교육과 학업을 통하여 이러한 권리와 자유에 대한 존중을 신장시키기 위하여 노력하고, 점진적인 국내적 및 국제적 조치를 통하여 회원국 국민 및 회원국 관할하의 영토의 국민들 양자 모두에게 권리와 자유의 보편적이고 효과적인 인정과 준수를 보장하기 위하여 힘쓰도록, 모든 국민들과 국가에 대한 공통의 기준으로서 본 세계인권선언을 선포한다.

제1조 모든 사람은 태어날 때부터 자유롭고, 존엄성과 권리에 있어서 평등하다. 사람은 이성과 양심을 부여받았으며 서로에게 형제의 정신으로 대하여야 한다.

제2조 모든 사람은 인종, 피부색, 성, 언어, 종교, 정치적 또는 그 밖의 견해, 민족적 또는 사회적 출신, 재산, 출생, 기타의 지위 등에 따른 어떠한 종류의 구별도 없이, 이 선언에 제시된 모든 권리와 자유를 누릴 자격이 있다.

나아가 개인이 속한 나라나 영역이 독립국이든 신탁통치지역이든, 비자치지역이든 또는 그 밖의 다른 주권상의 제한을 받고 있는 지역이든, 그 나라나 영역의 정치적, 사법적, 국제적 지위를 근거로 차별이 행하여져서는 아니 된다.

제3조 모든 사람은 생명권과 신체의 자유와 안전을 누릴 권리가 있다.

제4조 어느 누구도 노예나 예속상태에 놓이지 아니한다. 모든 형태의 노예제도 및 노예매매는 금지된다.

제5조 어느 누구도 고문이나, 잔혹하거나, 비인도적이거나, 모욕적인 취급 또는 형벌을 받지 아니한다.

제6조 모든 사람은 어디에서나 법 앞에 인간으로서 인정받을 권리를 가진다. … [이하 생략]"

제 2 장

삶의 시간－우리는 언제를 사는가?

인생이란 일생이다. 그것에는 근본적으로 시작과 끝이 있다. 그 양단 사이에 삶이라는 과정이 진행된다. 이는 인생이 애당초 시간적인 것이라는 것을 — 시간적 구조를 갖는다는 것을 — 말해준다. 인생과 시간의 문제는 어떻게 얽혀 있는가? 엄밀하게 말해 인간의 삶은 언제나 반드시 '지금' 이루어지는 것이다. 그러나 이 지금이라는 것은 얼핏 누구에게나 명확한 듯 보이지만 실은 그렇지 않다. 이 말은 수많은 내용을 담고 있다. 그것은 철학적 해석을 필요로 한다. 지금이란 도대체 언제인가?

■ 시간의 문제에 대한 철학사적 회고 ──────────

ποτέ / χρόνος / tempus / durée / Zeit / Zeitlichkeit / Temporalität …

[참고] 아리스토텔레스, 아우구스티누스, 칸트, 베르그송, 후설, 하이데거 등

■ 일생(출생과 죽음 사이) ──────────

* 출생과 죽음 사이

인생은 출생과 죽음 사이에서(즉 언제'부터' 언제'까지') 전개되는 하나의 전체적인 과정이다. 모든 전기(biography), 연보, 묘비명에서의 생몰 연도 표시가 이것을 한눈에 보여준다. 처음이 있고 과

정이 있고 끝이 있음. 이는 법칙으로, 그 누구도 예외는 없다. 공자와 석가모니와 소크라테스와 예수 같은 성인들도 모두 출생과 죽음 사이에서 그들의 삶을 살았다. 우리의 삶은 그렇게 '시간'의 지배를 받는다. 삶은 시간 속에서만 이루어진다. 삶은 시간과 함께 시작되고 시간과 함께 진행되며 시간과 함께 끝난다. 시간이 우리의 삶을 재단한다. 시간이 곧 삶이고 삶이 곧 시간이다. 시간이 우리를 어린이로 만들며 시간이 우리를 젊은이로 만들며 시간이 우리를 늙은이로 만들며 시간이 우리를 죽음으로 내몬다. 인생은 출생과 더불어 시작되며 한동안 진행되다가 죽음으로써 종료된다. 이 출생과 죽음 '사이'의 '한동안', 언제부터와 언제까지 사이의 그 '언제'를 '한평생' 또는 '일생' 또는 '생애'라고 한다. 그것이 우리 인간의 '시간'이다. 시간의 '간(間)'은 공간의 '간'이 그렇듯, 그것이 하나의 절대적인 영역임을 알려준다. 이 사이, 이 한동안, 이 시'간'은 여러 모습을 갖는다. 인생을 이해하기 위해서는 이 시간의 모습들을 들여다볼 필요가 있다.

[참고] 하이데거, 『존재와 시간』, 현존재의 '전체성'
[참고] 하이데거, 『시간의 개념』, 『사유의 사태로』 중 「시간과 존재」

■ 시간의 이모저모 ──────────────

* 인간의 시간과 세계의 시간

인간의 시간은 세계의 시간과 구별된다. 우리는 자주 있는 혼란

110

을 피하기 위해 '시간'이라는 동일한 말에 포함된 두 가지의 서로 다른 의미 내용을 엄밀하게 구별하지 않으면 안 된다.

'세계의 시간'은 알 수 없는 무한한 과거로부터 현재로, 그리고 알 수 없는 무한한 미래로, 끝없이 균일하게 규칙적으로 흘러간다. 불생불멸이며 무시무종이다. 철학자 하이데거가 자세히 설명해주듯 우리가 시계로 재는 '지금', '접때', '그때'라는 것들은 이 세계의 시간에서 파생된 것이다.

그러나 '인간의 시간'은 출생으로부터 '시작'되어 한평생 '지속'되다가 죽음으로 '종료'된다. 명백한 시작과 명백한 끝이 있다. 그리고 명백한 과정이 있다. 그 시간의 과정에서 우리의 삶이라는 것이 동시에 전개되는 것이다. 따라서 이 시간은 근원적으로 '생적인 시간'이다. '삶의 시간'이다.

우리는 이 두 가지 시간을 모두, 그리고 따로따로 인정해야 한다.[1] 단 인생론에서는 인간의 시간, 삶의 시간이 주된 관심의 대상이다. 세계의 시간은 무한하며, 인간의 시간은 유한하다.

* 양적인 시간

시간에 처음과 끝이 있다는 것은 시간의 양이 있다는 말이다.

---

[1] 표현이 같은 '시간'이라 그렇지, 이 말이 지시하는 내용은 엄밀히 보자면 사실 다른 것이다. 하나는 '시간 그 자체'이고 하나는 '인간에게 주어진 시간'이다. 철학에서는 항상 '엄밀한 구별', '엄밀한 규정'이 요구된다. 그 것이 베이컨이 말한 '시장의 우상'을 피하는 길이기도 하다. '생사'를 기준으로 한 '세계'의 개념도 또한 마찬가지다. '세계 그 자체'와 '인간의 세계'는 엄밀히 보면 다른 것이다.

그것은 각인에게 하나의 덩어리처럼 주어진다. 일생, 일 년, 한 달, 한 주, 하루, 한 시간… 하는 표현들 내지 단위들은 시간이 양임을 지시한다. 양적인 것임을 알려준다.

그것은 생활의 시간이다. 우리는 '시간이 있다', '시간이 없다'고 말한다. 시간이 '많다', 시간이 '적다', 시간이 '충분하다', 시간이 '모자란다'고도 말한다. 그때의 시간은 '~ 할 시간'인 이 생활시간을 말한다. 삶의 시간을 말한다. 이 점에서 시간관리가 문제로 대두된다. 시간은 관리의 대상이다. 그래서 우리는 시간을 나누어 생활계획표를 짜기도 하고, 미래 내지 일생을 기획하기도 한다. 시간은 무한히 있는 것이 아니다. 무한의 시간은 세계의 것일 따름이지 실존하는 우리 인간의 것은 아니다. 실존하는 우리 인간의 시간은 유한하다. 그것은 기껏해야 80년, 길어야 100년이다. (하루는 24시간, 일 년은 365일로 정해져 있다.)2) 무한의 대지는 세계의 것이며 우리 인간의 땅은 기껏해야 유한한 몇 평으로 정해져 있는 것과 같은 이치다. 따라서 우리는 시간의 낭비를 피해야 한다. 시간의 소중함을 뼈에 새기자. 시간이 곧 인생이다. "인생을 사랑한다면 시간을 낭비하지 말라. 왜냐하면 시간은 인생을 만드는 원료이기 때문이다." 아카데믹한 철학에서는 이 점이 소홀하게 다루어져 왔다. 시간을 그저 단순한 '언제'로만, 혹은 인식 능력인 감성의 직관 형식 정도로만 파악한다면 시간의 결정적인 참모습의 하나를 놓치게 된다.3)

---

2) 물론 이 숫자들은 인간들이 해와 달을 기준으로 임의로 정한 것이다.

3) 대표적 시간론을 전개한 아리스토텔레스도, 아우구스티누스도, 칸트도, 베르그송도, 후설도, 하이데거도, 이런 '삶의 시간'을 결코 충분히 알려주지는 못했다.

* 양적 시간의 기본 성격

삶의 시간이란 두루마리 화장지와 같다. 처음 쓸 때는 줄어드는 것을 잘 모르지만, 쓰면 쓸수록 그 줄어드는 것이 확연해진다.4)

삶의 시간이란 두루마리 화장지와 같다. 일정한 양이 주어지고, 순서대로 그것을 사용해야 하고,5) 언젠가는 그것을 다 쓰게 된다.6)

이러한 시간 성격이 소중한 시간의 소중한 사용을 지시한다.

[참고] 코카콜라 회장 더글러스 아이베스터(Douglas Ivester)가 직원에게 보내는 '신년 인사'
"십 년의 소중함을 알고 싶으면,
지금 막 이혼한 커플에게 물어보라.
사 년의 소중함을 알고 싶으면,
대학 졸업생에게 물어보라.
일 년의 소중함을 알고 싶으면,
졸업시험에 떨어진 학생에게 물어보라.
아홉 달의 소중함을 알고 싶으면,
사산아를 낳은 엄마에게 물어보라.
한 달의 소중함을 알고 싶으면,
미숙아를 낳은 산모에게 물어보라.
한 주의 소중함을 알고 싶으면,
주간지 편집장에게 물어보라.
한 시간의 소중함을 알고 싶으면,
약속장소에서 애인을 기다리는 사람에게 물어보라.

---

4) 시간의 가속도.
5) 시간의 순차성.
6) 시간의 유한성.

일 분의 소중함을 알고 싶으면,
기차나 버스나 비행기를 놓친 사람에게 물어보라.
일 초의 소중함을 알고 싶으면,
간신히 교통사고를 모면한 사람에게 물어보라.
백 분의 일 초의 소중함을 알고 싶으면,
올림픽에서 은메달을 딴 사람에게 물어보라.
시간은 아무도 기다려주지 않는다.
너의 모든 순간을 소중히 하라.
누군가 특별한 이와 그것을 나눌 수 있을 때
너는 그것을 더욱 소중히 하리라.
오늘은 하나의 선물(present)이다.
오늘이 현재(present)라 불리는 것은 그 때문이다."7)

---

7) To realize the value of ten years:
  Ask a new divorced couple.
  To realize the value of four years:
  Ask a graduate.
  To realize the value of one year:
  Ask a student who has failed a final exam.
  To realize the value of nine months:
  Ask a mother who gave birth to a stillborn.
  To realize the value of one month:
  Ask a mother who has given birth to a premature baby.
  To realize the value of one week:
  Ask an editor of a week newspaper.
  To realize the value of one hour:
  Ask the lovers who are waiting to meet.
  To realize the value of one minute:
  Ask a person who has missed the train, bus or plane.
  To realize the value of one second:
  Ask a person who has survived an accident.
  To realize the value of one millisecond:
  Ask a person who has won a silver medal in the Olympics.
  Time waits for no one.

114

[참고] 주희(朱熹),「우성(偶成)」
少年易老學難成 (젊은이는 늙기 쉽고 학문은 이루기 어렵나니)
一寸光陰不可輕 (잠깐의 시간인들 가벼이 할 수 있으랴)
未覺池塘春草夢 (못가의 봄풀 꿈도 아직 깨지를 않았건만)
階前梧葉已秋聲 (계단 앞 오동잎은 벌써 가을소리로세)

* 질적인 시간

　인생을 사는 우리에게 중요한 것은 비유클리드 기하학의 실공간에 비견되는 '실시간'이다. 세계의 시간, 물리학적 시간과 달리, 그것은 균일하게 흐르지 않는다. 때로는 빠르게 때로는 느리게, 때로는 많이 때로는 적게 주어진다. 때로 그것은 멈추어 있기도 하고 때로 그것은 거꾸로 흐르기도 한다. 때로 그것은 좋기도 하고 때로 그것은 나쁘기도 하다.

　인생론적으로 볼 때 시간은 또한 언제나 그 내용을 갖는다. 그것은 반드시 '～하는 시간'인 것이다. 예컨대 일어날 시간, 밥 먹을 시간, 학교 갈 시간, 공부할 시간, 출근할 시간, 휴식 시간, 자는 시간… 과 같다. 아무것도 하지 않고 멍하니 있을 때조차도 그것은 '아무것도 하지 않는 시간'인 것이다. 과거라는 것도 실은 '～한 시간'인 것이고, 미래라는 것도 실은 '～할 시간'인 것이다. 그러므로 우리는 삶의 과정에서 항상 '무엇으로 그 시간을 채울 것인가'를 생각하며 살아야 한다. 무위도식만으로 그 시간들을 허비

Treasure every moment you have.

You will treasure it even more when you can share it with someone special.

Today is a gift. That's why it's called the present!

할 수는 없지 않은가. 똑같은 삶의 한순간을 어떤 사람은 '봉사함'으로 채우기도 하고 어떤 사람은 '도둑질, 사기' 심지어 '살인, 전쟁'으로 채우기도 한다. 시간의 관리자인 우리 자신이 그 시간의 모양을 결정한다.

■ 세월과 시절

* 흐름-경과로서의 시간, 세월과 역사, 시절과 시대

과거-현재-미래, 그 흐름은 분명히 있다. 개인의 차원에서는 이것이 '세월'이라는 형태로 전개되고, 사회 내지 국가의 차원에서는 이것이 '역사'라는 형태로 전개된다. 단 과거와 미래는 각각 지나간 현재, 다가올 현재로서 '현재'의 성격을 지니며, 기억과 기대의 형태로서 존재하는 것이다.8)9) 시간의 중심은 분명히 현재다.

시간은 '경과'하는 하나의 전체로서 주어진다. 경과란 '과정을 지나감'이다. 인생은 출생'에서' 죽음'으로', 시작'에서' 종말'로' 전개되는 과정들의 전체다. 우리의 인생은 경과하는 이 시간 속에서 진행된다.

---

8) 과거와 미래라는 시간 형태의 소재로서 '기억'과 '기대'를 명시적으로 제시한 것은 아우구스티누스였다. 현재의 소재는 '대면'이다.

9) '~로서 존재한다'는 것은 '어떠하게 존재하는가', '어떤 것으로서 존재하는가' 하는 '존재의 성격'을 지시하는 일종의 '현상학적 도구' 내지 '방법론'으로서 소위 존재자의 존재성의 차이 내지 다양성을 구별하는 필수적 절차에 해당한다. 이는 하이데거가 『존재와 시간』에서 말하는 '존재자의 로서-구조(Als-struktur)'와는 구별된다. 그의 경우는 '용도 지시'이며 나의 경우는 '성격 지시', '모양 지시'를 가리킨다.

116

종적인 면에서 볼 때, 인간의 시간은 '세월'이 되고 세계의 시간은 '역사'가 된다. 전자는 어디까지나 개인의 실존적 시간이다. 이것이 바로 인생의 시간, 생적 시간의 참모습이다. 횡적인 면에서 볼 때, 인간의 시간은 '시절'의 성격을 갖고 세계의 시간은 '시대'의 성격을 갖는다. 이것들, 즉 시절과 시대를 착실히 거치며 시간은 흘러간다. 인간의 시간도, 그리고 세계의 시간도.

$$?\cdots \parallel \longrightarrow \text{------------------} \longrightarrow \parallel \cdots?$$

출생　　　　(삶 = 시간)　　　　죽음

[참고]　이백, 「춘야연도리원서(春夜宴桃李園序)」
"세월이란 모든 시간을 지나는 나그네로다(光陰者 百代之過客). …"

[참고]　아우구스티누스, 『고백』, '시간론'
[참고]　베르그송, 『창조적 진화』, '순수지속'
[참고]　하이데거, 『존재와 시간』, '시간성', '그랬으면서-마주하는-다다름'

* 시간의 불가역성

인간의 시간, 삶의 실시간은 관념상의 시간과 달리 일정 방향으로만 흘러간다. 과거에서 현재로 그리고 미래로 흘러간다. 그것이 시간의 순차성이다. 그것은 거스를 수 없다. 불가역적이다. 이것은 존재의 기본 법칙, 기본 질서다. 시간의 흐름은 하나의 존재적 법칙이다. 물의 흐름이 하나의 법칙이듯이. 여기서는 건너뜀이나 거스름이 결코 허용되지 않는다.10)

* 순환적인 시간과 직선적인 시간

근대 이전의 인간은 시간을 순환적인 것으로 파악했다(출생 →
활동 → 죽음 → 출생 → 활동 → 죽음 …). 그러나 근대 이후의
인간은 시간을 끝없는 과거에서 끝없는 미래로 지속되는 직선적인
것으로 파악했다(무한한 과거 → 현재 → 무한한 미래). 이것은 측
정 가능한 물리학적 시간이다. 이것이 유클리드 기하학의 공간, 관
념상의 공간에 대응하는 것이다. 시간을 어떤 것으로 이해하는가
하는 것이 우리의 삶의 방식을 결정하기도 한다.

[참고] 이마무라 히토시, 『근대성의 구조』(민음사), '순환시간에서 직선시간
으로'

---

10) 이수정, 『푸른 시간들』 중 「사투르누스 – 12월 31일 자정에」
    또렷이 들려온다
    성큼성큼
    거침없다
    영원으로 향하는 그의 길은 일방통행
    앞으로 앞으로만 나아간다
    언제나 투명망토를 걸쳐 입은 그는
    그래, 바로 그다!
    언제나 말없이 태양과 달을 굴려가던
    모든 생명들을 가을과 겨울로 몰아가던
    추호도 가차없던…

    어둠 속에서 그의 옷자락을 잡아보려 하지만
    어림없다

    나는 그에게 항복한다

* 삶의 '과정'

실제의 삶은 하나의 과정이다. 태아였던 우리 인간은 태어나 영
아가 되고, 그 영아가 유아가 되며 아동이 된다. 아동은 다시 소년
소녀가 되며 소년 소녀는 청년이 된다. 청년이 장년(아저씨, 아줌
마)이 되고 그가 이윽고 노인(할아버지, 할머니)이 되어 삶을 마감
한다. 자연, 본연에 따라 '되어가는' 그 과정에서 우리 인간은 성장
하고 활동(취직-사회생활, 결혼-가정생활)하고 퇴화한다. 그 어느
것 하나도 인생 아닌 것은 없다. 그 각각의 과정이 지금 나의 '현
실'일 때, 그 현재가 바로 삶의 한가운데임을 인식하자. 그것은 나
에게 있어 언제나 새로운 것이고, 나는 그때그때의 과정, 시기에
대해 언제나 '신인'이다. 그 각각의 과정에서 최선의 삶을 모색하
자. 각각의 과정들이 제가끔 지니는 고유한 가치들을 인식하자.

[참고] 공자, 『논어』
"나는 열하고 다섯에 배움에 뜻을 두었고 서른에 섰고 마흔에 혹하지 아니
하였고 쉰에 천명을 알았고 예순에 귀에 거슬림이 없었고 일흔에 마음이 원
하는 바를 따라도 법도를 넘지 않았다(吾十有五而志于學, 三十而立, 四十而
不惑, 五十而知天命, 六十而耳順, 七十而從心所欲不踰矩)."

* 시기 ― 시절, 시대

인생의 시간에는 '시기'라는 마디들이 있다. 이 '시기'를 우리는
삶의 관점에서 '시절'이라 부르기도 한다. 엄밀한 기준은 없지만
편의상 몇 가지로 이 시기들을 나눠볼 수 있다.

우선

① 성장기(준비기) : 출생~졸업 ― 인생의 제1기

② 활동기(활약기) : 취업~은퇴 ― 인생의 제2기

③ 쇠퇴기(정리기) : 은퇴~죽음 ― 인생의 제3기

또는

(1) 인생의 봄 : 출생~성년

(2) 인생의 여름 : 성년~장년

(3) 인생의 가을 : 장년~노년

(4) 인생의 겨울 : 노환~죽음

또는, '10대, 20대, 30대, 40대…'

또는, '유년, 소년, 청년, 장년, 노년', 혹은 영아기, 유아기, 아동기, 청소년기, 청년기, 장년기, 노년기

그리고 역사의 경우는, '고대, 중세, 근세, 현대'와 '왕조별, 정권별' 등으로 우리는 시간의 마디들을 나누기도 한다. 이 기준들은 그 마디를 바라보는 사람들의 관심을 반영한다.

[참고] 프로이트, '구순기', '항문기', '남근기'
[참고] 라캉, '거울기'

  * 다움

각각의 시기에 맞는, 그때그때에 가장 어울리는 삶의 모습들이 있다. 그것을 추구하고 그것에 맞추는 것이 제일차적으로는 바람직한 인생이다. 그렇게 '답게' 사는 것, '답게' 살게 해주는 것, 그

것이 바른 삶이다. 좋은 삶이다. 좋은 인생을 위해서는 그 '다움'을 추구해야 한다. 실현해야 한다. 어린이는 어린이답게, 젊은이는 젊은이답게, 늙은이는 늙은이답게. 그렇다면 어린이다움은 무엇이며, 젊은이다움은 무엇이며, 늙은이다움은 무엇인가?

그때그때의 '좋은 삶'을 위한 가치들은 다양하다. 예컨대,
- 어린이 : 순수, 천진난만, 놀이, 학습, 품어줌 등
- 젊은이 : 꿈, 열정, 패기, 도전, 저항, 비판, 신의 등
- 늙은이 : 지혜, 자애, 활동, 건강, 여유, 편안 등

이런 것들이 그때그때의 삶의 질을 높이는 데 기여한다. 이런 가치 개념들 하나하나를 인생론적으로 검토할 필요가 있다.

* 다움의 실현을 위한 사회적 구조

사회적 여건에 따라 우리는 상대적으로 더 좋은, 더 나은 인생을 살아갈 수도 있고 그 반대일 수도 있다. 사람들이, 주어지는 각각의 시기를 그에 합당하게 잘 살 수 있기 위해서는 개인의 노력만으로는 한계가 있다. 사회적 구조가, 사회적 환경 및 분위기가 그것을 조건 짓는다. 따라서 우리는 그러한 좋은 구조를 만들기 위해 삶의 노력을 경주해야 한다.

좋은 사회일 때, 어린이들은 소중히 보살핌을 받는다. 젊은이들은 충분히 꿈을 펼친다. 늙은이들은 합당한 존경과 평안을 누린다. 우리의 삶은 조건에 의해 결정적으로 좌우된다. 인간은 불변적 존재가 아니라 가변적 존재, 고정체가 아니라 형성체이기 때문이다.

■ 출생 ─ 인생의 시작

* 출생의 법칙성

인생은 출생으로 시작된다. 이것은 신성한 절차다. 심지어 '신의
아들', '구세주', '그리스도'라는 예수조차도 이 절차를 거쳤다. 이
것을 무시하지 않고 여자의 자궁을 거쳐 나왔다. '석가모니', '부
처', '여래'인 싯다르타도 그랬다. 이는 출생이 확고한 생적 법칙의
일부임을 알려준다. '크리스마스'와 '사월초파일'의 의미를 인생론
적인 관점에서 되새겨보자.

[참고] 마리아와 예수의 탄생
[참고] 마야부인과 석가모니의 탄생

* 출생의 운명적 성격

출생은 인생에 운명적인 성격을 부여한다. 출생에 의해 인생의
많은 조건들이 이미 결정된다. 인종, 국적, 성별, 미추… 심지어는
유전인자에 의한 성격, 신체적 조건, 건강 상태까지도 이미 결정이
된다. ('잘났다', '못났다'는 언어 표현도 은연중에 그러한 출생의
운명적 성격을 지시한다.) 이러한 요인들이 인생의 지극히 구체적

122

인 내용을 규정한다는 것을 누가 부인할 수 있는가. 아시아적 전통을 갖는 사람들은 심지어 출생의 연월일시가 인생의 운명을 결정한다고까지 믿는다. 이른바 '사주'에 맞추어 제왕절개를 하는 웃지 못할 광경도 없지 않다. 사주로 따져보는 이른바 궁합이 맞지 않아 결혼을 포기하는 남녀들 또한 없지 않다. 전통적 봉건 사회에서는 이러한 경향이 더욱 강력했다.

출생은 사회적 '신분'을 결정하고 그것은 세습되기까지 했다. 왕과 귀족과 서민과 천민은 출생으로 그 신분을 부여받았다. 오늘날에도 이러한 성격은 유지되고 있다. 다만 은폐되고 위장되어 있을 따름이다. 이러한 삶의 진실을 외면할 수는 없다. 그것은 너무나도 강력한 삶의 힘인 것이다.

그러나 전근대적, 봉건적인 속박과 굴레가 삶의 장애물로 작용하는 한, 그것은 명백한 악으로 규정되고 타파되어야 한다. 바람직한 세상은 인생의 공정한 출발을 위해 최대한 이 출생의 주박에서 자유로워지는 방향으로 나아가지 않으면 안 된다. 물론 완전한 평등이란 원천적으로 불가능하겠지만.

[참고] 부시, 이건희-이재용, 정몽구-정의선, 김정일-김정은 등의 경우
[참고] 플라톤이 '남자', '소크라테스의 제자', '자유민'으로 태어난 것
[참고] 홍길동의 경우, 『춘향전』의 경우
[참고] 인도의 카스트제도(브라만, 크샤트리아, 바이샤, 수드라)
[참고] 원정출산의 경우
[참고] 운명, 사주, 팔자, 성좌 등
[참고] 『가을동화』, 『겨울연가』를 비롯한 한국 드라마들의 이른바 '출생의 비밀'

■ 성장기(유년 시절, 소년 시절) ─────────

* 성장

인간은 다른 동물과 달리 태어나 한동안 부모의 보호와 돌봄을 받으며 긴 성장의 시기를 거치게 되어 있다.[11] 명확한 기준이 있는 것은 아니지만 일반적으로는 이 시기가 초등학교 졸업까지의 어린이 시절과 대략 고등학교 졸업(20세 전후)까지의 소년 시절[12]로 구분될 수 있다. 성장에 있어 보호, 돌봄, 지원은 필수적이다. 물론 예외적으로는 부모가 이런저런 사정으로 인해 자녀를 돌보지 못하는 경우도 있다. 아이는 유기되는 경우도 있고 시설, 양부모 등 타인에 의해 양육되는 경우도 있다. 이러한 경우는 아이에게 있어 인생의 깊은 상처를 남길 수 있다.[13] (그래도 어떠한 형태로든 아이는 성장한다.) 아무튼 그 형태야 어찌 되었건, 우리 인간은 이 성장의 시기를 거치며 삶의 여러 조건들을 갖추어간다.

* 어린이다움

어린이다움은 무엇보다도 우선 '순수'다. 즉 '순진무구함' 또는 '천진난만함'이다. 어린이가 있는 풍경은 삶을 위한 축복이다. 이

---

11) 이러한 '되어 있음', '되고 있음', '되도록 되어 있음'을 나는 '본연'으로 주제화해 상론한 바가 있다. 이수정, 『본연의 현상학』(생각의 나무) 참고.
12) '소년'이라는 개념은 일반적으로 말하는 소년과 소녀를 모두 포괄한다.
13) 이수정, 『진리 갤러리』 중 「어느 파티에서」 참고.

른바 어른들이 그것을 지켜주지 못하고 심지어 그것을 유린하는 것은 명백한 죄악이다. 어린 시절에는 순진무구하게, 천진난만하게 사는 것이 '좋은' 것이다. 그렇게 살 수 있도록 해주는 것이 어른들의 '의무'다. 오늘날 우리 사회의 어린이들은 과연 '어린이답게' 살고 있는가? 만일 어린이답지 않은 어린이, 순진무구하지 않은 어린이가 있다면 그 책임은 어린이 본인에게 있지 않다. 왜냐하면 어린이는 그 스스로의 모습을 선택, 결정할 수 있는 충분한 자율성을 아직 갖지 않기 때문이다. 어린이에 대한 모든 책임은 어른들에게, 그리고 사회의 구조에 대해 물어야 한다.

[참고] 예수
"누구든지 이 아이들 중 하나와 같이 되지 아니하고서는 결단코 천국에 들어갈 수 없을 것이다."

[참고] 헤라클레이토스
"정치에 종사하기보다 아이들과 주사위 놀이를 하는 것이 훨씬 더 낫다."

[참고] 「대한민국 어린이헌장」
1. 어린이는 건전하게 태어나 따뜻한 가정에서 사랑 속에 자라야 한다.
2. 어린이는 고른 영양을 섭취하고, 질병의 예방과 치료를 받으며, 맑고 깨끗한 환경에서 살아야 한다.
3. 어린이는 좋은 교육시설에서 개인의 능력과 소질에 따라 교육을 받아야 한다.
4. 어린이는 빛나는 우리 문화를 이어받아, 새롭게 창조하고 널리 펴나가는 힘을 길러야 한다.
5. 어린이는 즐겁고 유익한 놀이와 오락을 위한 시설과 공산을 제공받아야 한다.
6. 어린이는 예절과 질서를 지키며, 한겨레로서 서로 돕고, 스스로를 이기

며, 책임을 다하는 민주시민으로 자라야 한다.

7. 어린이는 자연과 예술을 사랑하고 과학을 탐구하는 마음과 태도를 길러
   야 한다.
8. 어린이는 해로운 사회환경과 위험으로부터 먼저 보호되어야 한다.
9. 어린이는 학대를 받거나 버림을 당해서는 안 되고, 나쁜 일과 힘겨운 노
   동에 이용되지 말아야 한다.
10. 몸이나 마음에 장애를 가진 어린이는 필요한 교육과 치료를 받아야 하고,
    빗나간 어린이는 선도되어야 한다.
11. 어린이는 우리의 내일이며 소망이다. 나라의 앞날을 짊어질 한국인으로,
    인류의 평화에 이바지할 수 있는 세계인으로 자라야 한다.

* 사랑과 교육

이 성장의 시기에 있어 결정적으로 중요한 것이 '사랑'과 '교육'
이다. 이 교육이 한 인간의 삶의 여건들을 만들게 된다. 교육은 부
모와 가족에 의한 '가정교육', 선생과 선배에 의한 '학교교육', 불
특정 다수 특히 신문, 방송, 인터넷, 기타 공공 언론 등을 통한 '사
회교육' 등의 형태로 이루어진다. 이런 다양한 채널을 통해 인생을
살게 되는 한 인간의 지성과 덕성과 감성이 형성되어나가며, 이윽
고는 그것이 그 사람의 인격과 능력으로 자리 잡는다.

* 사춘기 ― 그 빛과 그늘

소년기(주로 틴에이저[teenager, teener])인 이 시기에는 '사춘기'
라 불리는 힘겨운 과정을 거치게 된다. 그것은 기성의 세대, 가치,
제도 등에 대한 회의와 반항, 그리고 고독, 번민, 고뇌, 절망, 그리

126

고 미래의 불확실성에 따른 방황을 큰 특징으로 한다.

한편 그리움, 동경, 사랑 등이 이 시기를 아름다운 무지개 빛깔로 물들이기도 한다. 그리고 바로 이 시기에 많은 사람들이 풋풋한 혹은 가슴 아린 첫사랑을 실제로 겪기도 한다.

[참고]   헤르만 헤세, 『데미안』의 싱클레어
[참고]   영화 『에덴의 동쪽』의 제임스 딘
[참고]   영화 『클래식』, 『건축학 개론』, 『러브레터』 등
[참고]   미쓰하시 치카코의 만화 『작은 사랑의 이야기(小さな恋のものがたり)』

■ 활동기(청년 시절, 장년 시절) ──────────

* 자립, 활동의 시기

일반적으로 인간은 성장기를 지나 차츰 홀로서기를 하며 본격적인 활동기로 접어든다. 그것이 인생의 보편적 양상이다. 사람에 따라 그 시기와 모양새는 천태만상이지만 대체로는 학교과정을 졸업하고 사회에서의 직업, 일을 갖게 되면서 활동을 시작한다. 정규적 학교가 아니더라도 '일'을 위한 '배움'의 과정은 존재한다. 예외적으로는 어린이가 이미 활동을 시작하는 경우도 있고, 젊은이가 아직 활동을 시작하지 못하는 경우도 있다. 이 시기 진입의 명백한 기준은 '돈벌이'지만, 역시 예외적으로 평생을 돈벌이 없이 이 시기를 지나게 되는 경우도 있다. 막대한 유산 또는 불로소득이나, 출가, 수도, 노숙 등 그 양상도 실로 다양하다.

대학 입학을 이 시기의 시작으로 간주할 수도 있다. 대학 4년여

동안 우리는 심화된 전문적 교육을 통해 인간의 크기, 깊이, 높이, 넓이, 그리고 단단함 등을 다져나가며 부분적으로는 사회적 활동에도 참여한다. 전통적으로는 약관(20세)이 이 시기로 진입하는 기준이 되기도 했고, 그때에 성년 즉 어른이 되는 의식을 치르기도 했다. 평균수명이 늘어나면서 오늘날은 이 시기가 순연되는 사회적 경향이 있다. 단, '결혼'과 '취직'이 그 확고한 기준이 된다는 사실에는 변함이 없다. (일본에서는 이렇게 제대로 제 역할을 할 수 있게 된 경우를 '이치닌마에[一人前]', '히토리다치[独り立ち]'라는 말로 표현한다.)

[참고] '캥거루족'[14]

---

14) 학교를 졸업해 자립할 나이가 되었는데도 취직을 하지 않거나, 취직을 해도 독립적으로 생활하지 않고 부모에게 경제적으로 의존하는 20, 30대의 젊은이들을 일컫는 용어.
미국에서는 이도 저도 아닌, 중간(사이)에 낀 세대(betwixt and between)라 하여 '트윅스터(twixter)'라 부르는데, 대학 졸업 후에도 경제적으로 독립하지 못해 결혼도 미룬 채 부모 집에 얹혀사는 세대를 가리킨다. 프랑스에서는 독립할 나이가 된 아들을 집에서 내보내려는 부모와 아들 사이의 갈등을 코믹하게 그린 2001년 영화 『탕기』의 제목을 그대로 따서 '탕기(Tanguy)'로 부른다. 이탈리아에서는 어머니가 해주는 음식에 집착하는 사람을 일컫는 '맘모네(mammone)', 영국에서는 부모의 퇴직연금을 축내는 '키퍼스(kippers)', 캐나다에서는 직장 없이 이리저리 떠돌다 집으로 돌아와 생활하는 '부메랑 키즈(boomerang kids)'라고 한다. 또한 독일에서는 집(둥지)에 눌러 앉아 있는 사람을 가리키는 '네스트호커(Nesthocker)', 일본에서는 돈이 급할 때만 임시로 취업할 뿐 정식 직장을 구하지 않는 '프리터(freeter)' 등으로 부른다. 프리터는 자유(free)와 아르바이트(arbeit)의 합성어다. (네이버 지식백과, 두산백과 참조)

* 청년다움

　청년다움은 무엇보다도 '열정'이다. 사람들은 또 꿈(이상), 정의, 패기, 도전, 저항 등을 말하기도 한다. 그것은 '활발함', '활기참' 속에 응축되어 있다. 그것은 과연 아름다운 삶의 모습이다. 이러한 청년다움이 인간들의 삶의 세계 전체가 그나마 선의 방향으로 나아가도록 하는 데 얼마나 기여했는지는 역사 속에서 돌이켜보라. 그러니 청년들이여, 큰 뜻을 품고 도전해가자. 그것이 청년다움이다. 어부가 바다로 나가면서 앞바다에서 멸치를 잡겠다고 생각하는 것과 먼 바다에서 고래를 잡겠다고 생각하는 것은 전혀 다른 결과를 가져다준다. "꿈은 오직 그것을 꾸는 자에게만 하나의 금빛 가능성을 제공한다. 꿈꾸지 않는 자에게는 애당초 꿈같은 미래가 있을 수 없다."

　그리고 무수한 젊은이들이 잘못된 사회 구조 속에서 얼마나 타락하고 있고 힘들어 하는지도 동시에 생각해보자. 그 책임도 또한 사회에 있다.

[참고]　한 오지브와(Ojibwa) 인디언이 그의 손자에게 한 말
"행복과 성과를 얻은 사람은 무언가 꿈을 가졌음에 틀림없다. 그가 행복을 얻은 것은 그가 훌륭한 노력가였기 때문이 아니라, 그가 꿈을 가졌기 때문이다."

[참고]　칼릴 지브란, 『모래』
"한 인간의 의미는 그가 도달하는 그것에 있는 것이 아니라, 오히려 그가 도달하고자 꿈꾸는 그것에 있다."

[참고] MBC, 『성공시대』
[참고] NHK, Project X − '세이칸 터널', '후지산 기상 레이더', '혼다 시빅'
등

[참고] 사무엘 울만,[15] 「청춘」
청춘이란 인생의 어떤 기간이 아니라 마음가짐을 말한다.
장미의 용모, 붉은 입술, 나긋나긋한 손발이 아니라 씩씩한 의지, 풍부한 상
상력, 불타오르는 정열을 가리킨다.
청춘이란 인생의 깊은 샘의 청신함을 말한다.

청춘이란 두려움을 물리치는 용기
안이함을 선호하는 마음을 뿌리치는 모험심을 의미한다.
때로는 20세 청년보다도 70세 인간에게 청춘이 있다.
나이를 더해가는 것만으로 사람은 늙지 않는다.
이상을 잃어버릴 때 비로소 늙는다.
세월은 피부에 주름살을 늘려 가지만 열정을 잃으면 마음이 시든다.
고뇌, 공포, 실망에 의해서 기력은 땅을 기고 정신은 먼지가 된다.

70세든 16세든 인간의 가슴에는 경이에 이끌리는 마음,
어린애와 같은 미지에 대한 탐구심,
인생에 대한 흥미와 환희가 있다.
그대에게도 나에게도 마음의 눈에 보이지 않는 우체국이 있다.
인간과 하느님으로부터 아름다움, 희망, 기쁨, 용기, 힘의 영감을 받는 한 그
대는 젊다.

영감이 끊기고, 정신이 아이러니의 눈에 덮이고, 비탄의 얼음에 갇힐 때,
20세라도 인간은 늙는다.
머리를 높이 치켜들고 희망의 물결을 붙잡는 한,
80세라도 인간은 청춘으로 남는다.

---

15) 사무엘 울만(Samuel Ullman, 1840-1924). 미국의 시인, 철학자.

[참고] 『탈무드』
"진실은 무거운 것이다. 따라서 젊은 사람밖에 나를 수가 없다."

* 방황, 고뇌, 좌절의 시기

이 시기의 큰 특징으로 방황, 고뇌, 좌절 등을 간과할 수 없다. 이는 인생의 모든 불확실성에서 유래한다. 그러나 여기에서 오히려 온갖 다양한 열정과 용기와 희망과 도전이 가능해지며 누군가는 그 끝에서 답을 찾아낸다.

[참고] 김난도, 『아프니까 청춘이다』
"그대라는 꽃이 피는 계절은 따로 있다. 그대, 좌절했는가? 친구들은 승승장구하고 있는데 그대만 잉여의 나날을 보내고 있는가? 잊지 말라. 그대라는 꽃이 피는 계절은 따로 있다. 아직 그때가 되지 않았을 뿐이다. 그대 언젠가는 꽃을 피울 것이다. 다소 늦더라도 그대의 계절이 오면 여느 꽃 못지않은 화려한 기개를 뽐내게 될 것이다. 그러므로 고개를 들라. 그대의 계절을 준비하라."
"추락을 지나치게 두려워하지 마라. 바닥은 생각보다 깊지 않다. 더구나 그대는 젊지 않은가? 어떤 추락의 상처도 추스르고 다시 일어날 수 있다. 너무 무서워하지 마라. 추락하는 것에는 날개가 있다고 했다. 자신 있게 줄을 놓아라. 스스로에 대한 믿음의 날개를 펼치고."

[참고] 이문열, 『젊은 날의 초상』
"그때 나를 지배하는 것은 어두운 방 안에서의 번민과 고뇌 대신 울고 싶도록 처절한 외로움이었다."
"절망이야말로 가장 순수하고 치열한 정열이었으며 구원이었다."

[참고] 칼릴 지브란,『날개』
"청춘은 날개를 가지고 있다. 그 깃털은 포에지이며 그 신경은 판타지이다.
청춘은 그것들을 펄럭이며 높이 오른다. 저 멀리 구름 위로. 그들이 그곳으로
부터 내려다보는 삶은 그들에게 반짝이며 나타나, 영롱한 무지개 빛깔을 드
러낸다. 그리고 그들은 삶이 힘찬 서사시를 연주하는 것을 듣게 된다. 하지만
포에지와 판타지로부터의 이 날개가 격렬한 질풍들로 인해 꺾이고 찢어지기
까지는 그리 오래 걸리지 않는다. 그 주인은 현실의 세계로 추락해 떨어진다.
이 세계는 기묘한 거울로서, 그 안에서 인간은 자기 자신을 쬐그맣게 그리고
일그러지게 비쳐본다."

* 결정적 시기

20, 30대에 해당하는 청년기는 일견 아직 미숙한 단계로 평가될
수도 있으나, 실은 이 시기에 한 인간의 기본적인 수준이 이미 결
정되기도 하고, 이 시기에 인생의 결정적인 성과가 창출되는 경우
도 없지 않다. 시, 음악, 그림, 노래 등 불후의 명작 중 이 시기에
만들어진 것들이 적지 않음을 상기해보자. 인류의 4대 성인들도
그 성스러움의 기초를 이미 이 시기에 마련했다.

[참고] 청년 예수의 활동 개시와 십자가의 처형
[참고] 청년 부처의 득도
[참고] 청년 공자의 '삼십이립(三十而立)'
[참고] 화랑세기 및 청년 김춘추, 김유신의 삼국통일
[참고] 청년 안중근의『동양평화론』과 항일독립운동
[참고] 김소월, 윤동주, 모차르트, 슈베르트, 고흐, 라파엘로 등

* 인생의 절정

　인생의 절정은 '장년기'라고 말할 수 있다. 대체로 40, 50, 60대인 이 시기에 인간은 가장 활발한 활동을 하게 된다. 가정에서도 사회에서도 중요한 역할을 맡으며 많은 일들을 감당하게 된다. 바로 이 시기에 삶의 온갖 희로애락이 본격화된다.
　한편, '아저씨', '아줌마'가 되는 이 시기에 우리는 현실에의 순응, 세상과의 적당한 타협, 타성에 젖음 같은 특유의 중성적 존재 상태를 드러내기도 한다.

[참고]　대통령의 피선거권 만 40세

■ 원숙-쇠퇴기(노년 시절) ─────────

* 노년

　늙어감은 착실하게 진행된다.16) 빠르건 늦건 이 늙어감에서 예외인 자는 있을 수 없다. 누구든 살아 있는 한 언젠가는 노년이 된다. 이 시기에 인간은 삶의 체험들을 바탕으로 원숙해간다. 그런 한편으로 본격적인 직업 활동에서 물러나면서 차츰 쇠퇴의 길로 접어든다. 개인에 따라 돈벌이와 관련된 직업 활동이 죽음 직전까지 계속되는 경우도 없지 않으나 일반적인 것은 아니다. 이 시기에

---

16) 오랜 세월 동일한 차창에 동일한 각도로 비치는 자신의 모습에서 우리는 이러한 늙어감을, 동일인의 동일성과 변화를 효과적으로 확인할 수 있다.

는 육체적 건강과 정신적 총명의 퇴화가 두드러지며, 그 극복 내지 질의 확보가 노년기 삶의 중요한 관심사 및 과제로 부각된다. 전통적으로는 만 60세(회갑, 환갑)가 이 시기 진입의 기준으로 간주되었으나, 최근에는 70세가 그 기준이 되기도 한다. 고대에는 40세가 그 기준이 되기도 했다.

의학의 발달, 평균수명의 연장, 고령층의 확대 등으로 이 시기가 인생 및 사회에서 갖는 의미는 더욱더 커지고 있다. 우리는 이러한 시기 내지 시대에 착실히 대비하지 않으면 안 된다.

[참고] 한 아파트 노인정에서 발생한 70대 노인의 60대 폭행 사건
[참고] 노인학(Gerontology)

* 노인다움

노인다움은 무엇보다도 '지혜'여야 한다. '자애로움'도 필요하다. '느긋함'과 '편안함'도 이 시기를 위한 가치로서 언급되어야 한다. 육체적, 정신적, 경제적으로 편안한 노년은 인생의 이상이다. 한국 사회의 전통적 가치인 '경로'는 좋은 풍습이지만 거기에는 조건이 있어야 한다. 평생을 아무것도 이룬 것 없이 연령만으로 경로를 바라는 것은 추할 수도 있다. 지하철에서 소리소리 지르며 자리의 양보를 강요하는 노인의 모습은 결코 보기 좋은 것이 되지 못한다. 공경 받는 그런 노년을 기대한다면 이 시기를 잘 보내야 한다. 억지로 과거의 젊음에 집착하는 늙은이는 어리석다. 자연스럽게 늙음을 받아들이며 자연의 신비에도 눈길을 주는 여유를 갖자. 지혜

를 지닌 내용 있는 원로, 장로가 되자. 절로 고개가 숙여지는 품격 있는 노인이 되자. '노탐'을 경계하자. '우아한 노경'을 만들기 위해 미리부터 만반의 준비를 하자. 그러나 노력해도 안 된다면 그 책임은 개인만이 아니라 역시 사회의 구조 속에 있을 수 있으므로 그것을 살펴볼 필요가 있다.

치매를 포함한 병과 고독(무관심), 그리고 궁핍은 이 시기를 어렵게 하는 최대의 난제들이다. 이러한 요소들은 '의미 상실' 내지 우울증으로 이어지고, 극단적인 경우는 '자살'로 이어지기도 한다. 그러나 모든 고개는 넘기 위해서 있다는 사실을 잊지 말자.

[참고] 린위탕, 『생활의 발견』 중 「우아한 노경으로」
"늙는다고 하는 것을 아무도 현실적으로 막을 수는 없다. 인간이 늙어가는 것을 인정하지 않으면 자기를 속이는 결과가 된다. 자연에 대해 아무것도 반항할 필요는 없으므로 우아하게 늙어가는 편이 낫다. 인생의 교향악은 평화, 고요, 안락, 정신적 만족의 위대한 피날레로 끝나야 할 것이며, 고장 난 북이나 찌그러진 심벌즈 소리로 끝나서는 안 된다."

[참고] 필 보스만스
"많은 늙은이들 속에는 보물들이 잠들어 있다. 너는 그것을 발견할 줄 알아야 한다. 늙은이들을 위해 시간을 가져라. … 그들과 이야기를 나눠라. … 너는 놀라게 될 것이다. 그들의 삶의 지혜에 대해, 유머에 대해, 철학에 대해, 안식에 대해, 확신에 대해, 그리고 마음의 평화에 대해."

[참고] 카를 구스타프 융, 『저작집』 VIII
"영혼의 경작지는 자연스러운 삶이다. 이것을 따르지 않는 사람은 허공에 매달려 있고, 굳어져 있다. 그래서 그렇게 많은 사람들이 원숙한 나이에 실수를 한다. 그들은 뒤돌아보고, 마음속에 비밀스러운 죽음의 공포를 품은 채 과거에 매달려 있다. 그들은 최소한 심리적으로 삶의 과정에서 몸을 빼고 있으며,

그리고 그 때문에 추억의 소금 기둥으로 서 있다. 그것은 과연 아직 그의 젊은 시절을 생생하게 추억하지만 현재에 대한 생동적인 관계는 찾아내지 못한다. 삶의 한가운데서부터, 삶과 함께 죽고자 하는 그것만이 생생하게 머물러 있다. 왜냐하면 삶의 정오의 비밀스러운 시간에 생겨나는 그것은, 포물선의 전회, 즉 죽음의 탄생이기 때문이다. 인생 후반의 삶은 상승, 전개, 증대, 삶의 충일이 아니다. 죽음이다. 왜냐하면 그 목표가 종말이기 때문에. '그의 삶의 고지를 바라지 않음'은 '그의 종말을 바라지 않음'과 같은 것이다. 이것은 둘 다 '살고자 바라지 않음'이다. '살고자 바라지 않음'은 '죽기를 바라지 않음'과 같은 의미다. 됨과 사라짐은 동일한 커브인 것이다."

"사람은 보통 그의 과거에 붙들려 있고, 젊음의 환상에 박힌 채 있다. 늙었다는 것은 최고로 인기 없는 일이다. 사람은, 늙지-않을-수-있음이 어른이-되지-않을-수-있음과 꼭 마찬가지로 무의미하다는 사실을 고려하지 않는 것 같다. 아직 어린애 같은 서른 살 남자는 매우 한심스럽다. 그러나 젊은이 같은 70대는 매력적이지 않은가? 하지만 실은 둘 다 비정상이고, 어울리지 않고, 심리적으로 부자연스럽다. 싸우지 않고, 이기지 않는 젊은이는 그 청춘의 가장 좋은 점을 놓치고 있으며, 산마루에서 계곡으로 소리 내어 흐르는 시냇물의 비밀에 귀 기울여 보려 하지 않는 늙은이는 지각없으며, 굳어진 과거 외에 아무것도 아닌 정신적 미라이다. 그는, 최고도의 낡음에 이르기까지 기계처럼 스스로를 반복하면서 그의 삶으로부터 멀리 떨어져 있다."

[참고] 앤 모로 린드버그, 『조개들』
"우리는 … 청춘과 행동인과 그리고 물질적 성과의 엄청난 과대평가와 함께 의심할 여지없이 삶의 오후를 경시하고 혹은 아예 그것이 절대 오지 않을 듯이 행동하는 것에 기울고 있다. 우리는 시계를 되돌려 놓고 아침을 연장하려 하고 그리고 이런 부자연한 노력에 무리하며 온 힘을 기울인다. 물론 우리는 그것으로 아무것도 이룰 수 없다. 우리는 우리의 아들딸들과 경합할 수 없다. 이 지나치게 행동적이고 무사려한 어른의 발걸음을 취하다니 이 무슨 고생인가! 종종 우리는 아침을 둘러싼 숨 가쁜 싸움에서 오후를 기다리는 저 전성기를 아깝게 놓쳐버리기도 한다."

[참고] 기노국 대신의 아버지 이야기 – 연륜의 지혜

■ 죽음 —인생의 마감 ─────────────

* 죽음의 필연성, 운명성, 보편성, 불가지성

인생은 죽음으로써 마감된다. 죽음은 인간존재의 한 본질이다. 삶은 이미 죽음을 전제로 한다. 모든 인간은 이미 사형선고를 받고 태어난다. 그 집행이 곧 죽음이다. 이런 본질적 현상을 하이데거는 '죽음에의 존재(Sein-zum-Tode)'라고 술어화했다. 죽음도 또한 인생의 신성한 절차다. 법칙이다. 단 한 명도 이 법칙에서 예외인 자는 없다. 인류의 최고봉으로 거론되는 인물들도 다 이 절차를 거쳐서 갔다. 공자도 석가모니도 소크라테스도 예수도 모두 다 죽음으로써 인생을 마무리했다. 이른바 부활조차도 죽음을 전제로 한다. 열반도 해탈도 입적도, 그리고 소천도 선종도 결국은 다 죽음이다. 우리는 왜 죽어야만 하는가? 알 수가 없다. 아무튼 모두가 반드시 죽도록 되어 있다. 참으로 불가사의한 현상, 풀 수 없는 수수께끼가 아닐 수 없다.

[참고] 『구약성서』, 「창세기」
[참고] 키어케고어, 『죽음에 이르는 병』

* 죽음의 근본 성격

존재하는 이 세상 모든 것과의 절대적 이별인 죽음, 그것은 기본적으로 꺼림칙한 것, 두려운 것이다. 그리고 싫은 것, 슬픈 것이다. 대부분의 보통사람은 죽음을 그러한 것으로 인식하며 그렇게 반응한다. 죽음이란 것은 본래 그런 것이다. 그래서 대부분의 죽음은 두려움, 공포, 슬픔, 비통, 애통, 그리고 눈물을 동반한다. 그러니 두려운 일은 그냥 두려워하고 슬픈 일은 솔직히 슬퍼하면 된다.

우리의 삶에는 슬퍼할 충분한 가치가 있는 죽음들이 있다. 가족의 죽음, 친구의 죽음, 위인의 죽음 …. 그런 죽음이 될 수 있는 삶을 살아야 한다.

[참고] 영화『네 번의 결혼식과 한 번의 장례식』중 '조사'
시계를 멈춰놓고 전화도 끊어라
개들의 울부짖음도 막아라
피아노도 드럼도 치지 마라
관을 꺼내고 조문객들을 오게 하라

비행기들은 슬퍼하며 하늘에 휘갈겨 쓴다
그는 죽었노라고
그는 떠나갔다
하얀 비둘기들과
검은 장갑을 낀 교통순경이 있는 곳으로

그는 나의 동서남북이었고
나의 주일, 나의 휴일이었다
나의 정오, 나의 자정
나의 말, 나의 노래였다
사랑이 영원할 줄 알았던 내가 틀렸다

이젠 별들을 원치 않는다
달을 없애고 해도 치워라

바다의 물을 빼고 숲도 베어버려라
이제는 아무것도 더 이상 좋을 것이 없으니17)

[참고]   안연의 죽음에 대한 공자의 슬픔
"안연이 죽었다. 선생님께서 통곡을 했다. 종자가 말했다. '선생님께서 통곡을 하셨습니다.' [선생님께서] 말씀하셨다. '통곡을 했던가? 이 사람을 위해 통곡하지 않는다면 누구를 위해 하겠느냐?'(顔淵死, 子哭之慟. 從者曰, 子慟矣. 曰, 有慟乎. 非夫人之爲慟而誰爲)"

"季康子問, 弟子孰爲好學. 孔子對曰, 有顔回者好學, 不幸短命死矣, 今也則亡."

"顔淵死, 顔路請子之車以爲之槨. 子曰, 才不才, 亦各言其子也. 鯉也死, 有棺而無槨. 吾不徒行以爲之槨. 以吾從大夫之後, 不可徒行也."

"顔淵死. 子曰, 噫. 天喪予. 天喪予."

---

17) W. H. Auden, "Funeral Blues"
   Stop all the clocks, cut off the telephone,
   Prevent the dog from barking with a juicy bone,
   Silence the pianos and with muffled drum
   Bring out the coffin, let the mourners come.

   Let aeroplanes circle moaning overhead
   Scribbling on the sky the message He is Dead.
   Put crepe bows round the white necks of the public doves,
   Let the traffic policemen wear black cotton gloves.

   He was my North, my South, my East and West,
   My working week and my Sunday rest,
   My noon, my midnight, my talk, my song;
   I thought that love would last forever: I was wrong.

   The stars are not wanted now; put out every one,
   Pack up the moon and dismantle the sun,
   Pour away the ocean and sweep up the woods;
   For nothing now can ever come to any good.

"顏淵死, 門人欲厚葬之. 子曰, 不可. 門人厚葬之. 子曰, 回也視予猶父也,
予不得視猶子也. 非我也, 夫二三子也."

[참고] 나사로의 죽음에 대한 예수의 슬픔
어떤 병든 자가 있으니 이는 마리아와 그 형제 마르다의 촌 베다니에 사는
나사로라.
이 마리아는 향유를 주께 붓고 머리털로 주의 발을 씻기던 자요 병든 나사로
는 그의 오라비러라.
이에 그 누이들이 예수께 사람을 보내어 가로되 주여 보시옵소서 사랑하시는
자가 병들었나이다 하니
예수께서 들으시고 가라사대 이 병은 죽을병이 아니라 하나님의 영광을 위함
이요 하나님의 아들로 이를 인하여 영광을 얻게 하려함이라 하시더라.
예수께서 본래 마르다와 그 동생과 나사로를 사랑하시더니
나사로가 병들었다 함을 들으시고 그 계시던 곳에 이틀을 더 유하시고
그 후에 제자들에게 이르시되 유대로 다시 가자 하시니
… [중략] …
이 말씀을 하신 후에 또 가라사대 우리 친구 나사로가 잠들었도다, 그러나
내가 깨우러 가노라.
제자들이 가로되 주여 잠들었으면 낫겠나이다 하더라.
예수는 그의 죽음을 가리켜 말씀하신 것이나 저희는 잠들어 쉬는 것을 가리
켜 말씀하심인줄 생각하는지라.
이에 예수께서 밝히 이르시되 나사로가 죽었느니라.
내가 거기 있지 아니한 것을 너희를 위하여 기뻐하노니 이는 너희로 믿게 하
려함이라 그러나 그에게로 가자 하신대,
디두모라 하는 도마가 다른 제자들에게 말하되 우리도 주와 함께 죽으러 가
자 하니라.
예수께서 와서 보시니 나사로가 무덤에 있은 지 이미 나흘이라.
베다니는 예루살렘에서 가깝기가 한 오 리쯤 되매
많은 유대인이 마르다와 마리아에게 그 오라비의 일로 위문하러 왔더니
마르다는 예수 오신다는 말을 듣고 곧 나가 맞되 마리아는 집에 앉았더라.
마르다가 예수께 여짜오되 주께서 여기 계셨더면 내 오라비가 죽지 아니하였

겠나이다.

그러나 나는 이제라도 주께서 무엇이든지 하나님께 구하시는 것을 하나님이 주실 줄을 아나이다.

예수께서 가라사대 네 오라비가 다시 살리라.

마르다가 가로되 마지막 날 부활에는 다시 살 줄을 내가 아나이다.

예수께서 가라사대 나는 부활이요 생명이니 나를 믿는 자는 죽어도 살겠고 무릇 살아서 나를 믿는 자는 영원히 죽지 아니하리니 이것을 네가 믿느냐.

가로되 주여 그러하외다 주는 그리스도시요 세상에 오시는 하나님의 아들이신 줄 내가 믿나이다.

이 말을 하고 돌아가서 가만히 그 형제 마리아를 불러 말하되 선생님이 오셔서 너를 부르신다 하니

마리아가 이 말을 듣고 급히 일어나 예수께 나아가매

예수는 아직 마을로 들어오지 아니하시고 마르다의 맞던 곳에 그저 계시더라.

마리아와 함께 집에 있어 위로하던 유대인들은 그의 급히 일어나 나가는 것을 보고 곡하러 무덤에 가는 줄로 생각하고 따라가더니

마리아가 예수 계신 곳에 와서 보이고 그 발 앞에 엎드리어 가로되 주께서 여기 계셨더라면 내 오라비가 죽지 아니하였겠나이다 하더라.

예수께서 그의 우는 것과 또 함께 온 유대인들의 우는 것을 보시고 심령에 통분히 여기시고 민망히 여기사

가라사대 그를 어디 두었느냐 가로되 주여 와서 보옵소서 하니

예수께서 눈물을 흘리시더라.

이에 유대인들이 말하되 보라 그를 어떻게 사랑하였는가 하며

그 중 어떤 이는 말하되 소경의 눈을 뜨게 한 이 사람이 그 사람은 죽지 않게 할 수 없었더냐 하더라.

이에 예수께서 다시 속으로 통분히 여기시며 무덤에 가시니 무덤이 굴이라 돌로 막았거늘

예수께서 가라사대 돌을 옮겨 놓으라 하시니 그 죽은 자의 누이 마르다가 가로되 주여 죽은 지가 나흘이 되었으매 벌써 냄새가 나나이다.

예수께서 가라사대 내 말이 네가 믿으면 하나님의 영광을 보리라 하지 아니하였느냐 하신대

돌을 옮겨 놓으니 예수께서 눈을 들어 우러러 보시고 가라사대 아버지여 내 말을 들으신 것을 감사하나이다.

항상 내 말을 들으시는 줄을 내가 알았나이다 그러나 이 말씀하옵는 것은 둘러선 무리를 위함이니 곧 아버지께서 나를 보내신 것을 저희로 믿게 하려 함이니이다.

이 말씀을 하시고 큰 소리로 나사로야 나오라 부르시니

죽은 자가 수족을 베로 동인채로 나오는데 그 얼굴은 수건에 싸였더라 예수께서 가라사대 풀어 놓아 다니게 하라 하시니라.

[참고] 아내의 죽음에 대한 장자의 무심

"장자의 처가 죽자 혜자가 조문을 갔는데 장자는 다리를 뻗고 앉아서 동이(盆)를 두드리며 노래하고 있었다. 혜자가 말했다. '함께 더불어 살며 자식을 기르다가 늙어서 몸이 죽었는데 곡하지 않는 것은 괜찮다 해도 동이를 두드리며 노래를 하다니 심하지 않은가?' 장자가 대답했다. '그렇지 않아. 처음 죽었을 때는 나라고 해서 어찌 느낌이 없었겠는가. 아내의 처음과 본원을 살펴보니 생이 없었어. 생명이 없었을 뿐만 아니라 본래는 형체도 없었어. 형체가 없었을 뿐만 아니라 본래는 기도 없었어. 혼돈 사이에 섞여 있다가 변하여 기가 있게 되고 기가 변하여 형이 생기고 형이 변하여 생명이 생긴 것이네. 지금 또 춘추동하의 사시가 가는 것처럼 변하여 이처럼 죽었네. 지금 처가 큰 방에서 잠들려 하는데 내가 시끄럽게 곡을 한다면 내가 너무 천명에 불통한 것처럼 생각되네. 그래서 그친 것이네.' "[18]

---

18) 『장자』, 외편 18 「지락」

"莊子妻死, 惠子弔之, 莊子則方箕踞鼓盆而歌. 惠子曰, 與人居, 長者.老. 身死, 不哭, 亦足矣, 又鼓盆而歌, 不亦甚乎! 莊子曰, 不然. 是其始死也, 我獨何能无槪然! 察其始而本无生, 非徒无生也而本无形, 非徒无形也而 本无氣. 雜乎芒惚之間, 變而有氣, 氣變而有形, 形變而有生, 今又變而之 死, 是相與爲春秋冬夏四時行也. 人且偃然寢於巨室, 而我嗷嗷然隨而哭 之, 自以爲不通乎命, 故止也."

『장자』, 내편 6 「태종사」에도 비슷한 이야기가 나온다.

[참고] 노자의 죽음에 대한 진실(秦失)의 무심

"노담이 죽었다. 진실은 조문하여 세 번 울고서 나갔다. 제자가 물었다. '선생님의 벗이 아니십니까?' '그렇지' '그렇다면 조문을 이같이 해도 되는 겁니까?' '괜찮네. 나는 그 사람을 달리 생각했는데 그렇지 못했네. 아까 내가 조문을 할 때 보니 늙은 사람은 그 아들이 죽은 듯이, 젊은 사람은 그 어미를 여읜 듯이 울고 있었네. 이렇게 많은 조문객이 몰려든 것은 선생이 평소에 그렇게 하라고 하지는 않았겠지만 말하지 않은 가운데 은연중 조문하고 울게끔 만들었을 것이네. 옛사람은 이것을 일러 하늘의 이치를 피하려는 죄라고 불렀네. 선생이 태어나게 된 것은 그때가 되어서이고, 돌아가시게 된 것은 선생이 그 운명에 따르는 것이네. 때를 편안히 생각하고 그것에 따르면 슬프고 즐거운 것이 감히 개입하지 못하네. 옛날에 이것을 일러 <천제의 현해>라고 하였네. 장작이 모자란 곳에 장작을 밀어 넣어주면 불이 옮겨져 그것이 꺼지는 일이 없다네.' "[19]

* 죽음의 불가지성

죽음이 어떤 것인지는 사실 확인할 길이 없다. 그것이 좋은 것인지 나쁜 것인지도. 죽어본 다음에는 알 수 있는 길이 있을지도 모르지만 돌아와 그것을 확인시켜줄 방도도 없다. 알아보기 위해 한번 죽어본다는 것은 원천적으로 불가능하다.[20] 그렇다면 죽음이

---

19) 『장자』, 내편 3 「양생주」

"老聃死, 秦失弔之, 三號而出. 弟子曰, 非夫子之友邪. 曰, 然. 然則弔焉若此, 可乎. 曰, 然. 始也吾以爲至人也, 而今非也. 向吾入而弔焉, 有老者哭之, 如哭其子. 少者哭之, 如哭其母. 彼其所以會之, 必有不蘄哭而哭者. 是遁天倍情, 忘其所受, 古者謂之遁天之刑. 適來, 夫子時也. 適去, 夫子順也. 安時而處順, 哀樂不能入也, 古者謂是帝之懸解. 指窮於爲薪, 火傳也, 不知其盡也."

20) 참고로 소위 '임사체험'이라는 것이 종종 흥미롭게 이야기되지만, 그 과학적 신빙성은 인정되지 않는다.

란 무엇인가? 공자는 말했다. "아직 삶에 대해서도 모르는데 어떻게 죽음을 알겠는가?" 내세 운운하는 말들은 있지만 솔직히 우리는 죽음을 알 수 없다. 그러나 죽음에 대해 '생각해보는 것'은 가능하며 철학적으로 의미가 있다.

'죽음을 향한 선구적 결의'[21]는 천박한 일상성을 극복하고 본래성을 획득하게 해줄 수 있다. 분명한 것은 우리가 이미 태어났고, 아직 죽지 않았다는 사실이다. 죽음 이편의 삶, 우리가 영위하는 이 삶은 얼마나 아름다운가? '언제나 어디서나 누구에게나'는 아니지만 최소한 '언젠가 어디선가 누구에겐가' 행복하고 아름다울 수 있는 여지는 충분히 있는 것이다. 죽음에 대한 철학적 성찰은 이러한 삶의 가치를 재발견, 재인식하게 해줄 수 있다. 그 철학적 의미는 크다. 그 의미를 곱씹어보자.[22]

[참고] 공자, 『논어』
"가로되, 감히 죽음을 여쭙겠습니다. 가로되, 아직 삶도 모르는데 어찌 죽음을 알겠느냐(曰, 敢問死, 曰, 未知生, 焉知死)."

[참고] 하이데거, 『존재와 시간』, '죽음에의 존재', '선구적 결의'
[참고] 칸트, 『실천이성비판』, '실천이성의 요청' – 영혼의 불멸

[참고] 플라톤, 『소크라테스의 변명』
"왜냐하면 죽음을 아는 자는 아무도 없기 때문입니다. 왜냐하면 죽음을 무서워하는 것은 … 바로 지혜가 없는데도 있다고 생각하는 것이기 때문입니다. 어쩌면 그것은 또 인간에게 있어서 모든 좋은 것 중 최고의 것인지도 모르는

---

21) 하이데거, 『존재와 시간』, 제2부 참조.
22) 이수정, 『푸른 시간들』 중 「죽은 자의 편지」 참고.

데, 마치 모든 나쁜 것 중 최고의 것이라고 잘 알고 있는 양 무서워하기 때문입니다. 그리고 이거야말로 아무리 보아도 모르면서도 알고 있는 줄로 생각한다고 하여 지금 실컷 비난을 받고 있는 무지 바로 그것이 아니겠습니까.”

[참고] 박영우, 『사랑은 없다』 중 「부음(訃音)」
조간신문에
흑백 사진 한 장과 함께 실린
부음란을 바라볼 때면
죽어라 하고 싶은 일만 하다가
사랑하고 싶은 사람만 사랑하다가
죽어가고 싶다.

<해설> 이 아침, 세수를 하고 조반을 먹으며 출근 준비를 서두르는 팽팽한 긴장의 시간, 신문 한 모퉁이에선 간밤에 몇 사람을 데려갔구나. 가끔 익숙한 이름을 보며 끌끌 혀를 차기도 하지만 타인의 부음은 다만 정보일 뿐. 우리는 신문을 말아 쥐고 저마다 바삐 먼 무덤으로 향한다.

대체 무슨 사업을 벌이고 있는 걸까. 죽음은 완전 고용. 나이도, 학력도, 연줄도, 인물도, 시험도, 면접도, 적성도, 월급도 불문. 모두들 데려다가 꽃단장 시켜놓고 별 타령 부르는 신선놀음인지, 이승의 전과만큼 재봉틀 달달 박는 박음질인지, 그도 저도 아니면 오염된 은하수 변에 비닐 깡통 쓰레기 줍는 영세민 취로사업을 시키는지, 여하튼 죽음은 태고 이래 완전 고용. 사고를 통한 수시 고용. 노화를 통한 정기 공채. 전쟁을 통한 대거 특채.

“죽어라 하고 싶은 일만 하다가 / 사랑하고 싶은 사람만 사랑하다가” 죽고 싶은 게 저이뿐일까. 현실은 하고 싶지 않은 일이 나를 먹여 살리며, 사랑하고 싶지 않은 사람이 내 생사여탈을 쥐고 있지는 않은가.

내용은 ‘알 수 없음’이지만 형식은 ‘엄연한’ 죽음. 죽음은 죽기 전까지는 ‘저기 저곳’의 일이지만 그걸 인식하는 순간 ‘여기 이곳’에 영향을 미친다. 부음란을 보며 삶의 군더더기를 덜어낼 수 있다면. (반칠환 시인)

* 죽음의 종류

죽음에도 종류가 있다. 예컨대 어떤 죽음은 '사망', 어떤 죽음은 '타계', 어떤 죽음은 '서거'라고 하지 않는가. '뒈졌다'는 것과 '죽었다'는 것과 '돌아가셨다'는 것은 질적으로 같은 것이 아니다. 우리는 어떤 죽음을 죽을 것인가? 다음과 같은 선택지들도 있다.

신성한 죽음 : 예수의 경우, 부처의 경우

애틋한 죽음 : 안연, 나사로 등의 경우

반가운 죽음 : 네로, 히틀러, 스탈린, 후세인, 빈 라덴 등의 경우
　　　　　　　(실은 비참한 죽음)

별스런 죽음 : 엠페도클레스의 경우[23]

멋있는 죽음 : 소크라테스,[24] 보이티우스, 모어, 뵈메 등의 경우

복 받은 죽음 : 플라톤 등의 경우

우스운 죽음 : 아리스토텔레스 등의 경우(또는 실망스러운 죽음)

의연한 죽음 : 이순신, 안중근 등의 경우

애석한 죽음 : 윤동주, 이육사, 모차르트, 슈베르트 등 천재들의
　　　　　　　요절

한심한 죽음 : 아무런 관심의 대상도 되지 않는, 아무래도 좋은
　　　　　　　죽음[25]

---

23) 엠페도클레스는 시실리섬 에트나 화산 분화구에 투신하여 자살한 것으로 알려져 있다.

24) 소크라테스의 마지막 당부는 다음과 같다. "자식들이 올바른 가치에 관심을 갖도록 경계해주게. 그리고 아스클레피오스에게 닭 한 마리를 바쳐야 하네. 잊지 말고 드리도록 하게…"

25) 이수정, 『푸른 시간들』 중 「슬픈 도서관」 참고.

어떤 죽음이 될 것인지는 어떠한 삶을 사느냐에 달려 있다. 살아온 삶의 종류가 죽음의 종류를 결정한다.26)

[참고] 위인들의 죽음의 모양새와 그 의미

* 죽음의 묘한 성격, 혹은 죽음까지의 묘한 '거리'

누구나 죽음의 존재를 알고 있지만, 그 '앎'에는 참으로 묘한 '거리'가 숨어 있다. 즉 죽음이란 '누구나의 것이지만 나의 것은 아닌', '언젠가는 반드시 오는 것이지만, 아직은 아닌', 그런 묘한 성격의 것으로서 지금의 나로부터 적당한 거리를 두고 떨어져 있다는 것이다. 그런 거리가 나에게 죽음으로부터의 어떤 안심을 부여한다. 이것이 가진 긍정적인 효과도 부인할 수 없다. 이것이 없다면 우리는 잠시라도 죽음의 공포에서 벗어날 수 없으며 따라서 평온한 삶을 유지할 수 없다.

[참고] 반대 경우로서의 '공황장애', '기우'

* 자신의 죽음에 대한 태도

그러나 모든 이에게 죽음은 이윽고 '현실'로 다가온다. 예컨대 사고 등으로 느닷없이 죽음을 맞이하게 되는 경우는 그 죽음에 대해 생각해볼 겨를도 없지만, 불치의 병 등으로 죽음을 선고받았을

---

26) 이수정, 『진리 갤러리』 중 「이런저런 죽음들」 참고.

때, 인간은 자신의 죽음에 대해 '생각'이라는 것을 하지 않을 수 없게 된다. 퀴블러 로스(Elisabeth Kubler-Ross)의 『인간의 죽음』에 따르면 대체로 우리 인간은 (1) 부인/부정 → (2) 분노/원망 → (3) 타협/수용(우울/순응)의 과정을 거친다고 한다. 임종 환자 200여 명에 대한 이런 조사 결과는 사람들의 자연스러운 반응 과정이므로 충분히 참조할 가치가 있다. 거부할 수 없는 힘에 대한 우주적 순응. 달리 선택의 여지가 있을 수 없다. 죽음을 앞둔 예수 그리스도의 반응도 그런 점에서 너무나 시사적이다. 잘 알려졌듯이 예수는 죽음을 짐작하고 "내 아버지여, 만일 할 수 있으시거든 이 잔을 내게서 지나가게 하옵소서"라고 기도했다. '신의 아들'이라는 그분조차도 그 우주적 질서를 비켜가는 것은 불가능했다. 해서 그는 "아버지의 원대로 하옵소서"라는 말로 결국 그것을 수용했다. 이는 '죽음에 대처하는 법'의 한 모범답안이 될 수 있다.

[참고] 노먼 필, 『삶은 기쁨이 될 수 있다』
"물론 삶의 의지는 매우 강하다. 그리고 우리는 마지막까지 죽음에 대해 저항한다. 이는 인간 본성의 한 부분이다. 죽음에 대한 저항은 한 현명한 창조자에 의해 우리에게 주어졌다. 만일 우리가 이러한 저항을 갖지 않았더라면 우리는 삶의 어려움들을 극복하지 못하고 가장 간단한 출구를 택했을 것이다."

* 죽음의 또 다른 의미 ― 자취의 지속

그러나 죽음은 삶의 완전한 종말일까? 아니다. 죽음으로써 우리는 분명히 육신의 삶을 마감하지만 정신적 삶을 산 사람에게는 그 삶의 자취가 이 삶의 세상에 오래도록 남겨진다. 죽음은 그 정신적 삶의 시작일 뿐이다. 그렇게 죽음 이후도 여전히 삶을 지속하는 이들이 무수히 있다. 이를테면 공자, 석가모니, 소크라테스, 예수 ….

[참고] 칼릴 지브란, 『생각들』
"대지의 아들에게는 지상에서의 죽음은 종말이다. 그러나 정신의 아이에게는 죽음은 한 확실한 승리의 시작일 뿐이다."

[참고] 빈센트 반 고흐, 헤이그에서 1883년 2월 8일
"사람들은 점점 더 확실히 인식하기 시작한다. 삶이란 다만 파종[씨뿌리기]의 시간이고, 그리고 수확은 이곳에 있지 않다는 것을."

[참고] 이른바 부활, 영생, 내생(사후생), 임사체험

■ 현재(과거와 미래 사이)

* 현재의 중요성

삶의 진행은 언제나 근원적으로 '현재'라는 시간과 함께한다. 현재란 실천적인 성격의 것이다. 과거라는 것도 어떤 점에서는 '한때 현재였던 시간'이며, 미래라는 것은 '언젠가 현재일 시간'의 성격을 갖는다. 그러나 현재는 매 순간 흘러가 과거 속으로 편입돼 간다. 끊임없이 소비되며 사라져가는 것이다. 그래서 소중히 해야 할 까닭이 있다. "오늘 내가 헛되이 보낸 이 하루는 어제 죽은 이가 그토록 살고 싶어 했던 그 내일이다"라는 저 너무도 유명한 말을 명심해두자.

[참고] 토머스 칼라일,27) 「오늘을 사랑하라」
어제는 이미 과거 속에 묻혀 있고
미래는 아직 오지 않은 날이라네

우리가 살고 있는 날은 바로 오늘
우리가 사용할 수 있는 날도 오늘
우리가 소요할 수 있는 날 또한 오늘뿐,

오늘을 사랑하라
오늘에 정성을 쏟아라
오늘 만나는 사람을 따뜻하게 대하라

오늘은 영원 속의 오늘
오늘처럼 중요한 날도 없다
오늘처럼 소중한 시간도 없다

오늘을 사랑하라
어제의 미련을 버려라
오지도 않은 내일을 걱정하지 말라
우리의 삶은 오늘의 연속이다

오늘이 서른 번 모여 한 달이 되고
오늘이 삼백육십다섯 번 모여 일 년이 되고
오늘이 삼만 번 모여 일생이 된다.28)

---

27) 토머스 칼라일(Thomas Carlyle, 1795-1881). 영국의 비평가, 역사가다. 대
자연은 신의 의복이고 모든 상징, 형식, 제도는 가공의 존재에 불과하다고
주장하면서 경험론 철학과 공리주의에 도전했다. 저서 『프랑스 혁명』을
통해 혁명을 지배계급의 악한 정치에 대한 천벌이라 하여 지지하고, 영웅
적 지도자의 필요성을 제창했다.
28) 톨스토이, 「가장 소중한 시간은? - 지금」 참조. 이 말은 사람들이 보통 과
거-현재-미래라는 시간 양태 중 '현재'를 특별히 소중한 것으로 인식하고

* 과거-현재-미래의 상호 침투

산다는 것은 언제나 '현재'를 사는 것이다. 그런데 우리의 인생은 과거의 영향을 받으며 현재를 살아가며 그 현재가 미래에 영향을 준다. 또는 미래가 현재에 영향을 주기도 한다. 그런 의미에서 우리는 과거와 미래 사이에서 살아간다. 이때 과거와 미래 사이란 과거의 기억과 미래의 기대 사이에서 현재가 영향을 받고 결정된다는 것을 말한다. 현재가 과거-미래를 반영하고 있다는 것이다. 시간 양상들은 근원적으로 서로 맞물려 얽히어 있다. 과거-현재-미래는 상호 침투되고 있다.

개인의 경우, 과거(예컨대 성폭력, 아픈 기억의 상처)가, 또는 미래(예컨대 경영 후계, 정치 후계)가 트라우마가 되어 평생의 멍에로서 작용하는 사람들의 경우를 생각해보라. 인도적 전통에서는 여기에 업(카르마)이라는 것이 작용한다고 설명한다. 또 대학입시라는 미래가 초중고 교육(사교육 포함)이라는 12년 세월의 모습을 가차 없이 결정하는 한국의 현실을 생각해보라.

국민이나 민족의 경우, 과거의 역사와 미래의 비전이 현재의 삶을 규정, 구속하기도 한다. 예컨대 과거사인 분단의 경우를 생각해보라. 예컨대 미래사인 통일의 경우를 생각해보라(미래사였던 올

있으며, 또한 인식해야 한다는 일종의 가치 판단을 알려준다. 그뿐만 아니라 이 말의 배경에는 또한 사람들이 보통 현재라는 이 시간 양태의 소중함을 일반적으로는 제대로 자각하지 못하고 있다는 현상이 깔려 있기도 하다. 인식하고 있음의 바탕에는 이 현재의 '대면성', '현실성'이 깔려 있으며, 자각하지 못함의 바탕에는 이 현재의 '지근성', '당연성', '흔해빠짐'이 깔려 있다.

림픽, 월드컵의 경우도). 전통을 계승한다는 것도, 고전을 배운다는 것도, 우리의 현재 삶이 과거의 영향 하에 있다는 것을 알려준다.

과거도 미래도 소홀히 할 수 없는 까닭이 여기에 있다.

[참고] 이솝우화, '개미와 베짱이'
[참고] 스티븐 스필버그 감독의 영화『백 투 더 퓨처』

[참고] 존 그레이,『화성에서 온 남자 금성에서 온 여자』(동녘라이프)
"현재 느끼는 고통은 언제나 치유되지 않은 과거의 상처와 연결되어 있다. 지금 무엇인가가 우리를 고통스럽게 하면 과거에 겪은 유사한 모든 상처들이 풀려 나온다. 어린 시절이나 예전 관계에서 해결되지 않은 채 억압해둔 감정들이 현재 느끼는 상실의 고통을 격렬하게 만든다. 대부분의 경우 현재 우리가 느끼는 아픔의 90퍼센트는 과거와 관련된 것이고, 현재 우리 기분을 언짢게 만든 바로 그 일과 관련된 부분은 겨우 10퍼센트에 불과하다."

 * 과거, 미래, 그리고 현재의 관리

삶은 현재이며, 그것은 과거-미래와의 영향관계 속에 있음을 인식하자. 좋은 현재를 위해 좋은 과거와 좋은 미래를(좋은 기억과 좋은 기대를) 다듬어 갖자. 나쁜 과거는 정리하고 나쁜 미래는 차단하자. 좋은 현재, 좋은 삶을 위해 과거와 미래를 '관리'하자.29)

29) 이수정,『푸른 시간들』중「시간의 비밀」
    시간은
    과거에서 현재를 거쳐 미래로 흐르는
    아득한 강물이라 했던가
    인생의 쪽배를 타고 그 강물 따라갔더니
    웬걸,

‘미래’는 미정, 아직 오지 않은 시간이므로 본질상 ‘기획’의 대상이 된다. 그것을 현실적 현재로 만드는 것은 나 자신이다. 내가 지금 하기에 따라 그 미래는 밝은 것이 될 수도 있고 어두운 것이 될 수도 있다. 붉은 것이 될 수도 있고 푸른 것이 될 수도 있다. 당연히, 좋은 것이 될 수도 있고 나쁜 것이 될 수도 있다. 내일이 어떤 오늘이 되어 있을지를 생각하며 살자. 일 년 뒤, 십 년 뒤의 내가 어떻게 살고 있을지를 생각하며 살자. 이렇게도 저렇게도 다 내가 만든다.

과거 및 미래를 염두에 두고 현재를 관리하는 것도 당연히 삶의 과제가 된다. 과거와 미래의 어둠을 모르는 자는 현재의 빛을 알지 못한다. 과거에서 교훈을 얻지 못하는 자는 또다시 그 과거의 잘못을 현재의 잘못으로 되풀이한다.

[참고] 마호메트, 『가잘리 4』
“다섯 가지를 잘 쓰도록 하라.
젊음을, 늙음이 그대를 찾아오기 전에
건강을, 병이 그대를 쓰러뜨리기 전에
재산을, 가난이 그대에게 닥치기 전에
시간을, 노동이 그대를 압박하기 전에
인생을, 죽음이 그대를 급습하기 전에”

미래의 끝에는 뜻밖에
과거밖에 없었다

넌
어떻게 살아왔니?

[참고] 알베르트 아인슈타인, 『평화』
"아이들은 부모들의 삶의 경험을 사용하지 않는다. 나라들은 역사를 돌아보지 않는다. 나쁜 경험들은 언제나 다시 새로운 것을 향해 만들어지는 것이 틀림없다."

■ 현대

* 시대는 삶의 조건 ─ 인생의 시대성

'시간'을 사회적, 역사적 차원에서 보면 '시대'가 된다. 시대는 우리들의 인생이 전개되는 실질적인 조건의 하나로 작용한다. 우리는 시대 속에서 살아간다. 어떤 시대를 만나는지가 어떤 인생을 살게 될지를 결정한다. 시대가 우리의 삶을 만든다. 그 삶에 구체적인 형태, 구체적인 실질을 부여한다. 우리 인간은 시대의 자식이다. 생각해보라. 지금이 만일 석기시대라면 돌을 깨고 돌을 다듬는 것이 우리 인생의 중요한 내용이 될 것이다. 지금이 만일 신라시대라면 화랑도와 삼국통일이 인생이 될 수가 있고, 고려시대라면 항몽 투쟁이, 조선시대라면 과거 준비가 인생이 될 수 있으며, 지금이 만일 일제시대라면 항일 독립운동이 인생일 수도 있다. 사실이 그랬다. 대한민국 1공 시대의 6·25와 4·19, 2공 시대의 5·16, 3공 시대의 부마항쟁, 5공 시대의 5·18 광주항쟁, 그때의 피 흘림도 인생이었다. 땀 흘려 일함 또한 인생이었다. 그런 것들, 그런 '시대적 인생'들도 함께 생각해보자. 그렇듯 시대는 우리의 삶을 결정하는 주요 변수다. 좋은 시대를 만들고 지키고 준비해야 할 까닭이 거기에 있다.

154

[참고] 헤겔
"모든 철학은 시대의 아들이다."

[참고] 김인문, 『화랑세기』; 김부식, 『삼국사기』; 일연, 『삼국유사』
[참고] 유성룡, 『징비록』; 이순신, 『난중일기』
[참고] 김구, 『백범일지』
[참고] 이수정, 「4·19 선언문」[30]

---

30) 「서울대학교 문리대학 학생 4·19 선언문」(이수정[필자와 동명이인] 작성)
   "상아의 진리탑을 박차고 거리에 나선 우리는 질풍과 깊은 역사의 조류에
   자신을 참여시킴으로써 이성과 진리, 그리고 자유의 대학정신을 현실의
   참담한 박토(薄土)에 뿌리려 하는 바이다.
   오늘의 우리는 자신들의 지성과 양심의 엄숙한 명령으로 하여 사악과 잔
   학의 현상을 규탄(糾彈), 광정(匡正)하려는 주체적 판단과 사명감의 발로
   임을 떳떳이 천명하는 바이다.
   우리의 지성은 암담한 이 거리의 현상이 민주와 자유를 위장한 전제주의
   의 표독한 전횡(專橫)에 기인한 것임을 단정한다.
   무릇 모든 민주주의의 정치사는 자유의 투쟁사다. 그것은 또한 여하한 형
   태의 전제로 민중 앞에 군림하던 '종이로 만든 호랑이' 같은 헤슬픈 것임
   을 교시(敎示)한다.
   한국의 일천한 대학사가 적색전제(赤色專制)에의 항의를 가장 높은 영광
   으로 우리는 자부한다.
   근대적 민주주의의 기간은 자유다. 우리에게서 자유는 상실되어가고 있다
   는 것을, 아니 송두리째 박탈되고 있다는 것을 우리는 이성의 혜안으로 직
   시한다.
   이제 막 자유의 전장(戰場)엔 불이 붙기 시작했다. 정당히 가져야 할 권리
   를 탈환하기 위한 자유의 투쟁은 요원의 불길처럼 번져 가고 있다. 자유의
   전역(全域)은 바야흐로 풍성해가고 있는 것이다.
   민주주의와 민중의 공복이며 중립적 권력체인 관료와 경찰은 민주를 위장
   한 가부장적 전제 권력의 하수인을 발 벗었다.
   민주주의 이념의 최저의 공리인 선거권마저 권력의 마수 앞에 농단(壟斷)
   되었다. 언론, 출판, 집회, 결사 및 사상의 자유의 불빛을 무시한 전제 권
   력의 악랄한 발악으로 하여 깜빡이던 빛조차 사라졌다.
   긴 칠흑 같은 밤의 계속이다.

[참고]   김종필, 『JP칼럼』
[참고]   『전태일 평전』, 영화『아름다운 청년 전태일』
[참고]   드라마『모래시계』, 영화『아름다운 외출』
[참고]   박경리, 『토지』, 『시장과 전장』

* 우리의 시대 ― 현대

시간 속의 '현재'를 사회적, 역사적 차원 및 관점에서 보면 '현대'가 된다. 우리는 현대라는 시대 속에서 우리의 인생을 살아간다. 그렇다면 우리의 시대인 현대(뉴 밀레니엄, 21세기)는 어떠한 시대인가? 현대의 삶은 어떠한 것인가? 이 현대라는 시대가 지금 여기 사는 우리 자신들의 인생을 결정한다. 우리의 삶은 이 시대와

나이 어린 학생 김주열의 참시(慘屍)를 보라!
그것은 가식 없는 전제주의 전횡의 발가벗은 나상(裸像)밖에 아무것도 아니다.
저들을 보라! 비굴하게도 위하와 폭력으로써 우리들을 대하려 한다.
우리는 백보를 양보하더라도 인간적으로 부르짖어야 할 같은 학구(學究)의 양심을 강렬히 느낀다.
보라! 우리는 기쁨에 넘쳐 자유의 햇불을 올린다.
보라! 우리는 캄캄한 밤중에 자유의 종을 난타하는 타수(打手)의 일익(一翼)임을 자랑한다.
일제의 철퇴 아래 미칠 듯 자유를 환호한 나의 아버지, 나의 형들과 같이, 양심은 부끄럽지 않다. 외롭지도 않다.
영원한 민주주의의 사수파(死守派)는 영광스럽기만 하다.
보라! 현실의 뒷골목에서 용기 없는 자학을 되씹는 자까지 우리의 대열을 따른다.
나가자! 자유의 비밀은 용기일 뿐이다.
우리의 대열은 이성과 양심과 평화, 그리고 자유에의 열렬한 사랑의 대열이다. 모든 법은 우리를 보장한다."
(1960년 4월 19일, 서울대학교 문리대학 학생 일동)

결코 무관할 수 없다. '현대'는 인생론의 중요한 주제로 다루어져야 한다. 그것은 우리의 인생을 규정하는 시간적 바탕이며 실질적 내용이기 때문이다.[31]

[참고] 이마무라 히토시, 『근대성의 구조』

* 현대의 빛

현대적 삶의 조건들 내지 문제들은 어떤 것인가? 이 시대 즉 현대를 현대로서 규정하는 것은 뭐니 뭐니 해도 '과학, 기술, 산업, 유통, 교통, 통신'이다. 이것들은 각각 현대적 삶의 주요한 실제 조건 중의 하나로서 작용한다. 이것들은 '현대의 빛'이다. 삶에 있어서의 그 혜택은 엄청나다.

현대의 과학은 나노의 단위에서 광년의 단위까지 거의 모든 대상을 속속들이 다 파악해 지식화하고 있으며, 마이크로 칩에서 우주선에 이르기까지 만들지 못할 기술이 없으며 온갖 상품들을 다 만들어내고 그것을 기발한 방법으로 전 세계에 유통시킨다. 또한 우리는 190톤의 비행기를 하늘에 띄워 당연한 듯 구름 위를 날아다닌다. 세계의 모든 도시들은 그렇게 하루 단위로 연결이 된다. 어떠한 대양에도 인간의 배는 다니고 있다. 인간의 발길은 우주까지도 뻗어 나간다. 인터넷은 전 세계의 모든 정보들을 초 단위로 연결해주고, 스마트폰은 전 세계를 손바닥 안에서 다 보여주고, 통화와 통신은 물론 필요한 모든 일들도 다 손바닥 안에서 처리해준

---

31) 이수정, 『인생론 카페』 중 「21세기에 대한 철학적 성찰」 참고.

다. 우리는 그 모든 것들을 '현대인'의 자격으로 향유한다. 그것이 지금 우리의 삶인 것이다.

경쟁, 효율, 성과라는 측면에서 현대를 이해할 수도 있다. 그것은 거의 시대정신(또는 '현대의 이념')이 된 듯하다. 이것들이 또한 삶의 저변에서 현대의 영광을 구축한다. 그러나 그 부정적인 부작용의 측면 또한 없지는 않다.

[참고] 쥘 베른, 『80일간의 세계일주』
[참고] 이시카와 에이스케, 『오에도 신센덴(大江戸神仙伝)』
[참고] 스티븐 스필버그 감독의 영화 『백 투 더 퓨처』
[참고] 최기숙, '성과주의 비판'32)

* 현대의 그늘

그러나 한편으로 '인간성 상실, 비인간화, 도구화, 부품화, 프라이버시 상실(노출, 감시)', '환경오염, 자연파괴, 기후변화', '생명경시' 등도 현대의 주요한 테마가 된다. IT 기기나 TV에 대한 인간의 노예화도 그중 하나다. 이것들은 '현대의 어둠', '현대의 그늘'이다. 이러한 문제들은 이제 인간뿐만이 아니라 지구를 포함한 일체존재의 뿌리를 뒤흔들 정도로, 인류와 지구 자체의 존폐를 걱정할 만큼, 심각한 지경에 이르렀다.33) 그런 한에서 우리는 그 문제들을 현명하게 극복해나가지 않으면 안 된다.

---

32) http://news.mt.co.kr/mtview.php?no=2014050917258296591 참조.
33) 이수정, 『하이데거: 그의 물음들을 묻는다』 중 「하이데거의 시대비판」 참고.

[참고] 하이데거, 『기술과 전향』
[참고] 렉 휘태커, 『프라이버시의 종말』
[참고] 조지 오웰, 『동물농장』
[참고] 국립기상연구소, 『전지구 기후변화 보고서 2012』

[참고] 한스 요나스, 『책임의 원리』
"너의 행위의 효과가 지상에서의 진정한 인간적 삶의 지속과 조화될 수 있도록 행위하라."
"너의 행위의 효과가 인간 생명의 미래의 가능성에 대해 파괴적이지 않도록 행위하라."
"지상에서 인류의 무한한 존속을 가능하게 하는 조건들을 위협하지 말라."
"미래의 인간의 불가침성을 너의 의욕의 동반 대상으로서 현재의 선택에 포함하라."

[참고] 김지하, '생명사상' ─「벼랑」 중에서
삶은 명치 끝에
노을만큼 타다 사위어가는데
온몸 저려오는 소리 있어
살아라
살아라
울부짖는다
한치 틈도 없는 벼랑에 서서
살자 살자고
누군가 부르짖는다

[참고] 김지하, '생명사상' ─「생명」
생명
한줄기 희망이다
캄캄 벼랑에 걸린 이 목숨
한 줄기 희망이다
돌이킬 수도

밀어붙일 수도 없는 이 자리
노랗게 쓰러져 버릴 수도
뿌리쳐 솟구칠 수도 없는
이 마지막 자리
어미가
새끼를 껴안고 울고 있다
생명의 슬픔
한 줄기 희망이다

[참고] IPCC 보고서, '기후변화에 대한 10가지 사실들'

 1. 기후변화는 지금 모든 곳에서 일어나고 있다.
 2. 그리고 빠르게 악화되어가고 있다.
 3. 위험에 처한 건 단지 북극곰, 산호초, 열대우림만은 아니다. 우리 자신이다.
 4. 기후변화는 우리가 이미 유발하고 이겨내려 애쓰는 다른 문제들과 얽혀 있다.
 5. 얼마나 더 악화될 것인가는 우리가 얼마나 더 오염시키느냐에 달려 있다.
 6. 우리 사회의 안보를 위협하고 분쟁을 조장할 정도로 충분히 악화될 수 있다.
 7. 기후 오염을 보다 신속히 줄일 수 있다면 위험은 상당히 줄어들 수 있다.
 8. 우리 역시 적응할 수밖에 없을 것이다.
 9. 그러나 적응에만 의존할 수는 없다.
10. 기후변화의 비용을 제대로 파악할 수 없는 단순한 경제모델에 의존해서도 안 된다.

(블로그 by 그린피스 서울사무소)[34]

---

34) http://www.greenpeace.org/korea/news/blog/ipcc-10/blog/48787/ 참조.

제 **3** 장

삶의 장소 ― 우리는 어디서 사는가?

우리는 어디에서 사는가? 인생의 진실을 통찰하고 파악한 사람이라면 그윽한 미소를 머금고 가만히 손가락을 들어 어딘가를 가리키며 "여기"라고 대답할 수 있을 것이다. 그러나 여기는 도대체 어디인가? … 이 물음에는 다양한 대답이 가능하다. 집, 학교, 서울, 한국, 아시아, 지구, 세계, 우주, 존재계… 이 모든 것이 다 답이다. 이 모든 것이 바로 삶의 장소, 자리, 무대다. 우리는 그런 여기에서 인생을 산다. 이제 이 자리들의 생적 의미를 하나하나 새겨보기로 하자.

■ 장소의 문제에 대한 철학사적 회고 ─────────

σπήλαιο / visible world(pistis)-intelligible world(dianoia) / ποῦ
/ τοπος / Kosmos / Utopia / Welt / Monde / Raum …

[참고] 플라톤, 아리스토텔레스, 모어, 데카르트, 칸트, 후설, 하이데거, 메를
로-퐁티 등

■ 집(가정) ──────────────────

* 집은 인생의 베이스캠프, 삶의 근거지, 세상의 중심

대부분의 인간은 일차적으로 집에서 인생을 살아간다. 집이란
'가정'을 의미한다. 가정은 인생의 근원적인 장소다. 그곳은 물리

적인 공간일 뿐 아니라 또한 생적인 공간이기도 하다. 그곳은 가장 기본적인 삶의 장소, 삶의 터전, 삶의 자리다. 매일 혹은 일정한 기간(term)을 두고 집에서 나와 집으로 돌아가는 70억 인간들의 발걸음, 그 향방을 생각해보라. 집은 '인생의 베이스캠프'라고 할 수 있다. 인생론적인 관점에서 보자면 바로 그 집이 곧 세상의 중심인 것이다. 대부분의 사람들의 하루의 활동을 생각해보라. 그들은 집에서 나와 활동하다가 집으로 돌아가 쉰다. 생활의 한복판에서 물어보라. 우리는 어디서 왔는가? 집에서 왔다. 또 물어보라. 우리는 어디로 갈 것인가? 집으로 간다. 집은 일상생활의 근거지인 것이다. 생활하는 우리는 집에서 나와 집으로 돌아간다. 집이 삶의 근거지임을 바로 이 현상에서 확인할 수 있다. '인생이란 결국 집으로 향하는 기나긴 여정'이라는 말도 가정의 이런 기본성, 근원성, 궁극성을 알려준다.

사람은 원래 집에서 태어나 집에서 살다가 집에서 죽게 된다. 그것이 자연스러운 일이었다. 오늘날은 병원이 그 출생과 죽음의 장소를 대체하고 있지만, 엄밀히 말해 이 경우의 병원은 집의 연장이다. 가족이 거기서 출생과 죽음을 지켜보기 때문이다. 최소한 가족의 관심과 연결된다면, 어느 곳이든 그곳은 '가능적인 집'이라고 보아도 좋다.

[참고] 가스통 바슐라르
"인간은 가정 내의 존재다."

164

* 집의 근본적 가치

인생을 사는 우리는 누구에게나 '집'이 있다. 집은 인생살이의 근본 기반이다. 심지어 집 없는 이른바 거지나 고아, '홈리스'들의 경우도 그들에게는 잠재적인 집이 언제나 있다. 떠나온 집 혹은 돌아갈 집으로. 그들의 '집 없음'이 '문제'라는 사실 자체가 이미 인간들의 삶이 '집'을 기반으로 이루어진다는 근본적 사실을 역으로 증명하는 것이다. '집 없음'은 일종의 한계 혹은 경계다. 행복의 한계 혹은 행복과 불행의 경계다. 그 경계에 서면 집의 소중함을 여실히 깨닫게 된다. 어떤 형태로든 가정의 한계에 서본 사람들은 그 가치를 안다. 가정의 한계란 가정의 위기나 붕괴에서 드러난다. 가정의 결여, 혹은 손상, 그것은 삶의 대표적 불행의 하나가 된다. 가정을 잃으면 삶의 대부분을 잃는 것과 다를 바 없다.

[참고] 예외적인 경우로서의 출가 수도. 석가모니와 예수의 경우. 수행자의 경우

* 안식처로서의 집

집은 삶의 안식처다. 때로 우리는 사막 같은 사회에서, 밀림 같은 사회에서, 삭막하고 살벌하게 삶을 살아간다. 거기서 우리는 하나의 부품[1]처럼 취급되기도 한다. 거기서 우리는 하나의 기능을 해야만 한다. 그러나 집에서 우리는 가장 중요하고 가장 필요한 아

---

1) 하이데거, 『기술과 전향』 참조.

버지 어머니로서, 가장 소중한 아들딸로서, 형제자매로서, 즉 가족의 일원으로서 주인공이 된다. 사회에서는 우리가 '수단'이 되지만, 집에서는 우리가 '목적'이 된다.[2] 집은 또한 사회적 삶의 고단함을 쉴 수 있는 공간이 된다. 휴식과 안식이 거기에 있다. 집은 우리가 거의 유일하게 편하게 신경 쓰지 않고 신발과 양말을 벗을수 있는 곳, 파자마로 지낼 수 있는 곳, 누울 수 있는 곳, 뒹굴 수있는 곳이다. 그러한 성격이 집의 안락성을 현상학적으로 지시한다. 집은 그만큼 편안하고 그리고 소중한 곳이다. 집은 삶의 구원이다. 따라서 우리는 지금까지 특별히 강조된 적이 드문 이 '집'의철학적 의미를 깊이 생각해보아야 한다. '따뜻한 곳', '편안한 곳', '쉴 수 있는 곳', 혹은 '활력의 충전소'로서의 집을 확보하고 유지해가는 데 삶의 일차적인 노력을 쏟아야 한다. 그것이 삶의 행복을위한 기본 조건이 된다.[3]

---

2) 칸트, 『실천이성비판』 참조.
   "그대는 인간을 … 목적으로 대할 것이며, 결코 단순히 수단으로 사용하지 말라(Handle so, daß du die Menschheit sowohl in deiner Person, als in der Person eines jeden anderen jederzeit zugleich als Zweck, niemals bloß als Mittel brauchst)."
3) '행복한 가정을 위한 행동 규칙'
   가능한 한 대화를 많이 나눌 것
   두 사람이 동시에 화를 내지 말 것
   집이 불타지 않는 한 상대방에게 소리 지르지 말 것
   과거의 실수를 들추어내지 말 것
   반려자에게 사랑과 감사의 말을 아끼지 말 것
   언쟁을 해야 한다면 배우자가 이기게 할 것
   비판을 해야 한다면 사랑의 마음으로 할 것
   언쟁을 했다면 화해하지 않은 채 잠자리에 들지 말 것
   잘못을 했다면 솔직히 인정하고 용서를 구할 것

"세상의 인심은 항상 자기중심적이다. 받을 때는 마치 물처럼 받고 줄 때는 마치 피처럼 준다. 마음도 그렇고 물질도 그렇다. 그러나 가정은 그렇지 않다. 가정과 세상의 차이가 거기에 있다."

[참고] 노래 「즐거운 나의 집(Home, Sweet Home)」
환락과 궁궐 가운데를 방황할지라도
초라하지만 나의 집 같은 곳은 어디에도 없네
하늘나라의 매력으로 우리를 유혹할지라도
세상 끝까지 찾아봐도 어디서도 만날 수 없네
나의 집 나의 집, 즐거운 나의 집[4]

* 가족

그런데 집이란 가족구성원이 맞물려 움직이는 곳이다. 그 실체는 가족관계의 얽힘이다. 거기에는 부모, 형제, 자매, 자녀 …가 있다. 조부모와 손주도 있을 수 있다. 경우에 따라서는 이모, 고모, 삼촌, 조카도 있을 수 있다.[5] 거기서 우리는 그 가족과 함께 살고 있다. 가정이란 한 남자와 한 여자의 존재, 만남, 사랑으로 시작된

---

4) Mid pleasures and palaces though we may roam,
   Be it ever so humble, there's no place like home;
   A charm from the skies seems to hallow us there,
   Which, seek through the world, is ne'er met with elsewhere.
   … There's no place like Home!

5) 요즈음은 대체로 부모와 자녀, 핵가족이 대세며 심지어 독신 가정도 적지 않지만 예전에는 사촌까지도 당연히 가족으로 간주되던 시대도 있었다. 숙모, 백모, 형수, 제수 등 친족 모두가 경우에 따라 가족의 범위에 들 수도 있다. 입양을 포함해 가족관계의 구성은 실로 다양하며 일양적으로 재단할 수 없다.

다. 그것은 원리적으로 동침, 임신, 출산을 동반한다. 그것으로 하나의 가정이 성립된다. 그것은 다시 한 여자 또는 한 남자의 존재, 만남, 사랑으로 이어지고 그것은 또 하나의 가정으로 이어진다. 그모든 것이 생적 원리이며, 넓게 보면 또한 자연의 이치다.

그 핵심에 '가족'이 있는 것이다. '가족'은 살벌한 세상살이에서 든든한 아군이 된다. (물론 경우에 따라서는 그 가족이 '웬수'가 되는 경우도 없지는 않다.) 아프리오리한 본능적인 '혈연의 정'이 그 가족의 끈을 연결한다. 인생의 행복과 성공을 생각한다면 무엇보다도 그 가족의 가치를 잊지 말고 또한 잃지 말아야 한다. 가족 간의 '화목'과 '반목'은 인생의 행복 및 불행과 직결되는 기본 요인이 된다. 사람들이 '가화만사성(家和萬事成)'을 강조하는 것도 그 때문이다. "오늘이 지나면 다시 못 볼 사람처럼 가족을 대하라" 는 시중의 저 말도, 좀 상투적이기는 하지만, 가족의 화목을 위해 충분히 고려해야 할 자세가 아닐 수 없다.

[참고] 린위탕, 『생활의 발견』 중 「가정의 즐거움」
[참고] 입양,[6] 독신생활
[참고] 미국 드라마 『초원의 집』, 『월튼 가족』
[참고] EBS 다큐멘터리 『가족의 발견』

* 두 개의 가정

단, 태어나 사는 곳이 우리의 영원한 가정은 아니다. 인생에서 우리 인간들은 보통 두 개의 가정을 갖게 된다. 자녀 및 형제자매

---

6) 이수정, 『진리 갤러리』 중 「어느 파티에서」 참고.

로서 사는 '1차 가정'과 부부 및 부모로서 사는 '2차 가정'이 그것 이다. 1차 가정은 출생으로 시작되며, 2차 가정은 결혼으로 시작된 다.

삶의 1단계에서는 장차 이룰 가정, 이 2차 가정을 위해 준비할 필요가 있다. 그것은 자신의 권한과 책임으로 만들어가는 것이다. 그것은 어떤 점에서 자신의 왕국이다. 그 전환 과정에서 여러 갈등 (예컨대 고부간의 갈등, 시누이와 올케의 갈등, 부모와 자식의 갈 등)이 현실적으로 생겨날 수 있다. 무엇보다도 이 과정에서는 '나' 와 '우리'라는 것의 내포적 의미가 미묘한 변화를 겪게 되기 때문 이다. 아들과 딸은 남편과 아내가 되고 아빠와 엄마, 그리고 사위 와 며느리가 된다. 그냥 '우리 집'이었던 것이 내 새로운 가족의 '시댁'이 되고 '처가'가 되기도 한다. 우리 집은 따로 '본가'가 되 기도 한다. 그저 좋기만 했던 아버지와 어머니도 시아버지와 시어 머니가 되고 장인과 장모가 된다. 그러한 변화가 온갖 가정사적인 문제들을 야기할 수 있다. 그 문제들에 지혜롭게 대처하자. 1차 가 정에서 2차 가정으로의 이행은 자연스러운 것이다. 이 자연스러움 에 저항하는 것은 어리석음이다. 이 어리석음에 빠져 자신의 인생 을 희생하는 바보가 되지는 말아야 한다.

* 주택의 의미

그런데 집이 가정만을 의미하는 것은 아니다. 집이란 '주택'을 의미하기도 한다. 세상은 그런 집들로 가득 차 있고, 집들이 곧 세 상의 풍경을 연출한다. 가정적 삶에 있어서 이 '주택'의 의미도 무시할 수 없다. 주택은 우리의 생활의 중요한 여건이기 때문이다.
많은 경우 주택은 인생의 중요한 목표가 된다. 많은 사람들이 '좋
은 집'을 갖고 거기서 살고 싶어 한다. 한국의 경우 '내 집'에 대한
집착은 남다르다. 그렇다면 주택문화에 대해서도 생각해볼 필요가
있다. 외국은 단독주택을 대체로 선호한다. 그런데 우리나라는 특
이하게도 아파트를 선호한다. 주택이 '사는' 곳으로서가 아니라 부
동산, 즉 재산으로 인식되고 있기 때문이다. 경제적인 욕망과 실용
적 편의가 왜곡된 주택문화를 조장하고, 그것이 동네의 풍경을 망
가뜨린다. 이른바 스카이라인을 훼손하여 삶의 질을 저하시킨다.
그것은 또 관광자원을 훼손하여 결과적으로 국가경제에도 손해를
가져온다. 어차피 거기에서 살아야만 한다면 아파트에도 디자인
개념을 적극 반영할 필요가 있다. 아름다운 집들이 대지 위에 가득
하기를 기대해보자. 특히 지붕과 정원의 미학적 가치를 버리지 말
자. 아름다운 집들을 세우는 일이 자신의 일부 즉 대지를 우리 인
간에게 내어준 자연에게 그나마 보답하는 것임을 명심해두자.

[참고] 독일의 하우스(Haus)와 보눙(Wohnung)
[참고] 한국과 유럽의 달동네, 언덕의 의미
[참고] 동베를린의 고층아파트 — "노동자 코인로커"
[참고] 일본의 아파토(アパート), 만숀(マンション), 잇코다테(一戸建)
[참고] 2008년 세계금융위기 — 모기지론(mortgage lone), 즉 주택담보대출
의 부실
[참고] '건축'과 '거주'

* 학교의 중요성 ― 인생의 조건을 준비하는 곳

　우리 인간들은 사실상 인생의 상당한 시간을 학교에서 보낸다. 삶에 관한 우리 기억들의 상당 부분이 학교를 그 무대로 하고 있다. 유치원, 초등학교, 중학교, 고등학교, 대학교, 대학원 …. 줄잡아 20년 전후가 된다. 인생을 대략 80년 전후로 본다면, 그 4분의 1을 학교에 다니며 사는 셈이다. 거기서 우리는 인생의 본론부를 준비한다. 학교는 사실상 인생의 결정적 변수로 작용한다. 학교를 다니며 인간은 비로소 인간다운 인간이 된다. 이런저런 이유로 학교생활을 제대로 하지 못한 사람들은 인생에서 큰 불이익을 겪기도 한다. 학교는 본질상 '배우는 곳'이다. '공부하는 곳'이다. 그 배움과 공부로 우리는 지식과 실력과 인품을 키워나간다. 그러나 '배운다', '공부한다'고 해서 단순히 지식만을 전수받는 것은 아니다. 친구와의 우정, 경쟁, 협력, 스승의 감화, 사람과의 만남, 책과의 만남 등등, 거기에는 삶의 갖가지 실질적인 내용들이 체험되기도 한다. 그 교육과정에서는 이른바 지육, 덕육, 예육, 체육이 수행되면서 지성과 덕성과 감성과 건강을 함양해간다. 그 결과 종합적인 하나의 인격체, 인재로 자라나는 것이다. 학교에서의 배움과 공부는 이윽고 직장으로 연결되는 통로가 된다. 학교가 '좋은' 곳이어야 할 필요가 거기에 있다. 특히 대학은 인생의 구체적인 여러 양상들을 결정한다. 한국에서는 대학 4년이 이른바 '학벌'이 되고, 학연으로 연결되면서 향후의 40년을 좌우하기도 한다. 이는 한국

사회의 큰 병폐가 되기도 한다.

[참고] 『탈무드』, 랍비 요하난 벤 자카이
"탈무드를 지킬 방 한 칸만 있으면…"

[참고] 아카데메이아, 뤼케이온, 스토아 포이킬레
[참고] 야스퍼스, 『대학의 본질』
[참고] 하이데거, 『독일대학의 자기주장』
[참고] 이승원, 『학교의 탄생』(휴머니스트)[7]
[참고] EBS 다큐멘터리 『학교의 발견』[8]

* 학교의 구성과 본질

학교는 기본적으로 학생을 가르쳐 '인재' 내지 '사람'을 양성해
내는 곳이다. 학생은 배움을 통해 인재 내지 사람으로 자라난다.
배움을 통해 사람의 영혼의 모습이 달라질 수도 있다. 세상에서는
얼굴을 뜯어고치는 성형이 유행이지만 "정작 성형을 해야 할 것은
… 심상, 즉 영혼의 모습이다. 그것을 해야 할 성형외과가 곧 학교
고 그 집도를 해야 할 이들이 곧 교사다."

---

7) 우리 역사에 최초로 등장한 학교는 372년(고구려 소수림왕 2년)에 세워진
   태학(太學)이다. 역사적으로 보면 고구려의 태학, 신라의 국학(國學), 고려
   의 국자감(國子監), 그리고 조선시대의 성균관(成均館), 향교(鄕校), 사부
   학당(四部學堂) 등이 공교육 기관에 속한다. 서원(書院)과 서당(書堂)은
   사교육의 역할을 담당했다.

8) 2014년 1월 13일부터 15일까지 방송.
   1부 '뉴턴, 학교를 만나다'
   2부 '아인슈타인, 천국에서의 1년'
   3부 '미래를 준비하는 학교'

가르침과 배움, 학생과 선생의 관계가 학교를 구성한다. (따라서 간판과 시설을 갖춘 학교가 아니더라도 선생과 학생, 가르침과 배움이 있는 곳이라면 그곳이 바로 넓은 의미의 학교가 된다.) 이 둘이 학교의 핵심이다. 거기에 재단, 직원 등이 요소의 한 축을 담당한다. 학교에 존재하는 수백, 수천, 수만의 인간들이 모두 이 셋 중의 어느 하나에 속한다는 사실을 상기해보라. 학생이 제1요소, 선생이 제2요소, 직원이 제3요소다. 그 각각의 본질을 생각해보자. 학생의 본질은 '배움(學)'에 있다. 선생의 본질은 '가르침(敎)'에 있다. 직원의 본질은 '지원'에 있다. 배움을 위해서는 '공부'가 전제된다. 가르침을 위해서는 '연구'가 전제된다. 어떠한 경우에도 이 기본적인 본질이 망각되어서는 안 된다. 모든 '문제'는 본질의 망각에서 온다. 그런데 사람들은 너무나도 쉽게, 너무나도 자주 이 본질을 잊어버린다. 학교의 경우도 예외가 아니다.9)

지금 우리들의 학교는 어떠한가. 거의 지옥이 아닌가. 수많은 사람들이 교육 때문에 조국을 등지기도 하고 심지어 목숨을 던지기도 한다. 이런 비극이 어디 있는가. 일부 학생들은 학교생활을 통해 괴물로 자라난다. 그 공부의 구체적인 내용이 어떤 것인가에 대한 진지한 성찰도 거의 실종되고, 오로지 암기와 시험과 점수와 성적만이 학교의 구체적 존재로 남겨진 양상이다. 입학은 어렵고 졸업은 쉬운, 이런 학교는 결코 제대로 된 학교라고 말할 수 없다. 학교의 '본질 회복 운동'을 펼쳐나가자.

---

9) 이수정, 「학교의 풍경」, 『경남도민신문』 참고.

[참고] 듀이, 『학교와 사회』, 『내일의 학교』, 『민주주의와 교육』, 『경험과 교육』

[참고] 유대인의 교육[10]

[참고] 알퐁스 도데, 『마지막 수업』; 심훈, 『상록수』

■ 사회(동네와 마을, 지역과 고장, 커뮤니티) ──────

* 삶의 본무대

사회는 인생의 본론부가 전개되는 실질적인 장소다. 더욱이 그것은 실천적인 장소다. 우리의 삶은 사회에서 그 실질을 얻어 구체화된다. 삶의 온갖 희로애락[11]이 바로 여기에서 펼쳐진다. 사회는 냉엄한 곳이다. 그곳은 치열한 생존경쟁이 펼쳐지는 곳, 삭막한 사막과도 같고 살벌한 밀림과도 같은 곳이다. 그러나 그곳은 또한 숲속의 보물찾기처럼 삶의 온갖 행복들이 숨겨져 있는 곳이기도 하다. 누구는 거기서 행복을 발견하기도 하고 누구는 거기서 불행의 늪에 빠져 허우적대기도 하고 누구는 거기서 지뢰를 밟기도 한다.

그러나 사회라는 개념은 대단히 포괄적이다. 동네, 마을, 지역(지방), 고장, 직장, 군대, 국가, 세계(국제사회) 등이 모두 다 사회의 구체적인 형태들이다.[12]

──────────

10) 이수정, 『인생론 카페』 중 「배워야 할 유대인」 참고.

11) 이 표현은 『장자』에서 이미 그 모습을 드러낸다.

12) 사회(社會, society)는 정치, 문화, 제도적으로 독자성을 지닌 공통의 관심과 신념, 이해에 기반한 2인 이상의 개인적 집합, 결사체다. 소규모의 가족에서부터 학교와 직장, 전체 사회 및 그 일부인 정치사회, 경제사회, 시

* 동네와 마을 ─ 사회의 기초

'생활의 반경'인 동네와 마을은 오랜 세월 동안 기초적인 사회적 삶의 기본 단위로서 그 기능을 수행해왔다. 그러나 오늘날 그것은 도시화와 산업화 속에서 급격히 그 기능, 역할, 의미를 상실해가고 있다. 우리는 그 기능을 회복해야 한다. 회복이 무리라면 최소한의 유지를 위해서라도 노력할 필요가 있다. 동네와 마을은 놀

민사회, 노동사회, 문화사회 등을 지칭한다. 사회는 '한국사회', '중국사회'와 같이 국가에 따라, '쿠르드 사회'와 같이 민족에 따라 구분하기도 하고, 문화, 지역에 따라 구분하기도 하나, 그 기준은 연구 대상과 관점에 따라 다르다. 오늘날 사회 개념은 무한 확장하여 세계사회, 지구사회는 물론 동물사회 등을 일컫기도 한다. 그러나 엄격히 말해 사회는 근대 이행기에 생성된 신개념으로 봉건사회나 원시사회 등과는 구별할 필요가 있다. 사회 구성에 대한 연구는 문화, 정치, 신념 등의 기준에 따른 자발적 구성에 주목하기도 한다.

사회라는 말은 영어 낱말 'society(소사이어티)'를 한자어로 번역한 것이다. 원래 중국 고전에 등장하는 '사회(社會)'라는 단어의 용례는 '제의(祭儀)를 위한 특수한 모임'으로 오늘날의 뜻과는 다르며, 개별 한자의 뜻도 '모일 사', '모일 회'로 개별 한자의 의미에서 전체적인 의미가 도출되지 않는다. 번역 작업 시 일본(최초는 모리 아리모리)에서는 유럽의 'society'에 해당하는 개념이나 실체가 없었으므로, 처음에는 한자에 있는 얼추 비슷한 뜻으로 여겨지는 다른 단어를 인용하여 번역했다가, 고전에서 찾아낸 이 낯선 번역어에 서구적인 의미를 덧씌워 정착하게 되었다. 일본의 번역어를 수입한 한국어, 중국어, 베트남어에서 '社會'라는 한자를 각각 자국 발음으로 읽는 단어를 쓰고 있다. 영어 'society'는 프랑스어의 'société'를 도입한 것이고, 이는 라틴어 'societas'에서 온 말이다. 라틴어 'societas'는 동료, 동업자 등의 관계를 포함한 친근한 사람들을 일컫는 말이었다. (위키 백과 참조)

이의 장, 사귐의 장, 나눔의 장, 협동의 장, 배움의 장이다. 이를테면 거기에는 본받을 동네 어른이 있고, 상담할 선배가 있고, 함께 놀고 협력할 친구가 있고, 이끌어줄 후배가 있다. 거기에는 골목이 있고, 이웃이 있고, 가게가 있고, 관공서가 있고, 놀이터가 있고, 학교가 있다. 거기에서 온갖 종류의 기본적인 생적 관계들이 형성된다. 생적 행위들이 시동된다. 거기에서 '오가는 마음'들이 사라진다는 것은 애석한 일이다. 예컨대 위로와 격려, 자극과 배려, 훈계와 충고… 이런 것들이 지금 삶의 공간에서 사라져간다. 삭막한 아파트의 단지 명칭에 'ㅇㅇ마을'이라는 것이 드물지 않게 보이는 것은 그러한 삶에 대한 그리움과 동경, 아쉬움과 안타까움의 한 흔적은 아닐까.

[참고] 새마을운동 – 근면, 자조, 협동

* 지역과 고장 — 사회적 생활권의 한 중간 단위

지역과 고장도 무시할 수 없는 삶의 조건으로 작용한다. 지역의 '색깔'이 우리의 인격에 적지 않은 영향을 끼치기도 한다. 서울 깍쟁이, 시골 순둥이 같은 별명들도 은연중에 그런 경향을 표현한다. 각 시도별로 지역적 특색이 운운되기도 한다. 교통과 통신과 미디어의 발달로 그리고 수도권 집중으로 오늘날 이러한 지역색은 거의 희석돼간다. 그러나 역사, 환경, 산업 등이 다른 만큼, 지역의 특색이 완전히 사라질 수는 없다. 삶의 다양성을 위해서도 지역의 다양성은 살려가는 것이 바람직하다. 그러나 지역의 불균형, 편견은 제거하는 것이 당연히 좋다. 그러한 제거는 사회적 과제의 하나가 되기도 한다. 그러나 순수한 '애향심', '자긍심'은 이와는 달리 긍정적인 측면도 분명히 있다.

[참고]   지역이기주의, 지역감정 · 지역차별 · 지역갈등, 지역연고주의의 문제
[참고]   님비 현상

* 커뮤니티

오늘날의 사회적 삶에서 큰 부분을 차지하게 된 것이 각종 '커뮤니티' 활동들이다. 동네 반상회에서 각종 '모임(회)'을 거쳐 국제적인 '○○연대'에 이르기까지 무수히 많은 커뮤니티들이 현실 사회에 존재한다. 이른바 '동호회'나 '계'도 그런 것이고 '학회'라는 것도 그런 것이다. 요사이는 이것이 이른바 SNS로 맹위를 떨치며 전 세계를 커버한다. 인터넷상의 '○○카페'도 그런 것이다. 그런 곳이 세상의 일부를 형성하면서 우리의 인생에 미치는 영향을 이제는 그 누구도 과소평가할 수 없게 되었다. 단, 그 활동의 내용에 대해서도 한 번쯤은 철학적 반성의 눈길을 보내야 한다. 거기에 모여서 도대체 무엇을 하고 있는지. 그것이 인생에 얼마나 기여하는지.

[참고]   미국의 '커뮤니티 칼리지'

■ 직장 —————————————————————

* 직장 — 생존의 조건

　우리는 본격적인 인생의 중요한 부분을 직장에서 보낸다. 직장 즉 일터는 인간의 삶을 위한 결정적 조건이요, 기본적 터전이다. 현실적으로 인간들은 일을 하지 않으면 살 수 없다. 직장은 그 일, 즉 직업이 영위되는 자리다. 직장의 획득이 곧 본격적인 인생의 시작이 된다.

　단, 이른바 회사나 기관만이 직장인 것은 아니다. 농부에게는 대지가, 어부에게는 바다가, 비행사에게는 하늘이, 선생에게는 학교가, 노점상에게는 거리가, 선수에게는 경기장이, 배우에게는 무대가 직장이다. '일'이 영위되는 장소가 곧 직장이며, 빌딩, 사무실 등 물리적인 공간은 부차적이다. 이른바 재택근무의 경우는 집이 곧 동시에 직장이 된다.

　무수한 간판들! 방들! 그것들은 모두 다 그곳이 직장이며 그것이 참으로 다양함을 알려준다. 취업률, 실업률 등이 심각한 사회적 문제가 된다는 것은 직장이라는 것이 삶의 필수적 요소임을 역으로 알려준다.

[참고]　중국 민간가요 「격양가(擊壤歌)」
"해 뜨면 일하고 해지면 쉬고 우물 파서 마시고 밭 갈아 먹고, 임금의 힘이 내게 어찌 있단 말인가(日出而作 日入而息 鑿井而飲 耕田而食 帝力於我何有哉)."

178

[참고] *Time*, 2009년 5월 25일자, "The Future of Work" — 미래 직장의 변화 모습을 10가지 테마로 분석

* 직장의 구성과 본질

직장에는 동료와 상사와 부하가 있다. 그리고 가능적인 모든 고객이 있다. (관공서라면 시민이, 학교라면 학생이, 병원이라면 환자가 고객이 된다.) 그들과의 인간관계 속에서 직장의 인생은 전개되며 그 내용적 구체성을 얻게 된다. 어쩌면 가족보다도 더 많은 시간을 그들과 함께 보낸다. 인생을 위해서도 그들과의 원활한 관계를 위해 노력해야 한다.

직장은 '일'을 하는 곳이다. '일'이 영위되는 곳이다. 거기에는 '일'이 있다. 본격적인 인생의 거의 대부분이 사실상 이 일로써 채워진다. 일에는 각각의 목적이 있다. 본질이 있다. 그 일, 주어진 일에서 최선을 다하자. 일에서는 차선으로 만족하지 말자. 최선의 것을 향해 나아가자. '장인(마이스터)'이 되도록 노력하자. 건실한 직업관이 사회의 기반이 되어야 한다. 그래야 탄탄한 사회가 될 수 있다. 그런 일터를 만들자.

직장은 또한 일을 통해 돈을 버는 곳이다. '돈벌이'가 직장의 존재이유다. 돈은 거저 벌리는 것이 아니다. 돈이 '생존'과 '생활'을 위한 기본 조건임을 인식하고 '돈값'을 하도록 해야 한다. 그것은 인생론적 정의에 해당한다.

[참고] 일본 시니세, 독일 맥주집, 소시지집, 도서관

[참고] 장 칼뱅, '직업소명설'13)
[참고] 김훈, 『밥벌이의 지겨움』

■ 국가 — 공공적 삶의 기본 장소

* 인생에서의 국가의 중요성

국가는 우리에게 필연적으로 관련된 중요한 인생의 장소다. 국가의 온갖 상태들이 인생의 직접적인 조건, 여건으로서 실질적으로 작용한다. 그렇기 때문에 이 국가의 '상태'에 관심을 가지고 그 개선 내지 발전에 힘써야 한다. 한 국가의 구성원들의 삶의 수준이 높아졌을 때, 그 국가의 전체적 수준도 높아진다. 그 역도 또한 마찬가지다. 국민과 국가의 영향관계는 상호 순환적이다. 국민과 국가의 전체적인 수준 향상은 쉽지 않은 일이다. 그러나 노력 없이는 영광도 없다. 외국을 체험할 경우 감추어져 있던 국가의 중요성이 확고히 인식된다. 국가가 위기에 처할 경우, 국가를 상실할 경우, 그 소중함을 뼈저리게 느낄 수 있다. 식민지 시대를 생각해보라. 좋은 인생을 바란다면 좋은 국가의 형성에 기여하자. 지상에는 대략 245개의 국가가 존재하는데, 인생의 조건인 그 국가들의 양상은 각각 너무나도 다르다. 상식도 관례도 법규도 제도도 …. 또한 삶의 질도. 그 모든 것도 결국은 인간들의 인생이 만든 것임을 명

---

13) 모든 직업이 하나님의 거룩한 부름에 의한 거룩한 직업이라는 장 칼뱅의 직업윤리. 목사나 사제 등의 성직만 거룩한 게 아니라, 일반 직업도 하나님께서 허락하신 거룩한 일이라는 것이 직업소명설의 핵심이다. 주로 상공업자들에게 지지를 받았다. (위키 백과 참조)

심해두자.

[참고]   플라톤, 『국가』14)
[참고]   헤겔, 『정신현상학』 - '인륜(Sittlichkeit)'으로서의 국가
[참고]   올림픽, 월드컵, 세계선수권 등에서의 국가대표와 국가적 응원 현상

* 한국의 실상

우리 경우의 구체적인 국가는 '한국'이다. 한국의 질이 한국인의 삶의 질을 결정한다. 따라서 한국에 대한 진단과 처방은 한국인의 인생을 위한 필수적 노력이 되어야 한다.

'한국'은 어떤 국가인가? 동방예의지국, 사계절이 뚜렷하고 풍광

---

14) 주요 내용은 다음과 같다.
　　제1권 정의(正義)에 대한 정의
　　제2권 정의의 본질과 기원 - 수호자의 교육에 대한 논의
　　제3권 수호자들을 위한 교육법: 시가, 음악, 체육 - 통치자의 자격
　　제4권 수호자의 행복 - 수호자들이 경계해야 할 것: 부, 가난. 중시해야 할 것: 교육, 양육, 입법. 훌륭한 국가에 필요한 덕목: 지혜, 용기, 절제, 정의 - 정의로운 사람에 대한 정의
　　제5권 남녀평등에 대한 논의 - 아내, 자식 공유의 문제 - 철학자가 다스리는 이상국가
　　제6권 철학자가 국가를 다스려야 하는 이유 - 선의 이데아(태양의 비유로 선의 이데아를 설명)
　　제7권 선의 이데아(동굴의 비유로 선의 이데아를 설명) - 동굴에서 빠져나오기 위해 필요한 학문: 수학, 기하학, 천문학, 변증론 - 수호자의 선발과 교육방법
　　제8권 잘못된 국가 체제: 명예체제, 과두체제, 민주체제, 참주체제
　　제9권 참주의 성향과 불행한 인간인 참주 - 가장 행복한 인간은 지혜를 사랑하는 자 - 지혜를 사랑하는 자의 쾌락
　　제10권 모방에 대한 부정적인 반응 - 영혼 불멸설 (위키 백과 참조)

이 고운 나라, 단일민족국가, 분단국가… 그렇게 사람들은 대답한다. 그러나 그것은 이미 아닌 경우도 있고, 한국만의 특징이 아닌 경우도 있다.

지난 세월의 여러 재난들[15]을 겸허히 생각해보라. 너무나 부끄러운 모습들이 있다. 그 가장 중요한 원인은 무엇인가? 사고와 구조다. 그것은 결국 우리의 사고가 성숙하지 못했기 때문이다. 구조가 건실하지 못했기 때문이다. 그 해결책은 무엇인가? 각자 맡은 자리에서 그 역할을 수행하는 최고의 사람이 되면 된다. 한 걸음이라도 내딛고 올라가야 한다. 천박한 가치관을 수정하자. 뒤틀린 구조를 바로잡자.[16] 각성과 노력이 없으면 희망도 없다.

'한국의 좋은 점은 무엇인가?'라고 우리는 묻는다.

정(情), 우수한 개인, 교육열, 역동성, 자존심, 창조성 등이라고 사람들은 흔히 답한다. '인재', '인정', '열정'은 대표적인 장점이 될 수 있다.

'한국의 나쁜 점은 무엇인가?'라고 우리는 묻는다.

빨리빨리, 적당히, 냄비 현상, 정실주의, 가치 집중, 학벌 및 파벌주의, 지역주의, 교육 지옥 등이라고 사람들은 흔히 답한다. '성급', '피상', '정실' 등은 대표적인 단점이 될 수 있다.

많은 사람들이 그 장단점을 잘 알고 있다. 논의도 많다. 그런데

---

15) 이수정, 「아, 이 기막힌 세월」, 『경남도민신문』 참고.

16) 이수정, 『인생론 카페』 중 「거리의 상대성」, 「서민주의라는 이름의 윤리」, 「일본의 패전?」, 「배워야 할 유대인」, 「한국인의 자화상」, 「국가의 등급」, 「일본의 무사도」, 「세계 앞에서 미래 앞에서」, 「왜 일본은…?」 그리고 『진리 갤러리』 중 「영토」, 「이만하면 거의」, 「미국을 아세요?」, 「싸이 현상」, 「미국에서 꾸는 꿈」, 「작품명 Paris」 등 참고.

도 좀처럼 나아지지 않는 것은 장점을 살려나가지 못하게 하는 고약한 사고와 구조가 견고하기 때문이다. 그것을 깨트리지 못하면 발전과 도약은 요원하다. 진정한 의미의 선진국을 목표로 설정하고 한 걸음 한 걸음 착실하게 나아가지 않으면 안 된다. 세상을 둘러보면 배울 만한 모델은 얼마든지 있다.

[참고]   동아일보사,『한국인 진단』
[참고]   쿠로다 카츠히로,『한국인 당신은 누구인가』
[참고]   김대환,『한국인의 자기발견』
[참고]   박종홍, '한국의 현실'[17)]

■ 세계(국제사회) ───────────────

* 좁아진 세계, 가까워진 세계

세계는 국가와 국가 간의 집합체, 국제사회다. 그것은 모든 국가와 모든 민족, 모든 인종을 포괄한다. 특히 '외국(들)'의 존재가 그 실질적 내용을 구성한다. 세계는 전 지구를 그 범위로 삼는다. 그것은 이제 하나의 생활권으로 좁아졌다. 마르코 폴로, 콜럼버스, '80일간의 세계일주' 당시와 지금을 비교해보라. 지금은 삶의 현장에서(손끝, 발끝, 눈끝에서) 이메일, 비행기, 위성방송 등으로 세계가 곧바로 연결된다. 교육 이민, 세계선수권, 국제학술대회 등의 경우도 모두 세계가 이미 보통사람들의 삶의 무대가 되었음을 보여준다. 일반화된 해외여행도 그 하나의 예다. 세계 어디를 가더라

───────────────
17) 이수정,「박종홍 철학의 구조」참고.

도 한국인과 한국 제품을 쉽게 발견할 수 있게 되었다. 또한 한국에서도 세계 각국의 사람들과 물건들을 너무나 쉽게 발견할 수 있다.

국가 간의 상호 영향은 당연히 증대되었다. UN, G8, NATO, IOC, FIFA, ASEM, APEC, IMF 등은 이제 우리들의 생활에 직접 맞닿아 있다. 그것은 이제 나 자신의 인생과도 결코 무관할 수 없게 되었다. 미국과 일본의 경기불황이 세계의 불황으로 이어지고, 동남아시아의 통화위기가 한국의 IMF로 연결되기도 했다. 세계가 이제 하나의 유기체로서 움직인다. 그런 시대이니 이제 세계를 삶의 무대로 설정하자. 그리고 '영어'라는 열쇠로 세계로 통하는 그 문을 열고 나가자. 한국인 중에서도 이미 세계를 무대로 활동하는 인물이 너무나 많다. 예컨대 반기문, 조수미, 정명훈, 강수진, 보아, 박찬호, 박세리, 박지성, 추신수, 김연아, 싸이 등등.18)19) 그들을 닮자.

[참고] 하이데거, 『존재와 시간』, '세계-내-존재', '세계' 개념
[참고] '한류' 현상

---

18) 시골에서 태어나 자란 나 자신의 삶도 이미 세계를 무대로 전개되고 있다. 내 수첩에 적힌 지인들의 이름을 보자. 히로카와 토루, 탕 신자오, 페터 푀르트너, 피터 오코너, 마리-폴 게랑, 파올라-루도비카 코리안도, 알베르토 로드리게스, 파팔렉산드로폴로스 스틸리아노스… 그 이름들은 이미 세계를 한 바퀴 돌고 있다.

19) 이수정, 『인생론 카페』 중 「세계 앞에서 미래 앞에서」 참고.

■ 지구(자연) ― 삶의 환경 ────────────

* 자연의 은덕

　우리 인간은 보통 도시나 촌락에서 인생을 산다. 그러나 도시나 촌락이 끝나는 곳에 자연이 있다. 도시나 촌락은 자연 가운데 터 잡고 있다. 그래서 인간은 자연을 환경이라고도 부른다. 애당초 도시는 자연 위에, 자연의 희생 위에 건설된 것이다. 자연은 인간의 삶을 위해 그 대지를 내어줬다. 강과 산, 바다도 내어줬다. 아니, 그뿐 아니라 온갖 자원과 동식물 그리고 아름다움까지도 인간의 삶을 위해서 제공한다.20) (그 이전에 이미 지수화풍 같은 요소들도 내어줬다.) 그것은 우리에게 활력을 주기도 한다. 자연은 필요한 곳일 뿐 아니라, 또한 아름다운 곳이다. 따라서 좋은 곳이다. 고마운 곳이다. 인간은 자연에게 감사해야 한다.21)

　그 자연이 다름 아닌 지구에 있다. 우리는 그 지구에서 우리의 삶을 사는 것이다. 지구는 이 광활한 우주에서 유일하게 생명체가 살고 있는 곳, 살 수 있는 곳이다. 지구는 그야말로 신비의 별이다. 그것을 인식한다면 경탄과 감사를 금할 도리가 없다. 이 지구의 보전이 이제 인류의 의무와 과제가 되고 말았다. 지키느냐 죽느냐, 그것이 문제로다.

────────────

20) 『구약성서』의 「창세기」가 이러한 현상, 즉 '자연에 대한 인간의 관리'를 상징적으로 말해준다.
21) 이수정, 『인생론 카페』 중 「자연의 야누스적 두 얼굴」 참고.

[참고] 필 보스만스

"예정으로 가득 찬 달력, 다른 사람들과의 약속으로 인한 분주함? 삶의 피로와 지나치거나 불필요한 물건들의 좁은 세계에 갇혀 있음? 숲으로 가라! 거기에 봄이 있다. 거기서 나무들이 너를 기다린다. 침묵하면서 고요로 지내는, 마지막 가지 끝까지 올라가는 수액으로 사는 멋진 나무들. 거기서 새들이 너를 위해 노래한다.

숲으로 가라! 한 나무 아래에 너를 누이고, 풀줄기 하나를 입에다 물고 그리고 성스러운 저 무위(Nichtstun, 아무것도 하지 않음)를 즐겨라. 그러면 가장 좋은 생각과 가장 아름다운 꿈들이 너에게 찾아오리라. 그러면 너의 벽들 뒤에 있는 저 문제들도 다 사라지리라."

* 자연에 대한 인간의 배은망덕

환경으로서의 자연은 발전과 진보라는 미명하에 파괴, 상실되고 있다. 자연은 지금 기후변화, 오염, 자원고갈 등으로 신음하고 있다. 그것은 삶의 황폐화로 연결된다. 인간은 자연이 많은 것을 내어준 그 은혜를 잊고 있다. 탐욕적 인간중심주의에 기초한 무분별한 개발은 이제 자연의 아름다움조차도 가차 없이 훼손하고 있다. 심지어는 인간의 삶 그 자체를 위협하는 심각한 지경에까지 이르렀다.22) 그 뿌리는 근대에 있다. 이른바 '주관'에 대해 '객관'으로

---

22) 이수정, 『푸른 시간들』 중 「이곳이 그곳」

　　1.
　　너는 아니? 이곳이 어딘지

　　아름다운 이곳은 너와 내가 사는 곳
　　햇살 따스한 곳
　　바람 시원한 곳
　　민들레꽃 벚꽃 진달래꽃 … 온갖 꽃 예쁘게 피어나는 곳

설정된 자연은 삶의 보금자리에서 인식의 대상, 탐구의 대상, 이해의 대상, 극복의 대상, 정복의 대상, 이용의 대상으로 변모했다.

벌나비 붕붕 하늘하늘 날아다니는 곳
녹음 푸르른 곳
단풍 고운 곳
함박눈 소록소록 나려서 소복소복 쌓이는 곳
시냇물 졸졸 흐르고 파도 철썩이는 곳
햇빛 찬란하고 별빛 초롱초롱하고 달빛 은은한 곳
다람쥐 쪼르르 달리고 박새 휘파람새 지저귀는 곳
송사리와 날치와 돌고래들이 크게 작게 신나게
저마다의 물살을 가르는 곳
이곳은
그녀들과 그들이 서로 마주보고 웃는 곳
안고 입맞추고 숭고한 사랑을 나누는 곳
대대손손 자식을 낳고 행복을 더듬는 곳
까마득한 태초에 높고높은 그분이
성스러운 선의로 마련하신 곳

매일 매일 바로 앞에 보고 있으면서도 왜 모르니
이곳을
세상에 오직 하나밖에 없는 곳
기적처럼 아름다운 이 세상을!

2.
뭐라고? 안다고?
그런 뻔한 것을 누가 모르냐고?
그래?
그러면 너, 왜 그러니?
왜 여기서
그짓하는 거니?
왜 숲을 베어내고 바다를 메우고 탄소를 내뿜고
왜 폭탄을 터트리는 거니?
거 참! 정말이지, 나 원 참!

[참고] 갈릴레이, 베이컨, 데카르트 등의 철학 — 자연의 탐구와 이해
[참고] 『투모로우』, 『에린 브로코비치』, 『아바타』, 『혹성탈출』 등 '환경영화'

* 자연과의 화해

이제 자연은 갖가지 재해로서 인간에게 경고를 보내오고 있다. 우리는 자연과의 선량한 관계를 회복해야 한다. 자연은 원래 우리 인간을 낳아주고 길러준 어머니였다. 인간은 자연에게 큰 신세를 졌으면서도 마치 지배자인 듯 행세하면서 막대한 폐를 끼쳐왔다. 은혜를 원수로 갚은 셈이다. 자연의 신음소리를 들으며 이제 인간들도 조금씩 그 잘못을 자각하기 시작했다. 최근의 환경철학, 환경윤리, 환경공학은 인간이 자연에게 내미는 반성과 화해의 악수인 셈이다.23)24) '그린피스' 운동도 그 일환이다. 초록의 세계, 맑고 푸른 세계를 우리는 되살려야 한다.

[참고] 베이컨
"자연은 복종함으로써 극복된다(natura parendo vincitur)."

[참고] 데카르트, 『방법서설』, '자연의 이해'
[참고] 이마무라 히토시, 『근대성의 구조』
[참고] KBS 다큐멘터리 『환경스페셜』

---

23) 자연, 지구 및 미래세대에 대한 윤리를 강조하는 한스 요나스의 『책임의 원리』는 이러한 방향의 철학으로서 특히 주목할 만하다.
24) 이수정, 『하이데거: 그의 물음들을 묻는다』 중 「하이데거의 환경철학」 참고.

■ 세상(삶의 터전) ─────────────────

* 세상의 본질

우리 인간은 '세상'에서 살아간다. '세상'은 삶이 거기서 이루어지는 '질적 공간' 또는 '실천적 장소'다. 그것은 인간들의 관계로, 인간들의 행위로 이루어지는 생적 구성체다. 인생살이의 오만 가지 일들이 이 세상을 채운다. 모든 인간들의 모든 인생의 모든 사건이 펼쳐지고 희로애락애오욕(喜怒哀樂愛惡欲)으로 얼기설기 얽혀 있는 삶의 세계, 삶의 공간, 삶의 터전, 그곳이 바로 세상이라는 인생의 장소다. '세상에!'라고 사람들이 말하는 바로 거기서 인간들은 살아간다. 얽히고설킨 이해관계, 인간관계로 구성되는 '세상'은 그 욕망의 추구와 충돌로 인해 기본적으로 삭막한 사막이거나 살벌한 밀림이 된다. 이익을 두고 살벌한 다툼이 벌어지는 곳이 세상인 것이다.

그러나 그런 세상에도 촉촉하고 푸르른 오아시스와 맑은 샘은 있다. 그곳이 인생살이, 세상살이의 숨통을 틔워준다. 그와 같이 세상은 좋은 곳도 나쁜 곳도, 힘든 곳도 편한 곳도 될 수가 있다. 이렇게도 저렇게도 사람이 만든다. 그것이 세상의 본질이다.

그 세상에는 온갖 기회들이 사람들을 기다리고 있다. 수많은 '이익'들도 가득하다. 부귀, 영화, 입신, 출세, 명예, 권위 등의 이름으로 그것은 불린다. 그것은 때로 행복으로도 연결이 된다. '약삭빠른 자들', '운 좋은 자들'이 대체로 기회를 잡고 이익들을 가져간다. '어수룩한 이들', '운 없는 이들'은 대개 기회를 놓치고 이익들을 빼앗긴다. 그것은 때로 불행으로도 연결이 된다. 사람에 따라서는 거기서 뜻밖의 지뢰를 밟고 결정적으로 삶을 망치는 경우도 없지 않다. 이른바 '착한 사람들'은 세상에서는 종종 '어수룩한 이'로 취급되며 고달픈 삶을 인수하기도 한다. 그러나 세상이 인간에 의한, 인간을 위한 곳일진대 그곳은 정의로운, 희망적인, 행복 가능적인 곳일 필요가 있다. 그래서 우리는 조금이라도 살기 좋은 세상으로 만들어가야 할 인간적 책무를 지니게 된다. 사람이 세상을 만들고 세상이 사람을 만든다. 세상은 확정적인 고정체가 아니라 미확정적, 가변적인 형성체인 것이다.

[참고]　『아사히신문』 칼럼 「'사회'와 '세간'」
" '세간'이란 '돈이나 명예, 의리' 등에 대한 관심으로 이루어진 세계를 말한다."25)

[참고]　일본 드라마『건너는 세상은 마귀 투성이(渡る世間は鬼ばかり)』26)
[참고]　후설, '삶의 세계(Lebenswelt)'
[참고]　메를로-퐁티, '살아지는 세계(le monde veçu)'

* 세상의 성격

　'세상'이라는 것은, 우리 인간들이 태어나면서 그 안에 내던져지는, 거기서 자라고 성숙하고 별의별 현실적 인간관계와 이해관계 속에서 치열하게 경쟁하면서, 이기고 지고 뺏고 뺏기고 이루고 놓

---

25) 『아사히신문』, 2006년 9월 16일자, 「텐세이진고(天聲人語)」.
26) 일본 속담 "건너는 세상에 마귀는 없다(渡る世間に鬼はなし)"를 패러디한 것.

190

치고 그러면서 온갖 희로애락을 겪으며 살아가다가 이윽고 거기서 떠나게 되는, 생로병사의 현장 혹은 무대, 삭막하면서도 살벌한 곳, 그러나 때로는 그 어디보다도 따뜻하고 아름다울 수 있는 곳, 가정과 학교와 직장과 국가들을 품고 있는 곳, 친구와 적들이 함께 있는 곳, 기막히게 아름다운 자연과 너저분한 쓰레기장이 함께 있는 곳, 재미있고도 따분한 곳, 여기저기 온갖 종류의 보물 같은 행복들이 흩어져 있고 또한 온갖 종류의 불행들이 지뢰처럼 도사리고 있는 곳이다. 바로 그런 곳이 우리가 '그 속에서', '살고 있는' 진정한 의미의 '세상'인 것이다.27) 이제 이러한 의미로서의 세상이 하나의 현상학적 개념으로 확보되고, 그리고 인생론적 개념으로 성찰되어 진정한 철학의 주제로 자리매김 될 필요가 있다.

■ 천지(우주, 존재계, 이승)

* 유일 절대적인 '이 세상', 신비의 영역

궁극적으로 볼 때 우리 인간은 '이 세상'에서 인생을 산다. '저 세상'이 아닌 '이 세상'. 이 세상은 유일 절대적인 곳이다. 단 하나뿐이다. 과거도 현재도 미래도 '이곳'은 오직 하나뿐이다. 석가모니도 공자도 소크라테스도 예수도 바로 이곳에서 살았다. 네로도 히틀러도 폴 포트도 이곳에서 살았다. 이곳은 삶의 근원적인 장소다. 아니, 그 이전에 존재의 근원적인 장소다. 이곳은 '세상천지'라고도 불린다. '이승'이라고도 '존재계'라고도 불린다. 이곳은 물리

---

27) 이수정, 『진리 갤러리』 중 「세계와 세상」 참고.

적인 우주 공간만을 말하지 않는다. 그러나 물론 그 우주 공간도 포함한다. 물리적으로 보자면 '우주'요, 종교적으로 보자면 '현세'요, 장소론으로 보자면 '천지'요, 형이상학적으로 보자면 '존재'이기도 하다. 이름은 달라도 시각은 달라도 그것들이 가리키는 곳은 동일하다. 내가 몸담고 있는 이곳! 우리가 살고 있는 이곳! 지금 우리가 확인할 수 있는 바로 이곳! 이곳이 바로 그곳이다. 이곳은 너무나 신비로운 곳이다. 너무나 어마어마해 시간적으로도 공간적으로도 그 규모를 가늠할 수 없다. 무시무종, 불생불멸, 불변부동, 유일무이, 광대무변. 참으로 놀라운 영역, 경이 중의 경이가 아닐 수 없다. 그러나 너무 가까이 있어서 보통은 그 가치를 잘 알지 못한다. 무엇이, 누가 이곳을 마련했는지 우리는 알 수가 없다. 왜 이곳이 존재하는지 우리는 알 수가 없다. 우리는 어느 한순간 느닷없이 이곳에 왔다가 느닷없이 이곳을 떠나게 된다. 왔다가 간다고 하는 이 말의 방향성이 이곳의 존재를 지시한다. 이 세상의 신비와 소중함을 깨달아야 한다. 그 인식이 우리의 삶에 깊이를 줄 수 있다.28)

[참고] 이백, 「춘야연도리원서(春夜宴桃李園序)」
"무릇 천지라고 하는 것은 만물이 머물러 가는 여관이요(夫天地者萬物之逆旅) …"

[참고] 칸트, 『실천이성비판』
"내가 그 점에 대해 거듭 생각할수록 그리고 자주 생각할수록 점점 더해지는 경이와 감탄으로 가슴을 가득 채우는 것이 … 있다. '내 위에 별 반짝이는 저

---

28) 이수정, 『푸른 시간들』 중 「이곳이 그곳」 참고.

하늘(der bestirnte Himmel über mir)' …"

[참고] 파스칼, 『팡세』
"저 무한한 공간의 영원한 침묵은 나를 두렵게 하는구나."

[참고] 야콥센, 「영원」
"영원하고도 불변한 곳은 오직 공허 그것뿐…"

[참고] 라이프니츠, 야스퍼스, 하이데거
"도대체 왜 존재자가 있으며 오히려 무가 아닌가."

[참고] 파르메니데스
"있다는 것, 그리고 없는 것이 아니라는 것"

제 4 장

삶의 내용 – 우리는 무엇을 하며 사는가?

인생이란 무엇인가? 내용적으로 볼 때 인생이란 도대체 무엇을 하는 것이란 말인가? 인생, 즉 '인간의 삶'이라는 말 자체가 이미 지시하듯이 그것은 '산다'는 것이다. 산다는 것은 구체적으로 무엇인가? 이 말에는 특유의 무게가 실려 있다. 앞에서 보았듯이 모든 인생은 결국 '나의 것'이다. 그 내가 '하는' 것이며 '겪는' 것이다. 그 함과 겪음의 중심에는 항상 나의 '행위'가 동반되고 있다. 무수히 많고 다양한 그 행위들이 삶의 실질적 내용을 이룬다. 모든 동사들의 총체가 곧 삶이다.

■ 행위의 문제에 대한 철학사적 회고 ─────────────

ποιεῖν / πάσχειν / Tun / Handlung / Leistung / Leben / désir
/ success-failure / love / Arbeit …

[참고] 아리스토텔레스, 피히테, 니체, 프로이트, 라캉, 프롬, 마르크스 등

■ 인생은 행위, 활동의 집합 ─────────────────

* 삶은 '함', '행위', '활동'

삶은 '～함'이다. 삶은 '행위'다. '산다'는 것은, 실은 우리 인간
이 매일매일 의식적으로 혹은 무의식적으로 행하는 수많은 '행위'
의 총체에 다름 아니다. 이를테면, 사랑한다, 미워한다, 가르친다,

배운다, 논다, 일한다, 운동한다 등등의 모든 것들이 그런 '행위'의 실질인 것이다. 생각하는 것도 행위이고 숨 쉬는 것도 행위다. 넓게 보자면 인간이 하는 모든 것이 다 행위다. 심지어 쉬는 것도 행위이고, 아무것도 하지 않는 것, 무위도 일종의 행위다.[1] 그리고 또한 우리가 삶의 과정에서 경험하는 것, 겪는다는 것도 역시 행위다. 사전에 등장하는 모든 동사의 총체가 인생의 실질적인 내용을 구성한다. 그것들 말고 인생이 따로 있는 것은 아니다.

[참고] 노자, '무위(無爲)'

* 행위의 유형들

인생에서 수행되는 무수한 행위에는 크게, 기꺼이 하는(적극적) 행위들과 마지못해 하는(소극적) 행위들이 있다. 능동적 행위들과 수동적 행위들이 있다. 하고 싶은 행위들과 하기 싫은 행위들이 있다. 알고 하는(의식적) 행위들과 모르고 하는(무의식적) 행위들이 있다. 선한 행위들과 악한 행위들이 있다. 또한 행위들은 '한다(do)', '된다(become)', '갖는다(have)'는 세 범주로 나누어 생각할 수도 있다.

---

1) '무위'의 한 특별한 의미에 관해서는 『논어』, 「위령공편」 5절에 나오는 순임금의 예를 참조.
  "아무것도 하지 않고 다스린 이는 곧 순일 것이다. 대저 무엇을 하였더냐. 스스로를 공경히 하고 똑바로 남면하셨을 따름이다(無爲而治者, 其舜也與, 夫何爲哉, 恭己正南面而已矣)."

[참고] 아리스토텔레스, '범주(Κατηγορίαι)' 중 '능동(ποιεῖν)'과 '수동(πάσχειν)'

* 선행과 악행

행위는 근원적으로 어떤 '상태'를 만든다. 이 상태들은 행위 주체인 인간 자신이 근원적으로 가치 관련적 존재이므로 그 행위 결과인 상태들 또한 가치 관련적이다. 따라서 인간의 입장에서 볼 때 인간의 행위들은 선이거나 악이거나, 옳거나 그르거나, 좋거나 나쁘거나, 좋거나 싫거나에 해당할 수 있다.[2] 구체적인 선행은 봉사, 헌신, 이바지, 공헌 등 다양한 이름으로, 그리고 구체적인 여러 형태들로 나타날 수 있다. 그것은 인간의 신적, 천사적 행위로 평가된다. 서구의 경우는 그것이 사회적 가치로 존중된다.[3]

특히 봉사, 베풂은 묘한 마력을 지니고 있다. 그것은 줌이건만, 줌으로써 결코 자기가 줄어드는 법이 없다. 줌으로써 오히려 자기의 무언가가 늘어난다. 그 줌은 어떤 형태로든 자신에게 되돌아온다. 자신 속에 쌓이게 된다. 그 무엇을 우리는 기쁨, 보람, 의미라 부르기도 한다.

단, 선행에 경우에 우리가 조심해야 할 것이 '생색'이다. 생색은 선행의 완성을 훼손한다. 그래서 나는 "사람이 남에게 좋은 일을 하는 것은 어렵다. 하지만 좋은 일을 하고도 그것을 내세우지 않는 일은 더욱 어렵다. 생색은 자신을 높이기는커녕, 자기가 한 그 좋

---

2) 이수정, 『진리 갤러리』 중 「나는 싫은데요」 참고.
3) 입시, 교수 업적 등에서 이 '봉사'라는 것이 반영되고 있다는 것은 그것이 기본적으로 요구되는 바람직한 사회적 가치임을 방증한다.

은 일을 스스로 지우는 지우개와 같다"고 말한 바 있다. "오른손이 하는 일을 왼손이 모르게 하라"는 예수의 말을 기억하도록 하자.

[참고]   앤 모로 린드버그,『조개들』
"우리가 더 많이 주면 줄수록 우리는 더 많이 줄 것을 갖게 된다. – 그것은 엄마 가슴에 있는 모유와 같다."

[참고]   노자
"상선은 물과 같다. 물은 만물을 잘 이롭게 하면서도 다투지 않고 뭇사람이 싫어하는 [낮은] 곳에 처한다."
"공이 이루어지고 몸이 물러나는 것은 하늘의 도다."

한편, 악행은 거짓말, 사기, 도둑질, 살인 등 역시 다양한 형태로 이루어진다. 그것은 인간의 악마적, 동물적 행위로 평가된다. 불행이 악행을 낳고, 악행이 다시 불행을 낳는다. 그것이 세상을 거칠게 만들어간다.

그러나 절대적인 선과 절대적인 악은 없다. 선에도 악에도 양면이 있고 표리가 있다. 그 모두가 어우러져 인생을 이룬다.

선행을 있게 하고 악행을 없게 하기 위한 내적, 외적 조건들을 정비하자. '권선징악'이란 한낱 구호로 그칠 것이 아니다. 그것이 비록 시시포스의 바위 굴리기와 같은 헛수고라 할지라도 우리는 제대로 된 인간다운 삶을 위해 끝없이 이것을 포기하지 말고 추구해야 한다. 권선징악은 행위론의 기본 명제다.

[참고]   형법상의 온갖 범죄들
[참고] 『구약성서』, 「창세기」, '카인과 아벨'

200

[참고]　맹자(孟子)의 성선설(性善說)[4]과 순자(荀子)의 성악설(性惡說)
[참고]　플로티노스, 아우구스티누스 – '악'의 기원은 '선'의 결핍
[참고]　니체, 『선악의 피안』

[참고]　『수타니파타』
"좋은 일을 한 집에 반드시 경사가 넘치고, 좋지 못한 일을 한 집에는 반드시
재앙이 들끓는다. 신하가 임금을 시해하고 자식이 그 어버이를 죽이는 일은
하루 저녁에 이루어지지 않는다."

[참고]　『주역(周易)』,「곤괘(坤卦), 문언전(文言傳)」
"선을 쌓은 집안에는 반드시 경사가 있고 불선을 쌓은 집안에는 반드시 재앙
이 있다(積善之家 必有餘慶, 積不善之家, 必有餘殃)."

[참고]　『코란』, 마호메트
"사람의 진정한 재산은 세상을 위해서 행한 선행이다."

* 행위의 관계성

'행위'란 것은, 대개의 경우 다른 사람(또는 사람들)과의 관계

---

4) 『맹자』,「고상(告上)」
　　"公都子曰 告子曰 性 無善無不善也
　　或曰性可以爲善 可以爲不善 是故 文武興則民好善 幽厲興則民好暴
　　或曰有性善 有性不善 是故以堯爲君而有象 以瞽瞍爲父而有舜
　　以紂爲兄之子 且以爲君而有微子啓王子比干
　　今曰性善 然則彼皆非與 孟子曰 乃若其情則可以爲善矣 乃所謂善也
　　若夫爲不善 非才之罪也
　　惻隱之心 人皆有之 羞惡之心 人皆有之
　　恭敬之心 人皆有之 是非之心 人皆有之
　　惻隱之心仁也 羞惡之心義也 恭敬之心禮也 是非之心智也
　　仁義禮智 非由外鑠我也 我固有之也 弗思耳矣."

속에서 이루어진다. 그런 점에서 행위는 '관계함'이라는 성격을 갖는다. 또한 이 관계함은 일방적인 것이 아니라 상호적인 것이다. 즉, 이것은 서로가 서로에게 관계하는 사회적인 것이다. 물론 하나의 특수한 경우로서 자기가 자기에게 관계하는 그런 실존적인 관계함도 있다. 실존(즉, 자기 자신의 존재에 대한 관심)도 넓게 보면 행위의 일종이다.

[참고]　키어케고어, 『죽음에 이르는 병』
"인간이란 정신이다. 그러나 정신이란 무엇인가? 정신이란 자기다. 그러면 자기란 무엇인가? 자기란 관계 그 자체에 관계하는 인간의 관계다. 또는 자기란 관계가 관계 그 자체에 관계하는 관계 속에서의 관계다."

* 타인의 발견과 행위의 황금률

그러므로 '삶'의 본질을 인식하고 이해하기 위해서는 먼저 '타인'을 발견하지 않으면 안 된다. 생적 행위는 일방만으로는 이루어지지 않는다. 반드시 '상대', '상관자', '관련자'가 있다. 내 삶의 필연적 조건으로서 '그들, 남들, 타인들'이 있는 것이다. 우리의 삶이 좋은 것이 되기 위해서는 '남들의 좋은 삶'도 중요한 조건이 된다. 타인은 '윤리적 행위'의 대상이다. 그러므로 타인들에게 잘해주는 것이 행위의 한 기본 원리가 된다. 다른 사람에게 고통이 되지 않고 기쁨이 되는 삶을 살아야 한다. 내가 있음으로 해서 타인에게 플러스가 되는 그런 존재가 되어야 한다. 삶의 한 예로서 모범을 보이자. 남의 인생을 위한 좋은 환경의 일부가 되어주자. 그것이 자신의 삶의 의미가 될 수 있다. 타인을 배려하자. 타인에게 친절하자. '행위의 황금률'이 있다. "남에게 바라는 대로 남을 대하라", "너에게 싫은 일을 남에게 하지 말라"는 것이 그것이다. 이것만 제대로 되면 세계의 평화도 보장된다. 이는 만고불변의 진리다. 쉽지 않지만 포기할 수 없는 삶의 지표가 이것이다.

[참고]   필 보스만스
"삶이란 타인들과 함께 삶이다! 타인들과 함께 삶이란 그들과 함께 내가 모든 것을 나눈다는 말이다. 그들에게는 어떤 고통도 나를 통해 일어나서는 안된다. 나는 그들을 인정해야 하고, 그들을 존중해야 하고, 그들을 사랑해야한다.
타인들 없이는 삶, 사랑, 행복은 유토피아다. 천 가닥의 실로 우리는 서로 묶여 있다. 삶은 타인들에게 걸려 있고, 어떤 삶도 타인들 없이는 펼쳐지지 않는다.
나는 그들, 타인들을 통해서만 나를 펼쳐나간다. 내가 그들을 필요로 하는 것은 그들이 내게 많은 것을 의미하기 때문만이 아니다. 내가 그들을 필요로 하는 것은 또한 내가 그들에게 많은 것을 할 수 있기 때문이다.
내게 눈이 있는 것은 타인들을 발견하기 위해서이고, 내게 귀가 있는 것은 그들을 듣기 위해서이고, 발은 그들에게로 가기 위해서이고, 손은 그들에게 내밀기 위해서이고, 심장은 그들을 사랑하기 위해서이다."

[참고]   『탈무드』와 예수
"너희가 남에게 대접받고자 하는 대로 남을 대접하라."

[참고]   공자
"자기가 원하지 않는 바를 남에게 하지 말라(己所不欲 勿施於人)."

[참고]   『명심보감』
"만약 남이 나를 중히 여기기 바란다면 내가 남을 중히 여기는 것도 간과하지 말라(若要人重我 無過我重人)."

"타인을 자기 자신처럼 존경할 수 있고, 자기가 하고 싶은 것을 타인에게 할 수 있다면, 그 사람은 참된 사랑을 알고 있는 사람이다. 그리고 세상에는 그 이상 가는 사람은 없다."

* 존중, 배려, 친절 ― 관계적 행위의 대원칙

남을 생각하자. 나 홀로, 내 힘만으로 살아갈 수 없는 것이 인생의 필연적 구조다. 우리는 모두 다 서로에게 남이다. 나도 너에게는 남이므로 남의 소중함을 인식하자. '타인에 대한 존중, 배려, 친절'은 나와 그들의 삶을 윤택하게 하는 기본 조건이 된다. 남이 존중되는 사회가 성숙된 사회다. 선진사회다. 성숙된 만큼의 좋은 삶을 우리는 영위할 수 있다. 이른바 선진국에서는 이러한 정신이 보편적으로 발견된다. 우리에게도 '덕분에'라는 정신이 있었다. 우리는 진정으로 그 '덕분에'를 깨닫고 있는가? 우리는 조금이라도 다른 사람의 '덕분'이 되고 있는가? 나의 가슴에 '타인'의 존재가 과연 자리하고 있는가? 우리의 행위들은 타인을 '의식'하고 있는가? 내 가슴의 지퍼를 열고 그 안에 타인의 존재가 있는지 들여다보자.

[참고] 하이데거, '염려(Sorge)' 특히 '배려(Fürsorge)'

[참고] 미국의 경우
'남과 나누라(share with others)'는 나눔의 생각이 그 바닥에 있다. 그것이 시민정신의 원천이다. 많이 벌면 세금을 많이 내는 것도 당연시된다. 납세도 나눔이다. '남을 존중하라(respect others)'는 말에서도 그런 정신이 살아 숨쉰다.

204

독일에서는 '미안합니다(Entschuldigung)'라는 말이 생활화되어 있다. '금지
(Verboten)'라는 말로 공공의 질서가 강조된다. 프랑스에서는 백화점 출입문
을 들어설 때 습관적으로 뒷사람을 배려한다. 그 광경이 TV에도 소개되었다.

[참고]   일본의 경우
'다른 사람에게 폐를 끼쳐서는 안 된다(人に迷惑をかけてはいけない)'는 것
이 가장 기본적으로 강조되는 가치 중의 하나다. 『우동 한 그릇』은 좋은 참
고가 된다. '미안합니다(すみません)'라는 인사는 철저하게 생활화되어 있다.
와타나베 교수의 따뜻한 배려도 좋은 사례다.5)

■ 인생은 욕망, 욕구의 추구 과정 ─────────

* 욕망, 욕구의 본질

삶의 모든 행위에는 욕구(desire: 적극적으로는 욕망, 중립적으
로는 욕구)가 가로놓여 있다. 그 욕구를 실현하고자 하는 과정이 곧
인생이다. 욕구는 인생의 그때그때의 목표다. 그것은 클 수도 있고
작을 수도 있다. 욕망, 욕심, 야심, 야망, 희망, 갈망, 원, 소원, 대
원, 대망, 입지, 포부, 바람, 기대, 뜻, 꿈 등으로 불리는 것도 넓게
보면 모두 욕구의 일환이다. 이 이름들은 욕구의 다양한 형태를 나
타낸다. 욕구란 '하고 싶다(wanna do)', '갖고 싶다(wanna have)',
'되고 싶다(wanna be)6)의 그 '싶음'의 총괄이다. 그 '싶음'의 실
현 과정이 인생인 것이다. 인생에서의 욕구는 수학에서의 공리와

---

5) 이수정 『인생론 카페』 중 「와타나베 교수님」 참고.
6) 이는 '행위의 범주'에 대응하는 '욕구의 범주'라고 표현될 수 있다.

같다. 그것은 기본 원리다. 근본 동력이다. 그것이 없으면 인생은 움직이지 않는다. 인간에게 있어 그것은 좋음이요 선이다. 욕구는 하늘의 구름처럼 출생에서 죽음까지 끝없이 다양한 모습으로 생성, 변화, 소멸된다. 없다가 생기고 생겼다가 변하고 변하다가 사라지고 또 생기고 또 변하고 또 없어지고 또 생긴다. 죽음에 이르기까지 끝도 없이 생성, 변화, 소멸하는 것이 인간의 욕구다.

그러니 '욕구'를 주목하자. 인생의 가장 기본적인 원리가 '욕구'임을 직시하자. 내 인생이 정말 원하고 있는 것은 무엇인가? 정말 원하는 그것을 찾자. 그것을 성취하기 위해 노력해가자. 그 과정이 인생이다. 장애물이 있다면? 넘어서 가자. 그것이 곧 인생이니까.

욕구는 반드시 '무언가에 대한 욕구'다. 그것은 반드시 그 내용을 갖는다. 그것을 '욕구의 지향성'[7]이라고 부를 수 있다. 인간들이 '바라는 바'가 곧 욕구의 지향적 대상, 혹은 지향적 상관자라 불릴 수 있다. 욕구는 그 '바라는 바'의 실현 내지 충족을 지향하는 것이다.

[참고] 자크 라캉, '욕망이론'

* 욕구의 종류

인간의 욕구는 거의 무한에 가깝다. 아기들이 바라는 '엄마의 존재', 그리고 '배고픔의 제거', '축축함의 제거', '아픔의 제거'에서

---

7) 이는 브렌타노와 후설이 말한 '의식의 지향성'에서 그 기본 개념을 차용했다.

부터 그 후의 맛있는 것, 재미있는 것, 신나는 것, 만화, 게임, 친구, 애인, 돈, 지위, 명예, 출세 등등에 이르기까지 한량이 없다. '리비도', '이드'로 표현되는 '성적 욕구'도 당연히 이 중 하나로 포함된다. 식욕, 성욕, 수면욕은 기본적인 생적 욕구로 간주될 수 있다. 안이비설신의는 각각 색성향미촉법을 욕구한다.

욕구들은 편의상 (성취하고 싶은) 적극적 욕구와 (회피하고 싶은) 소극적 욕구로 구분해 이해할 수 있다.

우선 회피하고 싶은 것으로, 빈천, 고생, 병, 사고, 걱정, 스트레스, 재앙, 재해, 액화, 흉사, 불행, 불운, 실패, 좌절, 실업, 실직, 낙방, 무료, 시련, 배고픔, 목마름, 굶주림, 추움, 더움, 고독(따돌림), 고통 등등이 있다. 아아, 참으로 많기도 하다. 인생은 그 무슨 저주이기에 이토록 고달프고 힘겨운가.

그리고 성취하고 싶은 것으로, 부귀영화 또는 부귀공명, 혹은 권력과 재물(돈과 힘)을 필두로 해서, 명예, 권위, 쾌락, 재미, 향락, 아름다움, 건강, 사랑, 평화, 취업, 번창, 합격, 인기 등등이 있다. 이 또한 무한에 가깝다. 인간들은 끝도 없이 무언가를 바라고 있다. 이것은 마치 바닷가에 밀려드는 파도와 같아 그 누구도 이것을 말릴 수 없다.

[참고]　불교의 '삼독(탐진치)' 중 하나인 '탐(욕)'

* 부귀공명(돈, 지위, 명예)

특히 권력과 재물은 인간사의 핵심에 놓여 있다. 이것은 자본주의(경제)와 민주주의(정치)의 근본 원리를 이루기도 한다. 인류의 역사를 보면 이것이 불변의 인생론적 진리임을 부인할 수 없다. 이름을 드높이는 일을 포함해서 전통적으로는 이런 것을 '부귀영화' 또는 '부귀공명'이라고 불렀다. 지금 세상에서도 인간들의 이러한 생적 지향은 한 치도 달라진 게 없다. 돈과 권력(자리/지위), 그리고 명예(유명)를 향한 인류의 저 숨 가쁜 경쟁과 질주를 보라!

　오늘날은 그중에서도 '돈'이 모든 종류의 욕구의 정점에 있는 듯한 인상을 지울 수 없다. 그것은 모든 가치를 빨아들이는 블랙홀 같다. 권력과 지위를 가진 사람들도 돈을 탐하다 문제가 되는 경우 또한 비일비재다.8) 그러나 "돈은 바닷물과 같아서 마시면 마실수록 목이 마르다"는 시중의 저 말처럼, 금전의 지향이라는 이 생적 현상은 각별한 주의를 요한다. 돈은 인간에게 행복도 주지만 그것이 오히려 불행을 초래하는 경우 또한 적지 않다.

　지위와 권력이라는 욕구도 만만치 않다. "사람 위에 사람 없고 사람 밑에 사람 없다"는 말도 있긴 하지만 그러한 절대평등은 이상일 뿐이다. 세상에는 현실적으로 높고 낮은 지위들이 존재한다. 사람은 대체로 어떤 형태로든 남들 위에 서고자 한다. 그것이 생적 진실이다. 권력과 지위는 '능력', 즉 '할 수 있음'이기 때문이다. 높은 사람은 낮은 사람을 부리고 움직인다. 그러나 그 '자리'가 합당한 주인을 만나지 못했을 때는 그 자리와 관련된 일의 결과가 왜곡된다. 누가 자리의 주인이 되는가에 따라 그 결과는 천지차이다.

---

8) 전직 대통령들의 비자금 등 오직(汚職) 스캔들이 그것을 상징적으로 말해 준다. 총리, 장관 등 고위공직자 청문회에서 적지 않은 후보자들이 돈 문제로 낙마하는 현상도 같은 종류다.

명예도 또한 엇비슷하다. 전통적으로는 이를 '공명'이라 부르기도 했다. 요즘은 그것을 '유명'이라 부른다. 사람은 대체로 남에게 이름이 알려지기를 원하고 있다. 남의 입에 오르내리기를 바라고 있다. 요즘은 그것이 곧바로 돈으로도 연결된다. 연예인과 광고의 상관관계가 대표적으로 그 점을 보여준다. 그러나 전통적으로 추구되던 학술, 문화, 예술, 기타 방면에서의 명예라는 가치도 결코 포기될 수 없다. 그런 것들이 우리의 이 인간 세상에 질적 향상을 가져다준다.

(물론 이런 세속적 가치들에 무심한 사람들, 혹은 그런 삶의 경지도 없지는 않다.)

[참고] 이스라엘 속담
"무거운 돈지갑을 무겁다고 생각하는 사람은 아무도 없다."

[참고] 예수
"부자가 천국에 들어가는 것은 낙타가 바늘구멍으로 들어가기보다 더 어렵다."

[참고] 김정일, 『나도 내가 궁금하다』
"강남에 정신과 병원을 개업하면서 많은 부자를 상대해봤지만 돈이 행복과 비례하지는 않았다. 그들은 돈의 관점으로 많은 걸 바라보기 때문에 걱정, 불안, 의심이 많았고 관계는 협소했으며 자식들은 뜻대로 되지 않았다. 그렇다고 돈을 제대로 쓰지도 못했다. 심지어 돈을 움켜쥐면서 자식을 죽음으로 모는 엄마도 있었다. 행복하자고 돈을 모았을 텐데 불행하다면 돈이 무슨 소용이란 말인가."9)

---

9) 김정일, 『나도 내가 궁금하다』(맥스미디어), 116쪽.

[참고]   최희준의 노래 「회전의자」
빙글빙글 도는 의자 회전의자에
임자가 따로 있나 앉으면 주인인데.
사람 없어 비워둔 의자는 없더라.
아아아 억울하면
출세하라, 출세를 하라.

[참고]   공자, 『논어』
"부유와 귀함은 사람이 바라는 바다. 그러나 그 도로써(정당하게) 얻지 않는
다면 거기에 머물지 않아야 한다. 가난과 천함은 사람이 싫어하는 바다. 그러
나 정당한 방법으로가 아니라면 거기서 떠나지 않아야 한다(富與貴 是人之
所欲也. 不以其道得之 不處也. 貧與賤 是人之所惡也. 不以其道得之 不去
也)."

[참고]   헤겔, 『정신현상학』, '권력', '재화'
[참고]   니체, 『권력에의 의지』

* 욕구의 종점인 '행복'

　행복은 인생의 궁극적인 지표다. 인생 과정의 모든 구체적 욕구
들도 결국은 다 행복으로 귀착된다. 돈도 권력도 명예도 우정도 건
강도 아름다움도… 모두 다 행복이라는 제왕에게 딸린 신하들이
다. 행복의 획득이야말로 인생의 성공이다.10)11)

---

10) 이수정, 『진리 갤러리』 중 「복과 행복」 참고.
11) 이수정, 『푸른 시간들』 중 「숨바꼭질, 또는 봄빛의 속삭임」, 「행복의 항로」,
　　「빛이 내리는 날」, 「행복한 민들레」, 「수채화: 행복의 회선」, 「에덴 이후」,
　　「아침상에서」, 「지복의 풍경」 참고.

[참고] 아리스토텔레스, 『니코마코스 윤리학』
"모든 기술과 탐구, 또 모든 행동과 추구는 어떤 선(Ἀγαθῶν)을 목표 삼는다. … 행복(εὐδαιμονία)이야말로 모든 것 가운데 가장 바람직한 것이요, 다른 여러 가지 선 가운데의 한 선으로 여겨질 것이 아니다."

[참고] 달라이 라마, 『요가』
"우리들 모두는 본성상 행복을 추구한다. 그리고 불행의 경험을 원하지 않는다. 우리는 행복을 획득할 모든 권리를 갖고 있다. — 어떤 보다 나은, 지속적인 행복을. 그것에 다다를 가능성만 존재한다면. 마찬가지로 우리는 모든 종류의 불행을 극복할 모든 권리도 또한 갖고 있다."

* 행복(인생의 성공)으로 가는 두 가지 길

행복은 두 가지 방식으로 성취될 수 있다. 능력과 노력에 의한 (또는 행운과 복에 의한) 욕구의 성취가 그중 하나요, 예지와 수양에 의한 욕구의 조절(또는 마음의 통제)이 다른 하나다. 사람에 따라, 혹은 상황에 따라, 전자 혹은 후자의 방식으로 행복은 증진될 수 있다. 살다가 길이 열려 행복이 보이면 대상을 좇고 길이 막혀 불행이 오면 마음을 다스리는 것이 인생의 순리다.12)

[참고] 파스칼, 『팡세』
"불행의 원인은 늘 나 자신에게 있다. 몸이 굽으면 그림자도 구부러진다. 어찌 그림자 구부러진 것을 탓할 수 있겠는가? 나 이외에는 아무도 나의 불행을 치료해줄 사람이 없다. 불행을 치료할 수 있는 유일한 약은 내 마음뿐이다."

---

12) 이수정, 『진리 갤러리』 중 「불행에 대처하는 법」 참고.

* 행복의 공식

이상을 정식화해서 철학자들은 이른바 행복의 공식을 제시한다.[13]

$$행복(H) = \frac{소유(P) : 욕심을 채움[14]}{욕망(D) : 욕심을 버림[15]}$$

대부분의 사람들이 소유(P)의 수치를 늘리려 하나 잘 되지 않는다. P를 늘리지 않고 행복을 증진시킬 수 있는 방법은 D를 줄이는 것이다. 그것이 '마음 다스리기'다. 많은 현자들이 이 '마음 다스리기'에 대해 유익한 논리를 전하고 있다. 오늘날 '마음공부'라는 말로 세간에 유행하는 것도 대개는 다 이런 종류다. "행복에 이르는 법 — 현재에 만족하는 것. 현재에 만족하는 법 — '지금보다 더 나쁠 수 있는 것'보다 지금이 항상 더 낫다는 것을 깨닫는 것." 내가 한 이 말도 또한 그런 선상에 있다.

그러나 '마음을 비움'만이 능사인가? 인간은 욕구적 존재인데 그럼에도 그것을 줄이고 덜고 비우고 버리는 것이 자연스러운 일

---

13) 영국의 심리학자 로스웰과 인생상담사 코언이 만들어 2002년 발표한 행복 공식은 '행복 = P + (5 × E) + (3 × H)'이다. 여기서 P(Personal)는 인생관, 적응력 등 개인적 특성을 일컫는다. E(Existence)는 건강, 돈 등 생존의 기본 요소를 가리킨다. H(Higher order)는 개인의 자존심이나 야망 등 상위 욕구를 나타낸다고 한다. (위키 백과 참조)
14) 바라는 바를 구체적, 실질적으로 충족시키는 것.
15) 마음을 비우거나 정리하여 다스리는 것.

인가? 인간은 명백히 욕구를 가지고 그것을 충족시키며 사는 존재다. (이를 '욕구의 선천성[the apriority of desire]'이라 부를 수 있다.) 객관적 조건과 상황 속에서 자신의 욕구를 충족, 실현해나가는 것이 보통의 자연스러운 삶의 과정이다. 그 실현에는 온갖 어려움이 따른다. 조건과 상황이 그 실현, 즉 인간의 행복을 가로막는 장애가 되기도 한다. 불운도 그것에 한몫 거든다. 그러나 일단은 그 길을 가자. 그 길이 막힌다면 거기서 다음 길을 찾자.

좋은 삶을 위해서는 이 양자의 적절한 균형이 요구된다. 때로는 나아가고 때로는 물러서며 적절히 제어하는 그것이 삶의 지혜다.

[참고] 벤자민 프랭클린
"행복하게 되는 방법은 두 가지다. 욕망을 줄이거나, 소유물을 늘리는 것이며, 어느 것이든 좋다."

[참고] 「욕심」
그거 조금 버리고 살면
그 순간부터 행복일 텐데
뭐 그렇게 부러운 게 많고
왜 그렇게 알고 싶은 게 많은지
전생에 뭘 그리 잘 먹고 살았다고
왜 그렇게 버둥대는지
내 팔자가 참 안됐습디다
그렇게 예쁘게 웃던 입가에는
어느덧 싼 미소가 자리 잡아 있고
적당히 손해 보며 살던 내 손에는
예전보다 만 원짜리 몇 장이 더 들어 있습디다
그 만 원짜리 몇 장에
그렇게도 예쁘던 내 미소를

누가 와서 팔라고 하지도 않았는데
내가 도매로 넘겨버렸습디다

[참고] 에피쿠로스
"춥고 배고프고 목마르지만 않다면 나는 제우스와 더불어 행복의 경연을 할
수도 있다."

* 행복 추구의 조건인 '정의'

　모두가 욕구를 좇아가는 것이 인간의 삶인 한, 그 욕구들은 서
로 충돌할 수밖에 없다. 그 충돌을 조정하는 기준이 다름 아닌 '정
의'다. 욕구에 충실하자. 행복을 추구하자. 그러나 정당하게, 정의
롭게 하자. 가치에 근거한 욕망의 추구를 지향하자. 그렇지 못하게
이루어 가는 것을 존경하지 말자. 그것이 힘들고 외로운 길이라 할
지라도 이러한 생각을 가진 사람들끼리 오아시스를 만들어가자.
우리의 세상이 사막이라 해도 살 만할 수 있게. 그것이 정의의 참
뜻이요, 욕구로 충만한 세상의 근본 질서다.

[참고] 공자, 『논어』
"부유와 귀함은 사람이 바라는 바다. 그러나 그 도로써(정당하게) 얻지 않는
다면 머물지 않아야 한다(富與貴, 是人之所欲也. 不以其道得之, 不處也)."

[참고] 플라톤, '정의(δικαιοσύνη)'16)
[참고] 롤즈의 '공정으로서의 정의' - '본원적 입장(original position)'과 '무
지의 베일(veil of ignorance)'을 전제한 원칙들17)

---

16) 지도자, 수호자, 생산자 계층이 각각 지혜, 용기, 절제라는 덕을 실천함으
　　로써 종합적으로 구현되는 사회적 덕.

214

* 불행 — 행복의 짝

그러나 우리는 알아야 한다. 행복이 있는 곳에는 반드시 불행도 따라다닌다. 불행은 행복의 동반자이며 또한 행복의 그림자. "불행은 세상의 곳곳에 잠복하여 마치 게릴라처럼 삶의 평화를 공격한다. 인간의 삶이 불가피하게 전투적이 되는 까닭이 거기에 있다. 반드시 전우가 필요한 까닭도 거기에 있다." 불행 앞에서 우리는 좌절하지 말고 기다릴 줄 알아야 한다. 기다리다 보면 언젠가 그것은 물러간다. 그리고 '그 다음'이 찾아온다. "오직 '다음의 행복'만이 다소나마 지금의 불행을 지울 수 있다. 부정과 긍정, 양손으로 자신을 다독이고 노력하면서 '다음' 또 '다음'을 기약해보자."18)

* 욕망은 근심의 근원

모든 욕망은 쉽게 이루어지지 않는다. 따라서 근심을 낳는다. 삶의 온갖 스트레스가 욕망의 추구에 동반된다. 근심은 욕망의 그림자와 같다. "마음밭에 욕망이 씨를 뿌리면 그 즉시로 고뇌의 그림자도 함께 자란다." 욕망을 버리지 않는다면 근심을 감수해야 한다. 근심이 싫다면 욕망을 버리자. 고집멸도(사성제)로 축약되는

---

17) "those principles stress (equality of) basic liberties and opportunities for self-advancement over considerations of social welfare, and the distribution of goods in society (according to the so-called difference principle) is then supposed to work to the advantage of all (especially the worst-off members of society)."(cf. *Stanford Encyclopedia of Philosophy*)

18) 이수정, 『진리 갤러리』 중 「불행에 대처하는 법」 참고.

불교의 근본 교시가 바로 여기에 있다.

[참고] 『법구경』, '애욕을 가지면 근심이 자란다.'
[참고] 『42장경』, 탐욕은 '칼날에 묻은 꿀을 탐하는 것'
[참고] 하이데거, 『존재와 시간』, 「쿠라의 우화」19)

[참고] 유대 속담
"당신이 죽었을 땐 벌레가 먹고 당신이 살았을 땐 근심이 먹는다."

■ 희망과 실망, 성공과 실패(성취와 좌절) ──────

* 희망과 실망

욕구가 삶의 원리로서 작용하는 한, 인생은 희망과 실망의 과정
을 반복한다. 실망의 극단적 형태가 절망이다. 희망을 버리지 말자.

___

19) 쿠라[염려]가 강을 건너자, 거기서 그녀는 찰흙(粘土)을 발견하였다. 골똘
히 생각하면서 쿠라는 한 덩어리를 떼어내 빚기 시작했다. 빚어진 것을 옆
에 놓고 생각에 잠겨 있을 때 주피터[수확]가 다가왔다. 그녀는 빚어진 덩
어리에 정신을 부여해달라고 주피터에게 간청하였다. 주피터는 쾌히 승낙
하였다. 자기가 빚은 형상에 그녀가 자기 이름을 붙이려고 하자, 주피터는
이를 거절하고 자기 이름을 붙여야 한다고 주장하였다. 이름을 가지고 쿠
라와 주피터가 다투고 있을 때, 텔루스[대지]도 나서서 그 형상에는 제 몸
의 일부가 제공되었기 때문에 자기 이름이 붙여지길 바랐다. 그들은 사투
르누스[시간]를 판관(判官)으로 모셨다. 사투르누스는 아래와 같이 그럴듯
하게 판단하였다. "정신을 준 너 주피터는 정신을 가져가거라. 육체를 준
너 텔루스는 육체를 가져가거라. 하지만 쿠라는 이것을 처음으로 만들었
으니, 이것이 살아 있는 동안 너의 것으로 함이 좋겠다. 그러나 이름으로
인해 싸움이 생겼는지라, '호모'[인간]라 부르는 것이 좋겠다. 후무스[흙]
로 만들어졌기 때문이다."

희망은 인생의 구원이다. 어떠한 절망적 상황 속에서도 희망은 우리를 구원하는 금 동아줄이 될 수 있다. "인생에는 항상 '그 다음'이라는 것이 있다. 적어도 죽음 이전까지는. 사람이 좌절하지 말아야 할 까닭이 거기에 있다." 희망은 그 기다림과 함께 간다. 그것은 용기를 싹틔운다. 그 끝에 희망의 일부가 현실이 된다. 그 효용은 참으로 크다.20)

"희망은 마치 봄날의 새싹과 같다. 한겨울의 언 땅을 뚫고 이윽고 새싹이 고개를 내밀듯, 깊은 절망 속에서도 희망은 자라나온다. 고로 희망의 씨앗이 완전히 얼어 죽지 않도록 마지막 체온으로 그것을 지켜야 한다."

"우리는 매일 하나씩의 밤을 맞이한다. 밤은 바위와 같다. 바위 뒤에 무엇이 숨어 있는지 우리는 알지 못한다. 밤 뒤에 어떤 내일이 숨어 있는지도 알지 못한다. 우리가 내일에 대한 희망과 불안을 버릴 수 없는 까닭이 거기에 있다."

"희망, 긍정, 인내, … 그런 가치들은 이 험난한 세상살이, 인생살이를 헤쳐 나가기 위한 '최소한의 비타민'이다. 그런 것들을 우리는 '사람들'로부터, '사랑'으로부터, 섭취할 수 있다."21)

[참고] 그리스 신화, '판도라의 상자'

---

20) 이수정, 『푸른 시간들』 중 「희망」
     나에겐 아직
     그님의 한 떨기 푸른 미소가 남아 있다

     나는 세상의 거친 바다로 조각배를 띄운다
21) 이수정, 『진리 갤러리』 중 「진리 노트에서」 일부 재인용.

[참고] 키어케고어,『죽음에 이르는 병』
"죽음에 이르는 병은 절망이다. … 절망은 죄다."

[참고] 오르테가 이 가세트
"삶은 우리가 무엇을 하며 살아왔는가의 합계가 아니라, 우리가 무엇을 절실하게 희망해왔는가의 합계다."

[참고] 리튼
"생각하는 것이 인생의 소금이라면 희망과 꿈은 인생의 사탕이다. 꿈이 없다면 인생은 쓰다."

* 성공과 실패

인생이 욕구의 추구인 한, 거기에는 성공과 실패(성취와 좌절)가 필연적으로 뒤따른다. "인간이 무언가를 '바라는 존재'인 한, 걱정과 고뇌, 실패와 좌절은 그림자처럼 따라다닌다. 걱정과 실패 없는 성취는 마치 구름 없는 비처럼 불가능하다." 욕구는 좌절되거나 성취된다. 혹은 빠르게 혹은 뒤늦게. 불행과 행복이 거기에 동반된다. 그러나 현명한 자는 하나의 성공에 자만하지 않고 하나의 실패에 주저앉지 않는다. 그 어느 쪽도 이윽고 지나가는 것이기 때문이다. 삶은 완전한 성공도 완전한 실패도 허락하지 않는다. 지나간다. 반드시 지나간다. "신은 다시 일어서는 법을 가르치기 위해 나를 쓰러뜨린다"는 말도 있다. 기억해두자.

[참고] 토머스 에디슨
"실패는 성공의 어머니"22)

* 상처

　실망, 절망, 실패, 좌절이라고 하는 이 생적 현상에는 필연적으로 '상처'라고 하는 생적 현상이 부수된다. 상처라는 이 현상은 삶에 있어서 필연적일 뿐만 아니라 또한 보편적이다. 언제나 어디서나 누구에게나 우리는 이 상처라는 삶의 흔적을 목도한다. 어쩌면 이 세상 모든 것이 다 상처일 수 있다.[23] 인생과 세상의 시작인 출생에도 이미 상처는 존재한다. 삶의 과정은 상처의 증대 과정이라고 해석될 수도 있다. "사람들은 멀쩡한 표정으로 거리를 돌아다닌다. 하지만 보이지 않는 그들의 내면에는 무수한 상처들이, 크고 작은, 오래고 새로운, 시도 때도 없이 도지는 상처들이, 아픈 표정으로 웅크려 있다."

　그러나 상처는 결코 흉한 것만은 아니다. 심지어 아름다운 진주도 상처에서 비로소 자라나는 것임을 알아야 한다.[24] 상처는 그저 가리고 덮으며 피할 것이 아니다. 우리는 삶의 상처들로부터 배울 것이 있고 배워야 한다. "상처는 스승이다"라는 시중의 저 말을 기억해두자.[25] "산다는 것은 가시덤불을 지나가는 것과 같다. 반드시

---

22) 에디슨이 전구를 발명할 때 2천 번의 실패 후에 드디어 성공하게 되었다. 이것을 보고 한 젊은 기자가 그렇게 계속해서 실패했을 때의 기분이 어떤지를 물었다. 에디슨은 이렇게 대답했다. "실패라뇨? 전 단 한 번도 실패한 적이 없습니다. 단지 2천 번의 단계를 거쳐서 전구를 발명했을 뿐입니다."

23) 이수태, 『상처는 세상을 내다보는 창이다』(비오) 참조.

24) 정호승, 『내 인생에 힘이 되어준 한마디』, 34쪽 참조.

25) 이수정, 『푸른 시간들』 중 「인생의 기술」
　　원리는 너무너무

상처가 남게 된다. 그 상처에 대처하는 법을 배우면서 사람은 조금씩 어른이 되어간다."

"살다가 보면 '아픔'이 찾아오는 날이 있다. 그 아픔은 '지금' '나'의 눈으로 보면 더할 수 없는 고통이지만, '세상'의 눈, '세월'의 눈으로 보면, 너무나도 흔한 '그저 한 사건'에 지나지 않는다. 그렇게 생각하며 그 아픔을 피해 갈 수 있는 사람은 현명하다."

"진정한 힐링은 상처의 직시 없이는 불가능하다. 결국은 사랑만이 그 상처를 아물게 한다."26)

바람에 풀 눕듯 간단한 것
출생에서 죽음에 이르는 출렁이는 여정
수많은 거절들
그만큼의 상처들
그것들을 잇는 그 끈으로
자신의 평화를 옭아매지 않는 것
그리하여 푸른 마음을 지켜내는 것

흐르는 해와 달 사이 이따금씩
하늘에서 선물로 내리는 것
봄날의 새싹이나 여름의 바람 같은
가을의 단풍이나 겨울의 눈꽃 같은
작지만 예쁜 그 시간 조각들을
웃음으로
감사로
행복의 바구니에 주워 담는 것

26) 이수정, 『진리 갤러리』에서 재인용.

■ 일상생활

* 일상생활의 중요성 ─ 예사롭지 않은 예사

일상생활은 어쩌면 가장 중요한 삶의 한 기본 요소이나, 흔히 그 중요성이 망각 혹은 경시되는 부분이다. 일상생활이 인생 전체에서 차지하는 시간의 양을 생각해보라.27) 거의 대부분이 아닐까? 생활은 인생의 실질적 내용이다. 인생의 가장 많은 부분을 이루는 것이다. 그것은 마치 인생이라는 건축물을 구성하는 벽돌28)과도 같다. 그것 하나하나로서는 특별히 눈에 띄지 않지만 그것 없이는 건축물이 성립될 수 없다. 그렇다면 그것을 소홀히 할 수 없다. 그것의 당연함, 그것의 가까움이 갖는 가치를 깨달아야 한다. '비범한 당연'이라고 할 '생활'의 중요성을 발견하자.

[참고]   린위탕, 『생활의 발견』 중 「생활의 즐거움」
[참고]   하이데거, '일상성(Alltäglichkeit)', '거주(Wohnen)'

---

27) 이러한 '양화' 내지 '양적 제시'는 철학의 한 중요한 효과적 방법론이 될 수 있다.

28) 나는 일찍부터 '벽돌의 논리'라는 것을 '빙산의 논리', '낙엽의 논리', '안경의 논리', '향기의 논리', '숲의 논리', '물의 논리', '손의 논리' 등과 함께 이수정 철학의 한 설명 방식으로 강조해왔다. "어떤 대단한 구성물도 그 기본 단위들의 집적 내지 총화로서만 성립될 수 있다"는 것이 그 기본 취지다. "부분들이 비로소 전체를 구성한다"라고도 설명된다. 국가와 국민의 관계, 학교와 학생의 관계, 기업과 사원(노동자)의 관계도 그런 것이다. 전자들이 전체(건축물), 후자들이 부분(벽돌들)에 해당한다.

* 일상생활의 구체적 내용

일상생활은 구체적이고도 친숙한 행위들로 구성된다. 이를테면, 씻기, 양치하기, 목욕하기, 화장하기, 누기, 입기, 신기, 장보기, 요리하기, 먹기, 마시기, 치우기, 걷기, 사기(쇼핑), 만나기, 자기 등등이 곧 일상생활이다. 아침에 잠을 깨서 저녁에 잠들 때까지 우리는 온갖 종류의 구체적 행위들을 이 일상 속에서의 생활로서 수행한다.

* 의식주

'의식주'(입기, 먹기, 자기)는 일상생활에서도 특히 중요한 기본이 된다.29)

---

29) 이수정, 『푸른 시간들』 중 「어느 구순의 인생론」
돌아보니 나,
고달픈 육신 추스르면서
하루 세 끼, 한 평생 98,550끼
먹고 살았고
하루 여덟 시간, 한 평생 무려 30년
자고 살았고
최소 하루 두 번, 한 평생 65,700번
입고 벗으며 살아왔네

먹고 자고 입는 일
인생이었네

한 평생 읽고 쓴 육중한 철학책들
문득

그 각각의 인생론적 의미를 생각해보자. 이것들 각각에는 그에 관련된 '문화'가 있다. 그것을 '일상문화'라고 불러도 좋고, '생활문화'라고 불러도 좋다. 문화적으로 생활하자. 생활을 문화화하자. 생활을 작품화하자. 그냥 막 살 것인가, 문화적으로 잘 살 것인가는 선택에 달려 있다. 그 선택이 삶의 질을 결정한다.30)

일례로 '음식'의 경우를 생각해보자. "인간의 최우선적 진실은 '음식을 향한 존재'다. 한 3일만 굶으면 누구든 이것을 부인할 수 없다." 우리가 만일 90년을 산다고 가정할 경우, 우리는 하루 세 끼씩 평생 동안 무려 98,550끼를 먹으며 산다. 먹는다는 것이 인생에서 어찌 중요하지 않을 수 있겠는가. "다 먹고 살자고 하는 일"이란 말도 있다. 먹지 못해서 죽는 것도 또한 삶의 세상 어디선가는 한 현실적 풍경을 구성한다. 그렇듯이, 먹는다는 것은 생존을 위한 행위이지만, 그것으로 다는 결코 아니다. 먹기와 관련해서 인간들은 요리, 식기, 식사법, 식당 등을 문화의 일부로서 발전시켜 왔다. 그러한 문화는 있는 만큼 삶을 윤택하게 만들 수 있다. 우리는 '문화적 먹기'를 고려하며 먹어야 한다. 선택하라. 그대는 어떻게 먹으며 살 것인가를….31)

또한, 먹는다는 것은 그저 배만 채우고 목숨을 부지하는 것으로, 그리고 맛을 탐하는 것으로 다가 아니며, 그것이 곧 육신의 건강과 생명의 조건이 되는 이상, '건강한 먹기'도 그 '문화적 먹기'의 범

깃털처럼 가볍네
진실은 늘
가까워서 멀었네
30) 이수정, 『진리 갤러리』 중 「그분들의 의식주」 참고.
31) 이수정, 『진리 갤러리』 중 「식탁에서」 참고.

위 내에서 진지한 삶의 한 과제가 되지 않으면 안 된다. 영양을 생각하며 '제대로 먹기'가 곧 삶의 문제임을 인식하지 않으면 안 된다.

[참고]　일본의 '에키벤(驛弁)' 문화
[참고]　구르메 여행
[참고]　TV 프로그램 『비타민』, 『엄지의 제왕』 등

　　또 다른 예로 '옷'의 경우를 생각해보자. 옷이 없으면 사람은 당장 밖으로 나다닐 수가 없다. 부끄러운 곳을 가릴 수 없다. 아니 그 이전에 추위 속에서 '생명'을 부지할 수가 없게 된다. 오직 인간만이 다른 동물과 달리 자신의 가죽이나 털 대신 제3의 무언가를 몸에 걸치고 살아간다. 이를 어찌 가벼이 볼 수 있겠는가. 모자, 양말, 신발도 그 연장에서 함께 생각해볼 필요가 있다. 그런데 이 '입기'의 경우도 '문화적 입기'가 삶의 한 분야로 성립된다. 그것이 이른바 '패션'이란 것이다. '아름답게 입기', '멋있게 입기'를 하나의 생적 행위로서 고려해보자.32)

[참고]　디오게네스의 망토
[참고]　창세기의 아담과 이브가 걸친 나뭇잎

　　또 다른 예로 '잠'의 경우를 생각해보자. 잠은 인생의 가장 많은 부분을 차지한다. 90년을 산다고 할 때, 우리는 적어도 30년을 잠으로 산다. 일수로는 '365 × 30', 시간으로는 '24 × 365 × 30'. 좋

---

32) 이수정, 『진리 갤러리』 중 「옷이 날개」 참고.

은 인생을 위해 좋은 잠을 자야 할 까닭이 거기에 있다. 잠을 못
자면 곧바로 건강에도 이상이 온다. 잠은 인간의 생리현상 중 최대
신비의 하나로 평가될 수 있다.

잠의 경우도 또한 단순한 숙면 이상의 어떤 '문화적 잠들기'가
삶의 일부에 자리한다. 이부자리, 베개 등 침구나 침대뿐만 아니라
'잠들기 전'의 음악이나 독서, 그런 것들도 '문화적 자기'를 위해
기여한다.33)

[참고] 천옥환의 경우(불면의 고문)

[참고] 김용옥
"좋은 잠을 위해 요와 이불은 최상의 것을 사용하라."

[참고] 피천득, 『인연』
"눈같이 포근하고 안개같이 아늑한 잠, 잠은 괴로운 인생에게 보내는 아름다
운 선물이다. 죽음이 긴 잠이라면 그것은 영원한 축복일 것이다."

* **관혼상제의 의의**

생활 속에서 특별한 의미를 갖는 '큰일'들이 있다. 그 대표적인
것이 관혼상제. 어른이 된다는 것, 결혼을 한다는 것, 장례를 치
른다는 것, 제사를 지낸다는 것, 이것들은 삶의 중요한 행사들이다.
너무나 흔해 누구도 그 의미를 철학적으로 반추하지 않지만 이 행
사들은 인생의 깊은 의미들을 담지하고 있다. 웬만큼 살아보면 알

---

33) 이수정, 『진리 갤러리』 중 「잠들기 전에」 참고.

게 된다. 이 일들 하나하나가 얼마나 무거운 삶의 주제들인가를….
'성인식', '결혼식', '장례식', '제사'가 엄연한 산업이 됨을 상기해
보라. 이 문화적 '행사'들의 의미를, 그 원점으로 돌아가 되새겨보
자. 그리하여 그것에 동반되는 기쁨, 슬픔과 함께 무겁게 가라앉아
보자. 그 무게 속에서 삶의 질을 발견하게 될 것이다.

특히 '어른이 된다는 것'은 나이만으로 저절로 이루어지는 것이
아니다. 경제를 감당한다는 것, 삶의 무게를 혼자서 감당한다는 것,
나이만큼의 인품을 갖춘다는 것…. 그런 점에서 그것은 하나의 영
원한 과제요 목표라고 할 수 있다. 열 살의 어른도 있고 일흔 살의
아이도 있다. 끝내 어른이 되지 못하고 삶을 마치는 이들도 드물지
않다.

[참고] 이수태, 『어른되기의 어려움』(생각의 나무)

■ 취미생활, 문화생활

* 취미생활, 문화생활의 의미

취미와 문화는 생활의 일부다. 그 본질은 '즐기기'에 있다. 그것
은 인생살이의 큰 낙이다. 자신의 인생에 즐거움을 부여하는 것은
자신에 대한 의무다. 자신의 인생이라고 해서 자기 마음대로 함부
로 굴려서는 안 된다. '자기의 객관화'를 바탕으로 '자기에 대한
봉사'를 생각하자. 취미와 문화는 자기에 대한 봉사다. 인생에 대
한 기여다. 그것은 인생을 윤택하게 한다. 그러나 이 경우도 타자

에 대한 배려가 망각되어서는 안 된다. 자기만을 위한 봉사는 세상에 대한 민폐가 될 수도 있다. 인생에 대한 훼손이 될 수도 있다.

구체적인 취미와 문화는 무수히 많다. 여행, 청소, 화초 기르기, 동물 키우기, 음악감상, 영화감상, TV 시청, 등산, 레저 스포츠, 식도락(구르메), 댄스 등등 모두가 소중한 가치를 지니고 있다. 그 가치의 평가와 향유에 인색하지 말자.

일례로 여행의 경우를 생각해보자. 여행은 돈이 들기 때문에 쉬운 일은 아니다. 그러나 가끔씩은 여행에 투자하자. 투자한 만큼 얻는 것도 많다. 관광하는 것만으로도 좋다. 최소한 즐거운 추억을 얻을 수 있다.34)

유럽인들은 한 달의 '휴가(Urlaub, vacance, vacation)'를 즐기기 위해 일 년을 열심히 일한다. 일본인들은 온천문화, 여관문화, 에키벤 문화 등 탁월한 여행문화들을 보유하고 있다. 유명한 마쓰오 바쇼(松尾芭蕉)의 기행문 『내륙의 오솔길(奧の細道)』도 그런 문화의 결과물이다. 그러한 문화의식이 그들의 삶에 윤기를 부여해 준다.

[참고] 린위탕, 『생활의 발견』 중 「여행의 즐거움」

[참고] 카이바라 에키켄(貝原益軒), 『양생훈(養生訓)』
"어찌 나날이 즐기지 않을 수 있겠는가."

[참고] 마르코 폴로, 정화(鄭和), 콜럼버스, 김찬삼 등의 여행

---

34) 이수정, 『인생론 카페』 중 「잠시 일상을 떨치고」 참고.

■ 인생의 양대 축인 일과 놀이 ─────────

* 인생의 기본 축

우리 인간은 일하며 놀며 그렇게 인생을 살아간다. '일하기'와 '놀기'라는 이 생적 현상은 특별히 주목해야 할 인생살이의 양대 기본 축이다. 놀고만 살 수도 없고 일하고만 살 수도 없는 것이 인생살이다. 원만한 삶을 위해서는 양자의 적절한 균형과 조화가 요구된다.

* '일한다'는 것(일)

'일'은 인생의 근본 조건, 본질적 요소다. 인생의 대부분은 일로 채워진다. 일이 거의 전부인 인생도 있다. 일은 그 자체로 숭고한 것이다. 땀 흘려 열심히 일하는 것은 고귀하다. 그것은 사회적 가치로 존중되어야 한다. 놀고먹는 것(무위도식)은 숭고한 인생에 대한 도리가 아니다.

일은 재화를 획득하는 직업과 연결되어 있다. 직업의 기회를 만인에게 제공하는 것이 사회 특히 정부의 책임이다. 직업에 임하는 자세는 경건해야 한다. 감사, 긍지, 성실, 만족, 기쁨 등의 덕목이 직업에는 요구된다. 일은 연습이 아니다. 그것은 인생의 본론이며 진검승부다. 실수나 실패는 곧바로 죽음으로 이어질 수도 있다.

일한다는 것은 '돈을 번다'는 것이다. 일, 즉 돈벌이는 신성한 생적 행위에 다름 아니다. 그러나 오직 돈벌이만을 위해서 일한다면 그는 돈의 노예가 될 수도 있다. 어차피 해야 하는 일, 긍지와 보람과 기쁨을 가지고 일한다면 그는 그 일의 주인이 될 수 있다. 어떤 삶이 좋은 것인지는 자명하다. 그러나 일해서 돈을 버는 이상 우리는 제대로 '돈값'을 해야 한다. 최선의 일이 최선의 결과를 인간의 삶에 선사한다. 일의 효용은 크다. 돈벌이만이 일의 모든 것은 아니다. 즐겁게, 기꺼이, 보람 있게 일하는 것은 삶의 성공과 행복을 담보한다. 그것은 가장 좋은 삶의 보약이 되기도 한다. '의미'라는 영양이 그 안에 깃들어 있다.

[참고] 장 칼뱅, '직업소명설'

[참고] 막심 고리키, 『밤주막』
"일이 즐거우면 인생은 낙원이다. 일이 의무라면 인생은 지옥일 수밖에 없다."

[참고] 『구약성서』, 「창세기」, '최초의 노동'
[참고] 독일의 '마이스터' ― 일에 임하는 철저한 자세
[참고] 일본의 '타쿠미(匠)' ― 장인정신, 직인정신
[참고] 영화 『철도원』

[참고] 류시화 엮음, 『지금 알고 있는 걸 그때도 알았더라면』 중
「결실과 장미」
크건 작건 간에,
꽃들이 여기저기 피어 있는
아름다운 정원을 갖고자 하는 이는
허리를 굽혀서 땅을 파야만 한다.

소망만으로 얻을 수 있는 것은

이 세상에서 극히 적은 까닭에
우리가 원하는 가치 있는 것은 무엇이건
일함으로써 얻어야 한다.
당신이 어떤 것을 추구하는가 하는 것은
문제가 아니다.
그것의 비밀이 여기 쉬고 있기에
당신은 끊임없이 흙을 파야 한다.
결실이나 장미를 얻기 위해선.
(에드가 게스트)

[참고] 마르크스, '노동의 소외'[35]

✻ 직업의 다양성

인간이 사회적 존재인 한 그 사회에는 온갖 종류의 일들이 존재
한다. 직업은 무한히 다양할 수 있고 무한히 생성, 소멸할 수도 있
다. 정신노동, 육체노동, 서비스…, 또는 1차 산업, 2차 산업, 3차
산업, 그 모두가 다 일의 종류들이다. 그 어떤 종류든 직업의 가치
는 다양하게 인정되는 것이 좋다. 정치도 장사도 교육도 청소도…
어느 것 하나 없어서는 안 된다. 모두 다 삶을 위해 필요한 일들이
다. 대통령은 대통령대로 청소부는 청소부대로 그 '나름의 가치'를
갖는다. 어차피 누군가가 그 일을 담당해야 한다. 그렇다면 그것을

---

35) 자본주의 하의 노동은 자발적, 창조적이기보다는 강제적이며, 노동자는 노
    동과정을 거의 통제할 수 없다. 노동의 산물은 타인이 전유(專有)함으로써
    노동자를 소외시키는 데 사용되고, 노동자 자신은 노동시장에서 하나의
    상품이 된다. 소외는 인간이 노동을 통해 자신의 '종적인 존재(species be-
    ing)'를 실현할 수 없으며 노동 속에서 인간의 본질이 실현되지 않음을 가
    리킨다. (다음 백과 참조)

존중하자. 삶의 세상이 세상으로서 성립하기 위해서는 오만 가지 일들이 다 필요하다. 다양한 사람의 다양한 직업에 대해 그 각각의 가치가 인정되어야 한다. 그 가치가 집중될 때 '사회적 문제'가 발생한다. 직업의 귀천, 좋고 나쁨의 차별은 사회의 작지 않은 부분을 불행하게 만든다. 직업적 가치의 집중이, 많은 경우 불행의 원인이 되기도 한다.

[참고] 실업의 문제, '이태백' 현상

* 휴식의 가치

'일'이라는 이 근본적인 생적 현상에는 본질적으로 '휴식'이라는 생적 현상이 부수 또는 동반된다. 이 현상은 비록 일 그 자체와 동일한 무게는 아닐지라도 불가분리적인 가치로 일과 맞닿아 있다. 그것은 마치 빛과 그림자의 관계와 같다. 휴식 없는 일은 일 그 자체를 그르치거나 망칠 수도 있다. 최소한 일의 효율을 떨어뜨린다. 휴식의 인생론적 가치를 직시한다면 심신을 충분히 쉬면서 일해야 한다. 휴식은 일하는 존재로서의 인간이 지켜야 할 의무에 속한다. 현대사회에서는 그것이 일종의 윤리가 된다. 육신에 대한 윤리, 정신에 대한 윤리, 삶에 대한 윤리.

휴식에는 '아무것도 하지 않고서 쉼', 즉 '빈둥거림'과 산책, 운동, 등산, 레크리에이션 등 '무언가를 하면서 쉼'이라는 두 가지 종류의 휴식이 있다.

인생이란, 일이란, 무려 수십 년에 걸친 장기전이다. 그리고 우리의 심신은 강철이 아니다. 휴식이 꼭 필요한 까닭이 거기에 있다.

[참고] 파스칼, 『팡세』
"인간의 모든 불행은 단 한 가지, 고요한 방에 들어앉아 휴식할 줄 모른다는
데서 비롯된다."

* '논다'는 것(놀이)

논다는 것은 삶의 피로를 씻어주는 단비가 된다. 휴식과 활력을
주는 오아시스다. 인간은 본래 유희적 동물(homo ludens)이다.[36]
그것이 갖는 철학적 중요성을 재인식하자. 그 인생론적 의미를 가
볍게 보고, 주목하지 않고, 강조하지 않는 것은 철학의 부당한 직
무유기다. 인간은 놀이를 배우면서 인생을 배우기 시작한다. "~
야, 노올자"라는 말로 우리는 우리 인생의 초반부를 보낸다. 그리
고 그 놀이는 다양한 형태로 인간의 평생을 관통한다.

[참고] 로제 카이, 『놀이와 인간』(문예출판사)[37]

---

36) Johan Huizinga, *Homo Ludens: a study of the play element in culture*
(1938), 요한 하위징아, 이종인 옮김, 『호모 루덴스: 놀이하는 인간』(연암
서가, 2010) 참조.
37) 「놀이로 분석하는 인간과 사회」
　　"과연 '놀이'라는 것은 인간의 삶과 사회에 어떤 의미를 가지는 것이며,
　　어떤 영향을 주고받는가를 분석한 책. 인간의 일상생활을 일과 놀이라는
　　기준으로 갈랐을 때 대개 일은 건전한 것, 놀이는 시간 낭비하는 것이라는
　　인식이 널리 퍼져 있다. 그러나 놀이가 없이 일만 있는 삶 또한 생각할 수
　　없을 것이다. 이 책은 이렇게 일과 불가분으로 얽혀 있는 놀이가 인간의
　　삶에 있어서 차지하는 위치와 의미를 꼼꼼히 분석해 우리에게 보여준다.

* 놀이의 범위와 방식

이른바 취미들도 넓게 보면 놀이의 일종이다. 영화나 TV 특히 드라마의 시청도 일종의 놀이로서의 의미가 있다.38) 게임의 의미도 다시 보자. 그러나 현대의 놀이 방식은 많은 반성을 요한다. 예전에는 '대지', '자연'이 놀이터였고 놀잇감이었다. 흙과 돌멩이, 혹은 물만 가지고도 한나절 즐겁게 놀 수 있었다. 그리고 사람이 놀이 상대였다. 지금은 그것이 상실되었다. 모든 것이 전자화되고 사람은 기계로 대체되었다. 따라서 그것이 가진 많은 부대적 효용들도 함께 상실되었다. 그 모든 것들을 '인생론'이란 눈으로 다시 볼 필요가 있다.

* 놀이의 종류

엄청난 종류의 놀이들이 현상적으로 존재한다. 그것은 또한 끊임없이 생멸하며 진화해간다. 어린 시절의 각종 장난감 놀이, 딱지

물론 이런 작업이 처음은 아니다. 이미 1938년에 네덜란드의 석학 호이징가는 『호모 루덴스』라는 저서를 통해 놀이가 지닌 문화적 창조력을 강조한 바 있다. 작가는 이런 호이징가의 생각을 많은 부분 받아들이면서 놀이를 네 가지 형태로 분류하고 이 놀이들이 갖는 특성과 갖가지 내포된 의미를 다각도로 비춰본다. 아울러 규칙에 대한 존중이라는 놀이의 기본 틀이 사회 전체에 걸쳐 통용되고 있으며, '놀이'라는 형식을 들여다보면 우리는 문명의 진보 자체를 추적할 수 있다고 말하고 있다. 이 책은 무엇보다 '놀이'라는 흔히 지나치는 대상을 인간과 사회를 분석하는 도구로 이끌어 올린 서구 지성인의 발상에서 그들이 즐기는 지적 놀이를 볼 수 있다는 점이 재미있다."(조선다이제스트, 김한수 기자)

38) 이수정, 『진리 갤러리』 중 「드라마」 참고.

치기, 자치기, 제기차기, 그네, 시소, 미끄럼틀, 정글짐, 고무줄놀이, 주사위놀이, 공기놀이, 실뜨기, 땅따먹기, 술래잡기, 얼음땡, 숨바꼭질, 보물찾기, 팽이치기, 연날리기, 윷놀이, 인형놀이, 병정놀이, 물놀이, 불놀이 등을 비롯하여, 화투놀이, 카드놀이, 마작, 바둑, 장기, 체스, 그리고 당구, 탁구, 농구, 배구, 야구, 축구 등 온갖 종류의 공놀이, 또한 자전거, 요트, 스케이트, 스키 등 별의별 스포츠까지 그 종류는 참으로 다양해 무한에 가깝다. 온 세계가 열광하는 올림픽과 월드컵 그리고 각종 세계선수권도 결국은 그 연장이다. 오늘날에는 컴퓨터와 휴대폰 속에 무한에 가까운 놀이들이 내장되어 있다. 테트리스에서 애니팡, 리니지, 스타크래프트까지, 이미 그 화려한 역사가 있다. 그만큼 놀이가 우리 인생에서 차지하는 비중이 작지 않다는 방증이 된다. 그 모든 것들이 결국 인생의 일부가 된다.

[참고] 영화『금지된 장난』
[참고] 놀이동산과 회전목마, 청룡열차, 바이킹, 회전컵 등 놀이기구들

* 놀이의 효용

놀이의 최대 효용은 '재미'다. 재미는 상당한 '생적 가치'로서 삶에 활력을 준다. 이 활력은 일의 효율로 이어지기도 한다. 이런 점에서는 그야말로 "노는 것이 힘이다."39) 그러나 이 놀이의 재미에 빠져 중독의 지경이 되면 일을 그르치게 될 수도 있고, 자칫 패

---

39) TV의 광고 카피로 널리 알려져 있는 말.

가망신하여 인생을 송두리째 망칠 수도 있다. 정도껏 하는 놀이가 놀이의 효용을 극대화한다.

[참고] 파친코, 카지노 등 도박, 사행성 놀이산업, 컴퓨터 게임, 스마트폰 게임 등과 그 중독

■ 사랑(연애), 성, 결혼 ─────────────────

* 사랑의 근원성과 보편성

인간은 '연애하는 동물(homo amorabundus)'이다. 사랑은 인간 존재의 존재론적 원리의 일부를 구성한다. 인간은 원리적으로 '사랑하게끔 되어 있는 존재'인 것이다. 양성의 존재 자체가 현상적으로 이를 지시한다. 또 어떤 점에서는 인간의 존재 자체가 이미 사랑의 결과이기도 하다.

사랑은 일상적 삶의 삭막함, 고생스러움, 살벌함과 대비해볼 때, 그 가치가 새삼스럽게 부각될 수 있다. 사랑할 수 있음(사랑 가능성)은 인간에게 내려진 축복이다. 사랑은 인생이란 질곡에서의 구원이다. 또는 인생이라는 사막을 적시는 오아시스다.

우리 인간들은 누군가와 사랑을 하게 되며, 그 사랑의 힘으로 삶을 살아간다. 그것은 인간 세상의 보편적 현상이다. 사랑이 없으면40) 인류의 번식이 원천적으로 불가능하며, 따라서 결국은 인류의 멸망에 이르게 된다. 사랑이 인생에 있어서 얼마나 중요한 것인

---

40) 대상의 가치를 부각시키기 위해 내가 자주 사용하는 '결여 가정'.

가 하는 것은 새삼 강조할 필요도 없다. 그것은 사랑이라는 현상이 문학의 영원한 주제라고 하는 데서도 증명된다. 실제의 삶에 있어서는 더더욱 그렇다. 지금 이 순간에도 사랑은 전 지구적, 전 인류적 규모로 진행 중이다. 그것은 언제나 어디서나 진행형이다. 누군가는 지금도 누군가를 생각하며 보며 가슴 설레고, 서로 손을 맞잡고, 포옹을 하고, 키스를 한다. 그런데도 이 현상은 학문적 철학에 있어서는 철저하게 무시되어왔다. 그것은 부당한 책임 회피다. 철학은 어떠한 형태로든 이 현상에 대해 언급할 의무가 있다. 그것은 사랑이 인간의 (삶의) 근본 현상인 한 진리에 속하기 때문이다.41)42)

[참고] 야스퍼스, '사랑하는 싸움'
[참고] 영화 『푸른 산호초』
[참고] 에리히 프롬, 『사랑의 기술』
[참고] 우치다 타스쿠, 『레비나스와 사랑의 현상학』

* 사랑의 본질

'사랑이란 무엇인가?' 온갖 이론들을 차치하고서 그것은 누군가를 생각하고 사모하고 그리워하고 보고 싶어 하고 함께하고 싶어 하는 순수한 마음이다. 공자가 『시경』의 시 300편을 한마디로 압

---

41) '사랑'이라는 이 주제에 관해서는 거의 '사랑학'이라고 할 만큼의 다양하고 풍부한 학적 논의들이 제공되어 있으므로 여기서는 그 최소한의 인생론적 의의를 지시하고 부각시키는 정도로 만족하기로 한다.
42) 이수정, 『인생론 카페』 중 「450년만의 외출」 참고.

축해서 한 말, '사무사(思無邪)'(삿되지 않은 것을 생각함[순수한 생각])와도 같은 것이 곧 사랑의 마음이다. 모든 것을 다 주고서도 아깝지 않은 마음, 아니 주면 줄수록 더욱 기뻐지는 마음이 곧 사랑이다.

[참고] 『시경』,「왕풍(王風)」중「채갈(采葛)」
彼采葛兮 (그녀는 칡을 캐겠지)
一日不見 (하루를 못 보면)
如三月兮 (석 달을 못 본 듯)

彼采蕭兮 (그녀는 쑥을 뜯겠지)
一日不見 (하루를 못 보면)
如三秋兮 (세 가을을 못 본 듯)

彼采艾兮 (그녀는 약쑥을 뜯겠지)
一日不見 (하루를 못 보면)
如三歲兮 (세 해나 못 본 듯)

* 사랑은 행복과 성공의 조건

우리는 내가 나를 사랑하듯이 또한 누군가를, 그리고 인간 일반을 사랑해야 한다. 왜냐하면 그렇게 하는 것이 (함께, 서로 사랑한다는 것이) 우리 인간들이 궁극적으로 원하는 인생의 행복, 인생의 성공을 위한 기본적이면서도 궁극적인 조건이 되기 때문이다. 우리는 서로 사랑함으로써 사랑한 만큼 행복에 가까워질 수 있다. '대자대비'라고까지 할 수는 없겠지만 인간과 인생에 대한 따뜻한 관심과 사랑은 필연적으로 요청되는 덕이요 가치임에 틀림없다. 우리 인간들은 본질적으로 가련한 존재이고 인생은 본질적으로 힘겹기 때문이다. 사랑은 우리 인간들에게 무한한 희망과 용기, 그리고 의미를 줄 수 있다.[43] 사실 사랑의 도움 없이 자기만의 힘으로 살아갈 수 있는 인간은 아무도 없다.

[참고] 알베르 카뮈
"우리의 작품인가. 철학인가. 아니다. 오직 사랑만이 우리의 존재를 증명해줄 뿐이다."

[참고] 테레사 수녀
"서로에게 미소를 보내세요. 당신의 아내에게, 당신의 남편에게, 당신의 아이들에게, 서로에게 미소를 지으세요. 그가 누구이든지 그것은 중요하지 않습니다. 미소는 당신으로 하여금 서로에 대한 더 차원 높은 사랑을 갖도록 해줄 것입니다."

[참고] 톨스토이
"사람이 오직 자기 자신의 일을 생각하는 마음만으로 살아갈 수 있다고 하는 것은 그저 인간들의 착각일 뿐이고 실제로는 인간은 사랑의 힘에 의해 살아가고 있다는 것을 알게 되었다."

---

43) 이수정, 『푸른 시간들』 중 「행복의 항로」
    밤하늘에 밝은 달님 오직 하나 떠 있듯
    이 세상 망망대해에 오직 하나 떠 있는
    푸른
    섬 같은 당신

    당신에게로 노를 젓는다

* 사랑의 종류

사랑에는 여러 가지 형태가 있다. 에로스, 부성애와 모성애,[44][45]

---

44) 심순덕, 「엄마는 그래도 되는 줄 알았습니다」
   엄마는
   그래도 되는 줄 알았습니다
   한겨울 냇물에서 맨손으로 빨래를 방망이질 해도

   엄마는
   그래도 되는 줄 알았습니다
   배부르다. 생각없다. 식구들 다 먹이고 굶어도

   엄마는
   그래도 되는 줄 알았습니다
   발뒤꿈치 다 해져 이불이 소리를 내도

   엄마는
   그래도 되는 줄 알았습니다
   손톱이 깎을 수조차 없이 닳고 문드러져도

   엄마는
   그래도 되는 줄 알았습니다
   아버지가 화내고 자식들이 속썩여도 끄떡없는

   엄마는
   그래도 되는 줄 알았습니다
   외할머니가 보고 싶다
   외할머니가 보고 싶다 그것이 그냥 넋두리인 줄만

   한밤중 자다 깨어 방구석에서 한없이 소리죽여 울던 엄마를 본 후로
   아!
   엄마는 그러면 안 되는 것이었습니다
45) 유대교의 격언, "신은 언제나, 어디서나 있을 수 없어 어머니를 만들었다."

우애, 우정, 아가페, 카리타스, 자애(자비)라 불리는 것들이 모두 다 사랑의 형태들이다. 이것들이 발하는 빛깔은 서로 다르지만 보석 같은 것이라는 점에서는 공통된다. 다이아몬드, 루비, 사파이어가 그런 것처럼….

한편, 짝사랑, 동성애, 질투, 스토킹 등 특이한, 왜곡된 사랑 현상도 있다. 실연과 헤어짐이라는 현상도 있다. 사랑에 동반되는 그런 그늘 현상은 사랑이 '삶'임을 실감나게 하는 무게로 다가온다. 사랑은 명백히 '좋은 것'이지만 인생에 좋기만 한 것이 있겠는가. 빛에는 반드시 그림자도 따른다는 것을 기억해두자.

[참고] 「사랑하는 사람과 좋아하는 사람」
사랑하는 사람 앞에서는 가슴이 두근거리지만
좋아하는 사람 앞에서는 즐거워집니다.

사랑하는 사람 앞에서는 겨울도 봄 같지만
좋아하는 사람 앞에서는 겨울은 겨울입니다.

사랑하는 사람 앞에서는 눈빛을 보면 얼굴이 붉어지지만
좋아하는 사람 앞에서는 웃을 수 있습니다.

사랑하는 사람 앞에서는 할 말을 다 할 수 없지만
좋아하는 사람 앞에서는 할 수 있습니다.

사랑하는 사람은 매일 기억이 나지만
좋아하는 사람은 가끔 기억이 납니다.

사랑하는 사람에게는 무엇이든 다 주고 싶지만
좋아하는 사람에게는 꼭 필요한 것만 해주고 싶습니다.

사랑하는 사람이 딴 사람에게 잘해주면 샘이 나지만
좋아하는 사람이 딴 사람에게 잘해주면 아무렇지 않습니다.

사랑하는 사람의 눈을 빤히 볼 수 없지만
좋아하는 사람의 눈은 언제나 볼 수 있습니다.

사랑하는 사람이 울고 있으면 같이 울게 되지만
좋아하는 사람이 울고 있으면 위로하게 됩니다.

사랑하는 사람 앞에서는 멋을 내게 되지만
좋아하는 사람 앞에서는 그대로의 모습을 보일 수 있습니다.

사랑하는 사람은 슬플 때 생각이 나지만
좋아하는 사람은 고독할 때 생각이 납니다.

사랑하는 사람과의 시간은 길어도 짧게 느껴지지만
좋아하는 사람과의 시간은 길면 넉넉합니다.

사랑하는 마음의 시작은 눈에서부터 시작되고
좋아하는 마음의 시작은 귀에서부터 시작됩니다.

그래서 좋아하다 싫어지면 귀를 막아버리면 끝나지만
사랑하는 마음은 눈꺼풀을 덮어도 포도송이 같은
구슬이 맺히는 눈물이랍니다.

[참고] 『신약성서』,「고린도전서」, 13장
사람의 방언과 천사의 말을 할지라도 사랑이 없으면 소리 나는 구리와 울리
는 꽹과리가 되고
내가 예언하는 능이 있어 모든 비밀과 모든 지식을 알고 또 산을 옮길 만한
모든 믿음이 있을지라도 사랑이 없으면 내가 아무것도 아니오
내가 내게 있는 모든 것으로 구제하고 또 내 몸을 불사르게 내어 줄지라도

사랑이 없으면 내게 아무 유익이 없느니라.

사랑은 오래 참고 사랑은 온유하며 투기하는 자가 되지 아니하며 사랑은 자랑하지 아니하며 교만하지 아니하며

무례히 행치 아니하며 자기의 유익을 구치 아니하며 성내지 아니하며 악한 것을 생각지 아니하며

불의를 기뻐하지 아니하며 진리와 함께 기뻐하고

모든 것을 참으며 모든 것을 믿으며 모든 것을 바라며 모든 것을 견디느니라.

사랑은 언제까지든지 떨어지지 아니하나 예언도 폐하고 방언도 그치고 지식도 폐하리라.

… [중략] …

그런즉 믿음, 소망, 사랑, 이 세 가지는 항상 있을 것인데 그 중에 제일은 사랑이라.

* 사랑의 척도

진정한 사랑은 기쁨과 슬픔으로 가늠할 수 있다. 누군가의 슬픔이 나의 슬픔이 된다면 그것이 곧 사랑이다. 누군가의 아픔이 나의 아픔보다 더 아픈 경우가 있다. 그것은 틀림없는 사랑의 증좌가 된다. 그러나 무엇보다 확실한 것은 누군가의 기쁨이 나의 기쁨이 되는 그런 경우다. 그것이야말로 사랑 중의 사랑이다. 슬픔을 함께하기보다 기쁨을 함께하는 경우가 더욱 어렵다. 남녀의 사랑, 부부의 사랑, 부모와 자식의 사랑에서 우리는 이것을 확인한다.[46][47] 그래

---

46) 이수정, 『푸른 시간들』 중 「사랑의 계절」

그녀가 아팠다

그녀의 아픔이 나의 아픔보다 더 아팠다

그녀가 찌푸렸다

내 마음엔 곧바로 궂은비가 내렸다. 구름도 없이 하루 온 종일

그녀가 낫고, 다시 웃었다

서 우리는 이렇게 말할 수 있다. "사랑이란 무엇인가. 그것은 그/
그녀의 아픔을 나의 아픔보다 더 아파하는 그 마음이다. 그/그녀의
기쁨을 똑같은 크기로 함께 기뻐하는 그 마음이다. 사랑이란 무엇
인가. 그것은 그/그녀의 표정이 곧 나의 날씨가 되어버리는 그 하
늘이다."

"누군가와 슬픔을 함께하는 일은 어렵다. 누군가와 기쁨을 함께
하는 일은 더욱 어렵다. 누군가의 슬픔과 기쁨이 진정으로 나의 슬
픔과 기쁨이 된다면 그는 더 이상 남이 아니다."

* 성(性)

인간의 가장 근원적인 생적 행위의 하나에 '성'이 있다. '성'은
가장 기본적인 존재론적 현상의 하나로 치부된다. 우리에게 눈이
있다는 것은 본다는 것을 전제로 한다. 입이 있다는 것은 먹는다는
것을 전제로 한다. 마찬가지로 우리 인간에게 아프리오리하게 성
적 기관들이 갖추어져 있다는 것은 성의 당위를 전제로 한다. 소위
성호르몬인 테스토스테론과 에스트로겐의 존재도 같은 맥락에서
해석된다. 이는 즉 인간존재가 애당초 본연적으로 '섹스를 하도록

내 마음도 즉시 쾌청으로 개었다

그녀의 표정이 곧 나의 날씨가 되어버리곤 했다

푸른 시간 속
사랑이 흐르고 있었다

47) 이수정, 『진리 갤러리』 중 「진리 노트에서」 참고.

되어 있다'48)(섹스 가능적 존재)는 것을 지시한다. 성이 비로소 인간과 세계를 가능케 한다.49) 그런 점에서 성은 자연의 근본 질서에 속하는 것으로, 누구도 그 근본 의의를 폄하, 훼손할 수 없다. 성은 신비다. 그것은 신성한 존재의 원리이며 신비로운 삶의 원리다. 성은 인생의 시작을 위한 필수조건이며, 인생의 과정을 위한 축복이기도 하다. 만일 성이라는 현상이 없다면 그것은 인류의 절멸로 이어진다. 대부분의 인간은 본능적으로 성을 희구한다. 그것은 얼마나 '좋은' 것인가. 얼마나 '고마운' 것인가. 그러나 성은 사랑과 조화되어야 한다. 성은 사랑을 바탕으로 이루어져야 한다. 그 사랑의 대상을 우리는 짝이라 부르기도 하고 배우자라 부르기도 한다.

[참고] 프로이트, 라캉, '리비도'
[참고] 푸코, 『성의 역사』

[참고] 노자, 『도덕경』
"골짜기의 신은 죽지 않으니 이를 일컬어 그윽한 암컷이라 한다. 그윽한 암컷의 문은 이를 일컬어 천지의 뿌리라 한다. 면면히 존재하는 것 같으며 이를 써도 힘들지 않다(谷神不死 是謂玄牝 玄牝之門 是謂天地根 綿綿若存 用之不勤)."

---

48) 영국의 한 민영방송에서 방송한 '인생 족적기(The Human Footprint)'에 따르면 인간은 일생 동안 총 4,239회 섹스를 한다고 한다. 『동아일보』, 2009년 8월 30일자 참조.
49) 쿠르베의 그림 「세상의 근원」은 성이 세상의 성립 원천임을 알려주는 최고의 상징이다.

* 성의 도구화

그러나 인간 세상에서는 이러한 성의 본질이 왜곡되면서 단순한 쾌락의 도구로 사용되는 현상이 존재한다. 본도를 벗어난 이러한 특수 성현상은 오랜 역사의 과정에서 참으로 다양한 형태들을 노정한다.50)

[참고] 매춘, 강간, 혼전관계, 혼외관계, 동성애, 자위, 혼음, 성도착, 포르노, 기타 각종 기발한 섹스산업 등등.

* 결혼

결혼은 사랑의 완성이다. 연애의 승화다. 그것은 또한 존재의 질서다. 삶의 기본 절차다. 자연스러운 당연이다. 린위탕의 말처럼 "독신은 문명의 기형이다." 결혼은 또한 생명의 질서에 참여함이다. 단, 이 참여는 인간의 사정이나 자유의지에 대해 그 선택의 가능성이 열려 있다.

결혼은 가족과 가정의 시작이다. 결혼은 그것 이전의 인생과 이후의 인생을 완전히 다른 것으로 만든다. 관혼상제의 하나에 결혼이 있듯이 결혼은 취직과 더불어 인생의 가장 큰 변곡점의 하나가 된다.51) 내용적으로 그것은 삶의 질곡이 되기도 하고, 동시에 삶의

---

50) 이러한 문제들에 관해서는 최근 이른바 '성과 사랑의 철학'이라는 것이 유행이므로 그것들에게 본격적인 논의를 미루기로 한다. 연구의 대상임에는 틀림없다. 여기서는 그 기본적인 인생론적 의미의 지시와 부각으로 만족한다.

구원이 되기도 한다. 당연한 말이지만 그것은 결혼의 당사자들이 하기에 달려 있다. 결혼에는 무수한 이점이 있다. 결혼하면 고독의 문제가 해결된다. 성이 허용된다. 세상사에 대해 함께 싸울 아군이 확보된다. 종족을 보존한다…. 그래서 결혼을 구원이라고 한다. 그러나 결혼에는 무수한 단점도 있다. 독신의 자유로움을 포기해야 한다. 온갖 가정사와 가족관계에 골머리를 앓아야 한다. 많은 비용 지출을 감수해야 한다…. 그래서 결혼을 질곡이라고 한다. 이런 연유로 "결혼은 해도 후회하고 안 해도 후회한다. 어차피 후회할 거라면 해보고 후회하자"라고 흔히들 말한다. 이 말은 진실을 담고 있다. 액면 그대로 받아들여도 좋다. 특히 해보고 후회하자는 마지막 구절은 묘한 울림을 남긴다. 온갖 세상풍파를 함께 넘긴 노부부의 황혼은 숭엄한 풍경을 연출한다.

[참고]　몽테뉴
"결혼은 새장과 같다. 밖에 있는 새는 안으로 들어가고 싶어 하고, 안에 있는 새는 밖으로 나오고 싶어 한다."

[참고]　불륜, 계약결혼, 정략결혼, 사기결혼, 궁합

* 이혼

살다 보면 결혼이 파탄에 이르는 경우가 있다.52) 이혼은 하나의

---

51) 헤겔은 친구 니트 하머에게 보낸 편지에서 "따뜻한 가정과 보람된 직장을 가진 사람은 인생에서 성공을 거두었다고 말할 수 있다"는 취지의 생각을 피력한 적이 있다.
52) 필자는 법원에서 가사사건의 조정위원으로 활동하면서 이혼의 수많은 사

생적 현상이다. 예전에는 이혼이 곧 인생의 파멸이기도 했다. 특히 여성의 경우가 그러했다. 오늘날은 다르다. 통계상으로 이혼의 비율은 증가 일로에 있다. 보편적인 사회현상의 하나가 된 셈이다. 그러나 이혼은 기본적으로 인생의 불행이다. 이혼은 어떠한 경우에도 가정의 파괴, 가족의 해체를 동반한다. 그러므로 가능한 한 피하는 것이 좋다. 그러나 결혼생활의 불행이 이혼의 불행보다 더 큰 경우도 있다. 그런 경우라면 이혼은 필요악으로서 인정될 수도 있다. 이혼이 구원인 경우도 있는 것이다. 재혼, 삼혼으로 비로소 행복을 찾는 커플도 드물지 않다.

부부간 다툼의 원인은 외도, 폭력, 성격의 차이, 가치관의 차이, 경제적 무능, 고약한 습관, 혼수, 시댁, 처가, 종교 등등 실로 다양한데, 기본적으로는 사랑, 이해, 배려, 존중의 부족 내지 결여가 최대의 원인이 된다. 다툼의 대부분은 인간적 미숙 내지 어리석음, 혹은 아집에 기인한다. 이 모든 것들이 가능적 요인으로서 결혼이라는 생적 현상에 잠재해 있다. 지혜와 현명함은 이 모든 요인들을 슬기롭게 극복해 가정의 평화와 행복을 지켜낸다. 인내와 용서도 그런 노력의 하나로 꼽을 수 있다. "끝까지 이혼하지 않고 해로하는 부부는 복이 있나니, 서로에게는 물론 운이나 하늘에도 참으로 감사해야 할 일이 아닐 수 없다." 그러나 상대방의 문제가 도를 지나칠 경우, 무조적인 인내만이 능사는 아니다.

례들을 접해봤는데, 어떠한 형태의 이혼이든 그 전후의 아픔과 상처를 동반하지 않는 경우는 드물었다.

[참고] 『성서』
"진실로 이르거니와 아직 장가가지 않은 자들이여, 장가가지 말라. 이미 장가
간 자들이여, 네 아내를 버리지 말라."

[참고] 공자와 그의 아내 올관(兀官)의 이혼

* '함께 있음'의 의미

행복의 구체적인 지표들 중 가장 소중한 것은 아마도 '함께 있
음', '사람과 함께 있음', '특별한 그 사람과 함께 있음'이 아닐까.
아무리 큰 부귀공명을 얻는다 해도 혼자 갖는 영광은 허전할 뿐이
다. 사랑은 맞사랑이며, 그 최대의 이점이 바로 함께 있음이다.
"이 밭을 일구어 누구랑 같이 먹고 살꼬…" 하는 '우렁각시 이야
기'를 반추해보라.

[참고] 류시화 엮음,『지금 알고 있는 걸 그때도 알았더라면』중
「내가 원하는 것」
내가 원하는 것은 함께 잠을 잘 사람
내 발을 따뜻하게 해주고
내가 아직 살아 있음을 알게 해줄 사람
내가 읽어 주는 시와 짧은 글들을 들어 줄 사람
내 숨결을 냄새 맡고, 내게 얘기해 줄 사람

내가 원하는 것은 함께 잠을 잘 사람
나를 두 팔로 껴안고 이불을 잡아당겨 줄 사람
등을 문질러 주고 얼굴에 입맞춰 줄 사람
잘 자라는 인사와 잘 잤느냐는 인사를 나눌 사람
아침에 내 꿈에 대해 묻고

자신의 꿈에 대해 말해 줄 사람
내 이마를 만지고 내 다리를 휘감아 줄 사람
편안한 잠 끝에 나를 깨워 줄 사람

내가 원하는 것은 오직
사람

[참고] 공지영, 『존재는 눈물을 흘린다』
"아무도 상대방의 눈에서 흐르는 눈물을 멈추게 하지는 못하겠지만 적어도
우리는 서로 마주보며 그것을 닦아 줄 수는 있어. 우리 생에서 필요한 것은
다만 그 눈물을 서로 닦아 줄 사람뿐이니까. 네가 나에게 그리고 내가 너에
게 그런 사람이 되었으면 해."

■ 자녀 양육, 교육, 뒷바라지 ─────────────

* 자식 ─ 사랑의 연장

　사랑과 결혼과 성이라는 생적 현상의 연장선상에 자식이라는 것
이 있게 된다. 그러면 인간은 부모로서 그 자식을 키워가게 된다.
그것이 인생 중후반의 구체적 삶이 된다. 임신과 출산에 따른 자식
의 양육과 뒷바라지는 삶의 중반 이후에 실질적 내용을 부여한다.
특히 한국사회에서는 이것이 삶의 거의 전부가 되는 경우가 비일
비재하다. 부모로서 자식을 키우는 것이 결코 호락호락한 일은 아
니지만, 그 재미와 보람은 참으로 쏠쏠한 바가 없지 않다.53)
　그러나 과잉 사랑이나 과도한 집착은 자녀를 망칠 수 있다. 사

---

53) TV 프로그램 『붕어빵』과 『아빠 어디 가』 참조.

랑의 포기도 적지 않다. 그것도 자식을 망칠 수 있다. 극단의 경우 양자 모두 자녀를 죽음으로 내몰 수도 있다. 양자 모두 사회적 문제를 야기한다. 그러니 주의하면서 균형을 유지하자. 넘치지도 않게 모자라지도 않게, 아주 알맞게….

자녀 사랑에 대한 대가(효도 등)의 기대도 금물이다. "사랑은 내리사랑이다." 오직 줄 수 있음에 감사하자. 줌 자체가 이미 받음이다. 자녀가 장성하면 홀로 세우기와 떠나보내기의 미덕을 실천해야 한다.54) 그것이 삶의 자연스러운 질서임을 인식해야 한다.

[참고] 맹모삼천지교(孟母三遷之敎), 맹모단기지교(孟母斷機之敎)
[참고] 강남 현상
[참고] 저출산(少子化) 문제

■ 미움과 증오, 대립과 경쟁, 승리와 패배 ──────

* 미움과 증오

미움과 증오도 삶의 보편적 현상이다. 우리 인간은 살아가면서 누군가를 미워하게 되며 누군가의 미움을 받게 된다. "시간의 지배에서 예외인 자가 없듯, 중력의 지배에서 예외인 자가 없듯, 또한 사랑과 미움에서 예외인 자도 없다." 어떠한 미움이든 그것은 고통을 동반한다. 어떠한 미움이든 유쾌한 미움은 없다. 크든 작든, 능동이든 수동이든, 예외는 없다. 아무리 훌륭한 인물이라도 미움

---

54) 미국사회에서는 이러한 절차가 당연한 것으로 알려져 있다. 그리고 동물들의 경우도 참고해보자.

의 대상이 된다. 인류의 사표, 4대 성인들도 예외는 아니었다. 공자도 알아주는 사람이 없었을 뿐 아니라, 환퇴는 그를 죽이려 했다. (누군가가 위령공에게 공자를 모함해서 영공은 공손여가에게 군사를 주어 공자를 해하려 한 일도 있었다.) 석가모니도 데바닷타의 미움을 받았다. 예수도 바리새인을 비롯한 수많은 사람의 미움을 받고 결국 십자가에 못 박혔다. 소크라테스도 멜레토스, 아뉘토스, 뤼콘을 비롯한 많은 사람의 미움을 받고 고소당해 결국 독배를 들었다. 삶의 온갖 비극의 근저에는 미움이 도사리고 있다. 미움은 인간을 상하게 만든다. 미움 받는 사람뿐만이 아니라 미워하는 사람 자신도 상하게 한다. 삶의 행복을 위해서는 미움을 다스릴 줄 알아야 한다. 사회주의의 실패는 그것이 미움과 증오에 기초하는 것이었기 때문이다. 그것은 명백한 오류였다. 미움은 문제를 해결하지 못한다. 또 다른 문제를 야기할 뿐이다. 순진하기 짝이 없는 말이지만 인간사의 모든 문제는 결국 '사랑'만이 해결할 수 있다.

[참고] 엠페도클레스, '사랑과 미움'
"모든 것들이 사랑(philotes) 속에서 하나로 합쳐졌다가 다툼(neikos)의 미움 (hekhthos) 속에서 하나하나의 사물로 분리되어버린다."

[참고] 『구약성서』「창세기」, '카인과 아벨'
[참고] 불교, '원증회고(怨憎會苦)'

[참고] 불교
"미움 없이 사는 이는 복되나니. 비록 미움과 사랑 없음이 주변에 가득하지만."

* 대립과 경쟁

세상에 이익들이 있고 그것을 둘러싼 욕심들, 욕망들이 사람에게 있는 이상, 대립과 다툼은 피할 수 없는 삶의 일부가 된다. 경쟁은 시공을 초월한 삶의 보편적 현상이지만 특히 우리가 살고 있는 이 시대, 현대의 시대정신이기도 하다. 그것은 이른바 효율을 위해서 장려된다. 인간들이 각자 욕구를 추구하고 그 욕구의 대상이 한정되어 있는 한 경쟁은 불가피한 삶의 원리가 된다. 그러나 경쟁은 절대적 선으로 간주될 수 없다. 만능도 아니다. 경쟁은 양적 성과를 증대시킬 수 있지만 질적 저하를 야기할 수도 있다. 스스로 즐겨서 하는 일이 결국 가장 좋은 성과를 이루어낸다. 경쟁은 그러한 즐김을 증발케 한다. 그리하여 경쟁은 인생을 삭막하게 하고 살벌하게 만든다. 그것은 세계를 황폐화시킨다. 경쟁은 효율을 증대시키지만 그만큼 인간관계의 푸근함을 박탈해가기도 한다. 따뜻한 세상을 바란다면, 우리는 경쟁을 조화와 협력으로 전환하고 승화시키는 지혜를 발휘해야 한다. 그것을 위해 다양성의 인정이라는 가치가 절실히 요구된다. 그것을 위해 타인의 인격과 개성에 대한 존중이 덕목이 된다. 가치의 편중이 경쟁을 촉발한다. 그것은 이윽고 인간성을 질식케 한다. 세상의 사막화를 촉진시킨다.

[참고] 헤라클레이토스
"싸움은 공통된 것이며, 상도는 싸움이며, 모든 것은 싸움과 필연에 따라 생겨난다고 하는 것을 알아야 한다. … 싸움은 만물의 아버지이며, 만물의 왕이다. 그리고 그것은 어떤 것들을 신으로, 어떤 것들은 인간으로 나타낸다. 또 어떤 것들을 노예로 하고, 어떤 것들을 자유인으로 한다."

[참고] 마르크스
"인류의 역사는 계급투쟁의 역사다."

[참고] 역사상 수많은 전쟁의 경우. 한중 · 한일 · 중일 관계, 영불 · 불독 · 독영 관계의 경우

* 승리와 패배

　대립과 다툼이라는 현상은 보편적이다. 삶에 경쟁과 다툼이 있는 한, 대립과 대결이 있는 한, 그리고 인간에게 강자와 약자가 있는 한, 승리와 패배는 불가피하다. 어떤 자는 이기고 어떤 자는 진다. 또 어떤 때는 이기고 어떤 때는 진다. 승리는 영광이고 패배는 굴욕이다. 그러나 현명한 자는 승리를 자만하지 않고 패배를 자괴하지 않는다. 절대적인 승리도 없으며 절대적인 패배도 없음을 그들은 알기 때문이다. "지는 것이 이기는 것"이라고 사람들은 말한다. 새겨들을 필요가 있는 말이다.

[참고] 생텍쥐페리, 『아라스(Arras)로의 비행』
"패배… 승리… 나는 이 형식들로 어떤 정당한 것도 시작할 수 없다. 드높이는 승리, 그리고 낮추는 승리가 있다. 죽이는 패배, 그리고 일깨우는 패배가 있다. 삶은 상태에 있어서 드러나는 것이 아니라 태도에 있어서 드러난다. 내가 실망할 수 없는 유일한 승리는 씨앗의 싹트는 힘 속에 잠들어 있는 그런 승리다. 알곡이 검은 대지 속에 널리 심어져 있을 때, 그때 그것은 이미 압도적인 승리를 거둔[무적인] 것이다. 그러나 우리는 그 알곡 속의 승리를 체험하기 위해 시간을 기다리지 않으면 안 된다."

[참고] 일본인의 의식과 일본의 역사[55]

[참고] 『손자병법』

"적을 알고 나를 알면 백번 싸워도 위태롭지 않다. …(知彼知己 百戰不殆, 不知彼而知己 一勝一負, 不知彼不知己 每戰必敗)"

[참고] J. 하비스, 「승자와 패자」

1.
승자는 실수했을 때 '내가 잘못했다'고 말하지만
패자는 실수했을 때 '너 때문이야'라고 말한다.

승자의 입에는 솔직함이 가득하고
패자의 입에는 핑계가 가득하다.

승자는 '예'와 '아니오'를 분명히 하지만
패자는 '예'와 '아니오'를 적당히 한다.

승자는 어린아이에게도 사과할 수 있지만
패자는 노인에게도 고개를 못 숙인다.

승자는 넘어지면 일어나 앞을 보고
패자는 넘어지면 뒤를 본다.

2.
승자는 패자보다 더 열심히 일하지만 여유가 있고
패자는 승자보다 게으르지만 늘 '바쁘다'고 말한다.

승자의 하루는 24시간이고
패자의 하루는 23시간밖에 안 된다.

승자는 열심히 일하고, 열심히 놀고, 열심히 쉬지만

---

55) 이수정, 『인생론 카페』 중 「일본의 무사도」 참고.

패자는 허겁지겁 일하고, 빈둥빈둥 놀고, 흐지부지 쉰다.

승자는 시간을 관리하며 살고
패자는 시간에 끌려 산다.

승자는 시간을 붙잡고 달리며
패자는 시간에 쫓겨서 달린다.

3.
승자는 지는 것도 두려워하지 않지만
패자는 이기는 것도 은근히 염려된다.

승자는 과정을 소중히 생각하지만
패자는 결과에만 매달려 산다.

승자는 순간마다 성취의 만족을 경험하고
패자는 영원히 성취감을 맛보지 못한다.

승자는 구름 위에 뜬 태양을 보고
패자는 구름 속의 비를 본다.

승자는 넘어지면 일어서는 쾌감을 알지만
패자는 넘어지면 재수를 탓한다.

4.
승자는 문제 속에 뛰어들지만
패자는 문제의 주위에만 맴돈다.

승자는 눈을 밟아 길을 만들지만
패자는 눈이 녹기를 기다린다.

승자는 무대 위로 올라가지만
패자는 관객석으로 내려간다.

승자는 실패를 거울삼지만
패자는 성공도 휴지로 삼는다.

승자는 바람을 돛을 위한 에너지로 삼고
패자는 바람을 만나면 돛을 내린다.

승자는 파도를 타고 나가지만
패자는 파도에 삼켜진다.

승자는 돈을 다스리지만
패자는 돈에 끌려 다닌다.

승자의 주머니 속엔 꿈이 있고,
패자의 주머니 속엔 욕심이 있다.

5.
승자가 즐겨 쓰는 말은 '다시 한 번 해보자'이고
패자가 자주 쓰는 말은 '해봐야 별 수 없다'이다.

승자는 차라리 용감한 죄인이 되고
패자는 차라리 비겁한 요행을 믿는다.

승자는 새벽을 깨우며 달리고
패자는 새벽을 기다리며 앉아 있다.

승자는 일곱 번을 쓰러져도 여덟 번 일어서지만,
패자는 쓰러진 일곱 번을 낱낱이 후회한다.

승자는 달려가며 계산하지만
패자는 출발도 하기 전에 계산부터 한다.

6.
승자는 다른 길도 있으리라 생각하지만
패자는 길은 오직 하나뿐이라고 고집한다.

승자는 더 좋은 길이 있을 것이라 생각하지만
패자는 갈수록 태산이라 생각한다.

승자의 방에는 여유가 있어 자신을 여러 모로 변화시켜보지만
패자는 자기 하나 꼭 들어갈 상자 속에 자신을 가두고 산다.

7.
승자는 순위나 포상과는 관계없이 열심히 달리지만
패자는 처음부터 끝까지 포상만 생각한다.

승자의 의미는 모든 달리는 코스, 즉 순탄한 길이나 험준한 고갯길 전체에
깔려 있지만
패자는 오직 일등을 했을 때만 의미를 찾는다.

승자는 달리는 중에도 이미 행복을 느끼지만
패자의 행복은 경주가 끝나야 결정된다.

8.
승자는 자기보다 우월한 사람을 보면 존경심을 갖고 그로부터 배울 점을 찾
지만
패자는 자기보다 우월한 사람을 만나면 질투심을 갖고 그의 갑옷에 구멍난
곳이 없는지 찾아본다.

승자는 자기보다 못한 사람을 만나도 친구가 될 수 있으나

패자는 자기보다 못한 사람을 만나면 즉시 지배자가 되려 한다.

승자는 강한 자에겐 강하고 약한 자에겐 약하지만
패자는 강한 자에겐 약하고 약한 자에겐 강하다.

9.
승자는 몸을 바치고
패자는 혀를 바친다.

승자는 행동으로 말을 증명하지만
패자는 말로 행동을 변명한다.

승자는 책임지는 태도로 삶을 살지만
패자는 약속을 남발하며 삶을 허비한다.

승자는 벌받을 각오로 결단하며 살다가 영광을 받지만
패자는 영광을 위하여 꾀를 부리다가 벌을 받는다.

승자는 인간을 섬기다가 감투를 쓰며
패자는 감투를 섬기다가 바가지를 쓴다.

■ 교제, 교우 ──────────────────────

* 교제

사람은 관계적 존재이므로 사람과 교제하면서 삶을 살아간다. 교제는 삶의 필연적 조건이자 계기다. 그것은 보편적인 하나의 생적 현상으로서 우리의 인생론적 의식에 포착된다. 모든 인간관계가 여기에 해당한다. 그것은 공존재라는 인간의 본질에 기초한다. 특히 우호적 타자와의 친밀한 교제는 좋은 인생에 명백히 기여한다. 빈 노트에 기억 속의 이름들을 적어보라. 어릴 적부터 지금까지를 더듬으면서. 그 이름들이 교제가 보편적인 삶의 구조임을 확인시켜줄 것이다. 또한 그 교제가 삶의 구체적인 내실의 일부였음을 알려줄 것이다. 그러한 교제의 일부는 삶의 의미 있는 성과로 남기도 한다.

[참고] 야스퍼스, 교제(Kommunikation)
[참고] 하이데거, 공존재(Mitsein)

* 교우

교제의 여러 양태들 중 친구와의 교우는 특별한 삶의 영역을 구성한다. 이 교우는 유년기부터 노년기까지 삶의 전 과정을 관통한다. 진정한 친구는 인생의 크나큰 재산이다. 친구의 중요성을 강조하기 위해 심지어 "부모 팔아 친구 산다"는 말까지 있다. 우정이라는 가치를 숙고하자. 친구를 위해 자신의 일부 희생을 감수할 수 있다면, 그러한 자세는 친구로서의 충분한 자격을 부여한다. "사람이 살다가 곤경에 처하게 되면, 그때 비로소 친구와 적이 그 맨얼굴을 드러낸다. 마음에서, 말에서, 행동에서 느껴지는 온도로써 우리는 그 정체를 감지할 수 있다."

또한 거짓 없는 신뢰는 친구의 기본 조건이 된다. 피타고라스도 에피쿠로스도 우정을 강조했다. 유학자들도 오류의 하나로 '붕우

유신(朋友有信)'을 이야기했다. 공자도 소원의 하나로 '붕우신지(朋友信之)'를 이야기했다. 왠가? 그것이 그만큼 중요하고 필요하고 소중한 가치임을 방증한다. 그때나 지금이나, 거기서나 여기서나…. 비슷한 사람은 비슷한 사람끼리 서로 통한다.56)

[참고] 히로카와 토루의 우정
[참고] 순거백(荀巨伯)의 우정57)

[참고] 『탈무드』
"이해관계가 얽히게 될 때 비로소 친구가 어떠한지 알 수가 있다."

[참고] 『명심보감』, '아들의 친구와 아버지의 친구 이야기'
"마시고 먹을 때의 형제는 천이나 있어도 급하고 어려울 때의 친구는 하나도 없다(酒食兄弟 千個有 急難之朋 一個無)."

---

56) 이수정, 『진리 갤러리』 중 「유유상종」 참고.
57) 유의경(劉義慶), 『세설신어(世說新語)』
순거백이 멀리 있는 친구의 문병을 갔는데, 마침 오랑캐들이 성을 공격해왔다. 친구가 거백에게 말했다.
"나는 어차피 죽을 몸이니, 자네나 어서 피하게!"
"멀리서 자네를 보러 왔는데 자네가 나더러 혼자 피하라고 하다니, 의리를 버리고 구차하게 목숨을 부지하는 짓을 이 거백이 해야 한단 말인가?"
오랑캐들이 친구 집에 몰려와서 거백에게 말했다.
"대군이 몰려왔는데 당신들만 왜 도망가지 않고 있는 거요?"
거백이 대답했다.
"친구가 병이 들어서 그를 두고 갈 수가 없었소. 차라리 나를 죽이고 친구를 살려주시오."
오랑캐들이 서로 수군거리기 시작했다.
"우리같이 의리를 모르는 사람들이 의리를 지키는 나라를 침범했구나!"
그러고는 군사를 철수해서 돌아가버렸다. 결국 그 두 사람으로 인해 한 마을이 무사하게 되었다.
원래 이 이야기는 『설부(說郛)』, 제4권 「양양기(襄陽記)」에 실려 있다.

[참고] 공자, 『논어』
"벗이 있어 먼 데서 찾아오니 또한 즐겁지 아니한가(有朋自遠方來 不亦樂乎)."

[참고] 유안진, 「지란지교를 꿈꾸며」

[참고] 도종환, 「벗 하나 있었으면」
마음이 울적할 때 저녁 강물 같은 벗 하나 있었으면
날이 저무는데 마음 산그리메처럼 어두울 때
내 그림자를 안고 조용히 흐르는 강물 같은 친구 하나 있었으면

울리지 않는 악기처럼 마음이 비어 있을 때
낮은 소리로 내게 오는 벗 하나 있었으면
그와 함께 노래가 되어 들에 가득 번지는 벗 하나 있었으면

오늘도 어제처럼 고개를 다 못 넘고 지쳐 있는데
달빛으로 다가와 등을 쓰다듬어주는 벗 하나 있었으면
그와 함께라면 칠흑 속에서도 다시 먼 길 갈 수 있는 벗 하나 있었으면.

■ 신체적 단련(운동, 위생, 보건) ─────────

* 운동

인간은 몸으로 태어나 몸으로 살아간다. 몸의 건강은 좋은 인생을 위한 필수적 기본 조건이다. 이 때문에 양생은 인생의 주요 과제가 된다. 운동, 위생, 보건 등이 다 양생의 일환이다. '몸을 움직임'으로서의 운동은 육체로서의 인간이 해야 할 의무이자 할 수 있는 혜택이다. 육체는 출생에서부터 '건강'이라는 이념을 동반하

고 태어난다. 그 의의를 직시하고 적절히 몸을 단련하는 것이 인생의 무시하지 못할 과제의 하나가 된다. 그러나 운동은 여러 파생적인 이념들도 함께 지닌다. '활력의 재충전'이나 심지어 '재미', 혹은 남녀 불문 '건강미'(멋진 근육과 늘씬한 몸매)도 그중 하나다. 그런 이념 하에서 수행될 때 운동은 '스포츠'가 되기도 한다. 현대 사회에서 올림픽과 월드컵을 비롯한 수많은 스포츠 경기, 그리고 스포츠 신문과 스포츠 뉴스가 존재함은 그것이 인생의 무시할 수 없는 부분으로 자리하고 있다는 증거가 된다. 삶의 세상에서는 산보와 체조에서부터 스킨스쿠버와 패러글라이딩에 이르기까지 무한에 가까운 종목들이 우리의 몸을 기다리고 있다. 특히 인생 후반에 이르러 체력의 감퇴가 시작될 때는 이 운동과 건강이 인생 자체의 최대 관심사 중 하나로 부각된다.

[참고]   쿠베르탱[58]
"건강한 신체에 건강한 정신이 깃든다."

[참고]   유베날리스[59]
"건전한 육체에 건전한 정신까지 깃들면 바람직할 것이다(Orandum est ut sit mens sana in corpore sano)."

  * 위생과 보건

'몸의 보전', '건강 유지'를 위한 행위에는 운동 외에도 위생과

---

58) 쿠베르탱(Pierre de Frédy, Baron de Coubertin, 1863-1937). 프랑스의 교육자, 근대 올림픽 경기의 창시자.
59) 유베날리스(Juvenalis). 고대 로마의 시인.

보건이 있다. 이는 질병에 걸리지 않도록 조심함이며 걸린 질병을 다스림이다. 인생을 사는 모든 인간은 '예비 환자', '가능적 병자'라 할 수 있다. 불교에서 말하는 인생의 근본 4고(생로병사) 중에 '병'이 있음을 유념하자. 인생살이에서는 태아 때부터 죽을 때까지 무수한 종류의 질병들이 마치 닌자들처럼 잠복했다가 시시때때로 우리의 몸을 찾아와 우리를 현실적 '환자'로 만들곤 한다. 아무리 건강한 체질이라도 언제든 크고 작은 병에게 내 몸을 내줘야 한다. 빠르든 늦든 우리 인간을 죽음에 이르게 하는 것도 결국은 대개 병이다. 그래서 아프기 전후의 위생과 보건은 인생의 과제가 된다. 아침에 일어나 배변을 하는 것, 이를 닦는 것, 세수를 하는 것도, 그리고 외출할 때 날씨에 맞추어 옷을 알맞게 입는 것, 외출에서 돌아와 손발을 씻는 것, 심지어는 몇 시에 일어나서 몇 시에 자는 것, 몇 시간을 자는 것까지도 모두 우리가 일상생활에서 수행하는 위생 행위, 보건 활동이다. 무엇을 골라 먹느냐 하는 것도 보건 행위다. 설거지를 하는 것, 청소를 하는 것, 빨래를 하는 것도 위생 행위다. 신체의 건강과 연결된 것인데 그 누가 이것을 가볍게 여길 수 있겠는가. 예방주사를 맞고 약을 먹고 수술을 받는 등의 의료 행위는 말할 것도 없다. 건강하게 살자. 그것이 무엇보다도 '좋은 인생'을 위한 최소한의 조건이 된다.

일단 질병에 걸려 아프게 되면 그 병의 치료 내지 치유가 곧 인생이 됨은 말할 나위도 없다. 세상의 저 무수한 병원들의 존재가 그 인생론적 의미를 이미 충분히 강조해주고도 남음이 있다. 요사이의 인생이 병원에서 시작해 병원에서 끝난다는 이 특이한 현상이 그 최대의 상징이 된다.

[참고] 석가모니의 위생계율
[참고] 서경수의 인도 체험 - '걸레와 행주 간의 다름이 없다.'
[참고] 카이바라 에키켄, 『양생훈』

■ 정신적 도야(공부, 배움, 교양) ─────────

* 공부

인생살이에서 '공부'라는 것을 빠트린다면 그건 아마도 인생이 아닐 것이다. 공부는 '제대로 된 인간', '온전한 인간'이라는 이념을 지향한다. 온전한 인간을 위한 이념으로 '지덕체(智德體)'라는 것이 자주 언급되었다. 이는 이미 낡은 단어일지 모른다. 진부할 수도 있다. 그러나 인생의 주체인 인간이 몸, 가슴, 머리를 지니고 있는 이상, 이 세 가지 이념은 결코 폐기될 수 없다. 제대로 된 몸을 위한 행위가 운동과 보건이라면, 제대로 된 정신, 즉 머리와 가슴을 위한 행위가 곧 공부와 수양이다. 이는 온전한 인생의 본론부를 위한 준비이며, 또한 인생의 향상을 위한 끝없는 항해다. (그것이 온전한 세상으로도 연결된다.) 정신이 제대로 갖춰지지 않은 인간은 인간의 모습을 하고 있어도 인간이 아니다. 정신적인 면만을 따로 강조하자면 '지덕체' 대신에 '지성, 덕성, 감성'[60]을 강조할 필요도 있다. 이 세 가지가 균형을 이룰 때 비로소 온전한, 성숙된, 조화로운 인품의 인간으로 성장할 수 있다. 오늘날 우리 인간이 인

---

60) 칸트의 이른바 3대 비판서 『순수이성비판』, 『실천이성비판』, 『판단력비판』이 각각 이러한 가치들을 논하고 있다. 이것들은 각각 전통적인 진, 선, 미에 해당할 수 있다.

생의 거의 4분의 1을 학교에 다니는 것은 애당초 바로 이 공부를 위함인 것이다. 그러나 학교만이 공부의 장소는 아니다. 진정한 공부는 장소와 시간을 초월한다. 언제나 어디서나 누구에게나 우리는 배워야 하고 또 배울 수 있다. 늙고 병들어 죽을 때까지. 그러나 모든 것을 점수화하고 서열화하는 한국의 교육과 공부는 문제가 있다. 거기서는 공부의 본질이 심하게 왜곡돼 있다. 단순한 지식의 습득만이 공부의 전부는 아닌 것이다.

[참고] 공자
"세 사람이 가면 반드시 나의 스승이 있다(三人行 必有我師)."

[참고] '반면교사'

* 배움

공부, 즉 인격을 닦고 지식을 쌓는 일은 우선 대개, 제일차적으로 '배움'에 의존한다. 누군가로부터, 무언가로부터 우리는 배움을 얻게 된다. 배움은 가정교육, 학교교육, 사회교육 등 여러 장치를 통해 입체적, 종합적으로 이루어진다. 이 장치들이 제대로 가동하지 않을 때, 제대로 된 인간, 제대로 된 인생은 기대할 수 없다. 제대로 된 사회, 국가, 세상도 기대할 수 없다. 오늘날의 문제투성이인 한국사회가 그것을 너무나도 여실히 보여주고 있다.

배움이란 어떤 형태로든 배울 만한 것, 배울 만한 사람, 즉 '표본'을 전제로 한다. (특히 '스승'과 '책'의 존재는 불가결이다.) 배울 만한 사람에게 배울 만한 것을 배워야 그것이 진정 배우는 것이다. 그것이 존재하지 않거나 그것을 인정하지 않을 때, 배움은 성립될 수 없다. 제대로 된 사람을 기대한다면 그러한 표본을 만들어야 하고, 만나야 하고, 인정해야 하고, 따라야 한다.

그러나 배움은 또한 무엇보다도 본인의 노력이 없으면 불가능하다. 인식과 의지가 불가결이다.61) 그것은 또한 지속적이어야 한다.

[참고] 작심삼일(作心三日)

[참고] 공자, 『논어』
"배우고 때로 익히니 또한 기쁘지 아니한가(學而時習之 不亦說乎)."

[참고] 유교의 학문 태도
"학문 물을 거슬러 가는 배와 같아서 나아가지 않으면 곧 물러난다(學問 如逆水行舟 不進卽退)."

[참고] 『탈무드』
"하루 공부하지 않으면 그것을 되찾는 데에 이틀 걸린다."

[참고] 『명심보감』, 안중근
"하루 책을 읽지 않으면 입안에 가시가 돋아난다(一日不讀書 口中生荊棘)."

[참고] 교육학, 교육철학

---

61) 이러한 점에서, 배움에도 이른바 칸트 식의 '코페르니쿠스적 전환'이 강조되지 않으면 안 된다. 진정한 배움은 '가르침'의 '수동적 수용'에 의해 이루어지는 것이 아니라, 배우는 주체의 '능동적 의지와 노력'에 의해 비로소 가능할 수 있다는 말이다. 이를 우리는 '배움의 주관적 구성'이라고 술어화할 수 있다. 유대인들이 강조하듯이 여기서 결정적 역할을 하는 것이 '질문'이라는 공부 방식 내지 공부 행위다.

* 지식의 사유화

    제대로 된 배움이란 표본, 즉 본이 되는 인품과 지식을 '내 것으로 만듦'이다. 그것을 '사유화(私有化)'로 불러도 좋다. 아무리 좋은 음식, 좋은 약이라도 먹어서 내 몸에 들어와야만 나의 피, 나의 살, 나의 뼈가 되는 것이다. 표본은 어디까지나 달을 보기 위한 손가락과 같은 것, 선반 위의 꿀단지를 내리기 위한 사다리와 같은 것이다. 아무리 비싼 돈을 내고 아무리 좋은 학교와 학원에 다녀도 그 지식이 내게 남아 좋은 답안을 쓸 수 없다면 그게 무슨 소용이 있고 무슨 의미가 있겠는가.

    가정에서 학교에서 사회에서 우리는 수많은 언어들을 접한다. 그 언어들은 우리의 정신 속에 먼지처럼 떠다니다가 이윽고 그 일부가 흡수, 소화되어 우리의 혈관을 타고 세포 구석구석에 스며들게 된다. 그럴 때 그 언어들은 비로소 '내 것'이 되는 것이다.

[참고] 헤라클레이토스
"나는 그 누구의 제자도 되지 않았다. 나는 나 자신을 탐구하여 모든 것을 배웠다. … 나에게 묻지 말고 로고스에게 물어서…"

[참고] 데카르트, 『방법서설』
"세계라고 하는 커다란 책(le grand livre du monde)"

[참고] 공자
"學而時習之不亦說乎."
"學而不思則亡 思而不學則殆."
"學如不及 猶恐失之."

"三人行必有我師."

[참고]   퇴계 가훈
"학업은 네가 뜻을 독실히 하느냐 않느냐에 달려 있으니, 뜻이 독실하다면 어찌 학업의 부진을 걱정하겠는가(學業在汝篤志與否 志篤則何患業不進)."

[참고]   스승과 선생, 제자와 학생62)

* 공부의 특수한 형태 — 수행, 수양, 교양

　단순한 지식 습득으로서의 공부를 제외하고 생각할 경우, 공부의 중요한 형태로 남는 것이 전통적으로 강조되었던 수행, 수양, 그리고 교양이다. 이러한 공부들은 '원융한 인품' 내지 '인격', '품격'을 지향한다. 그 결과는 말과 눈빛과 표정 등을 통해 드러난다. "말과 눈빛과 표정은 곧 그 사람의 인격이다. 이 세 가지는 하루 이틀에 만들어지지 않는다. 그것은 오랜 세월에 걸쳐 숙성된 포도주처럼 결코 그 맛과 향을 속일 수 없다." 예전의 선비들이 경관 좋은 산천, 정자, 서원 등에서 예(禮), 악(樂), 사(射), 어(御), 서(書), 수(數) 등 '육예'를 익힌 것도 그런 것이고, 화랑들이 산천을 돌아다니며 화랑도를 익힌 것도 이와 무관하지 않으며, 불교의 출가승들이 탁발 수행을 한 것이나, 중세 기독교의 수사들이 수도원에서 마음을 닦은 것도 넓게 보면 모두 심성의 고양을 이념으로 한 것이었다. 종류는 다르지만 근래의 신사도라는 것 또한 비슷한 측면이 있다.

---

62) 이수정, 『인생론 카페』 중 「제자론의 한 조각」 참고.

■ 신앙(예배와 기도) ─────────────

* 신앙

삶의 행위 중에는 신에 대한 관계함이라는 아주 특수하고도 특별한 것이 있다. 종교적 체험 내지 체득을 바탕으로 특정 종교에 귀의한 사람들은 말할 것도 없지만, 그렇지 않은 경우도 인간들은 특정 종교와 무관하게 보편적으로 신을 의식하고 있다. 예컨대 우리는 일상적 언어생활에 있어서, "천벌을 받을 놈", "하늘이 두렵지 않느냐", "하늘에 맡겨라", "하늘도 무심하시지" 등등 은연중에 신의 존재를 인정하고 있다. 한국인의 의식구조에서 천이나 하늘은 신과 그다지 다르지 않다.[63)]

물론 신의 객관적 존재 여부는 문제가 된다. 신의 존재가 객관적 사실인가 아닌가 하는 해묵은 문제는 천 년에 걸친 철학자들의 수많은 노력에도 불구하고 인간의 이성으로 쉽게 재단할 수 있는 것이 아니다. 그러나 종교 행위를 하나의 '현상'으로서 인정하고 다룰 수는 있다. 현상으로서 볼 때 신은 인간의 한계와 기대 속에서 여러 가지 방식의 신호들을 보낸다. 신은 마치 '바람'과 같아 오직 다른 어떤 것을 통하여서만 자신의 모습을 드러낸다. 그것이

---

63) 이른바 부처님이니 신령님이니 조상님이니 하는 것도 일반 서민들의 신앙 생활에서는 사실상 차이가 없다. 인간의 길흉화복을 주관하는 어떤 절대 능력자를 사람들은 각자의 인식 구조 속에서 각자의 이름으로 부른다. 그러한 신앙 현상의 근저에는 기본적으로 '구복(求福)', '기복(祈福)'이 있다. 고등종교에서도 예외는 없다. 이른바 '팔백만 신들(八百万の神々)'을 신앙하는 일본의 '신도(神道)'는 이러한 형태 내지 성격의 극단적 사례로 평할 수 있다.

신의 본질이다. 그것을 실체로서 인정하고 받아들이는 것이 '신앙'
인 것이다.64)

[참고] 릴케, 「대리석 주상」
신이 와서 '나는 존재한다'고 말할 때까지
너는 기다려서는 안 된다.
그의 힘을 스스로 밝히는
그러한 신이란 의미가 없다.
태초부터 너의 내면에
신이 바람처럼 일고 있음을 알아야 한다.
하여, 너의 마음이 달아오르고 비밀을 지킬 때
신은 그 속에서 창조를 한다.

[참고] 신의 존재 증명 ─ 크세노파네스, 소피스트, 소크라테스, 플라톤(데미
우르고스), 아리스토텔레스, 아우구스티누스, 안셀무스, 토마스, 데카르트, 스
피노자, 칸트 등
[참고] 야스퍼스, '암호 해독(Chiffrelesen)'
[참고] 하이데거, 신의 '눈짓(Wink)', '스쳐감(Vorbeigang)'

---

64) 이수정, 『향기의 인연』 중 「여름 창가에서」
    동경하듯이
    고요를 보고자 눈을 떠보라
    갈구하듯이
    빛을 듣고자 귀를 열어라
    갑작스럽게
    남쪽에서 바람이 불어올 적에
    소리도 없이
    뜰에서 장미 한 송이 피어날 적에
    숨죽여보면
    침묵 속에서 신이 말씀하시네
    나즈막하게
    침묵 속에서 신이 말씀하시네

[참고] 공자, 『논어』
"하늘은 어찌 말하는가. 사시가 행해지고 백물이 생육한다. 하늘은 어찌 말하
는가(天何言哉 四時行焉 百物生焉 天何言哉)."

* 예배(경신), 기도

많은 논란에도 불구하고 신앙이라고 하는 종교 현상, 종교 활동
은 근본적으로 인간의 한계 및 기대와 연관되어 있음을 부인할 수
없다. 만일 인간 자신이 한계를 갖지 않은 전능한 절대자라면 인간
은 굳이 신을 찾지 않을 것이다. 유한한 인간에게 있어 무한한 절
대자인 신은 경배의 대상이요,65) 의지의 대상이다. 또한 기복의 대
상이다. 적어도 인간의 의식 속에서 신은 전지전능한 절대적 존재
이기 때문이다. 신은 모든 것을 알고 모든 것을 할 수 있다. 신은
모든 것을 창조했고 모든 것을 주관한다. 세상에 이보다 더 엄청난
일은 없다. 그래서 예배와 기도가 종교 행위의 기본이 된다. 사랑
과 봉사는 그 가르침66)의 구체적 내용에 따르는 것이다. 인간으로
서 최선을 다해 살되, 잘되지 않을 땐 종교를 가져보자. 그것은 어
떤 형태로든 좋은 삶에 기여할 수 있다.67)

---

65) 이른바 '경신'은 유대교적, 기독교적 전통에서는 물론, 소크라테스의 대표
   적 가치 중의 하나이기도 했다. 『소크라테스의 변명』 참조.
66) 예수의 이른바 '산상수훈'과 석가모니의 이른바 '초전법륜'이 대표적이다.
67) 이 장에서는 '생적 행위'의 구체적 사례로 대표적인 9개 항목을 다루었으
   나 장 초반에서 지적했듯이 삶의 구체적 내용은 무한에 가까워 그 모든
   주제들을 제대로 다루는 것은 원천적으로 불가능하다. 여기서는 '범주적
   행위'라 부를 수 있는 것들에 논의를 한정할 수밖에 없었다. 독자들의 양
   해를 바란다.

[참고] 마하트마 간디, 『젊은 인디아』
"나는 나의 불완전함을 고통스럽게 깨닫는다. 그리고 바로 이러한 인식 속에
내가 신의 명령 앞에 서게 되는 모든 힘이 놓여 있다. 왜냐하면 그의 한계를
아는 인간은 드물기 때문이다."

[참고] 『탈무드』
"만일 신이 지상에 살고 있다면, 인간은 신의 집을 부수고 있을 것이다."

[참고] 『성경』, 『불경』, 『코란』 등

* 교시의 실천

모든 종교에는 '가르침'이 있고 그 가르침에는 지극히 구체적인
실천적 내용들이 있다. 이를테면 예수의 '산상수훈'이나 석가모니
의 '초전법륜' 등이 그런 것이다. 진정한 신앙은 그 내용들의 실현
에 있다. 그러한 노력이 동반되지 않는 신앙은 무의미하다. "주여,
주여" 하는 자들이 다 천국에 들어가는 것은 절대 아니다. 욕심을
내려놓지 않고서는 아무리 108배를 열심히 해도 단 한 걸음도 해
탈의 길로는 나아갈 수 없다. 세상에는 신과 부처, 그리고 성자의
이름에 오히려 누를 끼치는 껍데기 신앙, 엉터리 신앙, 사이비 신
앙이 너무나 많다.

제 **5** 장

삶의 성격 – 우리는 어떠한 인생을 사는가?

인생은 '어떠한' 것인가? 그것은 실로 다양한 모습으로 전개된다. 70억 인구 수만큼 인생의 모습은 다양하다. 똑같은 얼굴이 없듯이 똑같은 인생도 없다. 쌍둥이라도 인생은 각자 다르다. 인생 자체가 다면적이다. 개중에는 상호 모순적인 측면도 있다. 그러나 모순의 동시 공존이 또한 인생의 실상이기도 하다. 그럼에도 인생의 일반적, 보편적인 성격들은 있다. 인생이란 대체 어떤 것인가? 둥근 것인가, 모난 것인가? 이런 것인가, 저런 것인가?

■ 성격의 문제에 대한 철학사적 회고 ────────

Θαυμάζειν / Charakter / Qualität / Relation / Freiheit / Modalität / das Einzelne / nihil / Widerkehr / mystère / Jemeinigkeit …

[참고] 아리스토텔레스, 칸트, 키어케고어, 니체, 마르셀, 하이데거 등

■ 인생은 신비롭고 불가사의한 것 ────────

* 신비, 불가사의

인생은 신비다. 수수께끼다. 불가사의다. 왜 태어났는지, 왜 늙어가는지, 왜 죽어야 하는지, 정색을 하고서 이 '왜?'라는 물음을 들이밀면 우리는 입을 다물 수밖에 없다. 우리는 이미 주어진 삶1)

을 그저 살아갈 뿐 그 뜻이나 이유를 알 수가 없다. 온 곳도 갈 곳도 베일에 가려져 있다. 영문도 모르고 태어나 영문도 모르고 살다가 영문도 모르고 죽어가는 것이다. 세상사가 왜 이렇게, 왜 그렇게 돌아가는지도 알 길이 없다. 한 치 앞도 어떻게 돌아갈지 제대로 알지 못한다. 이럴까 하면 저렇고, 저럴까 하면 이렇게 인생살이는 돌아간다. 악인들도 얼마든지 행복할 수 있고 선인들도 얼마든지 불행할 수 있다. 나름대로 대답들을 제시하는 이론들은 많지만 정답은 없다. 그래서 인생은 신비요 불가사의다.

[참고] 거트루드 스타인,「해답」
해답은 없다
앞으로도 해답이 없을 것이고
지금까지도 해답이 없었다.
이것이 인생의 유일한 해답이다.2)

[참고] 마르셀,『존재와 신비』

[참고] 필 보스만스
"이상하고 불가사의한 인생. … 너는 알지 못한다. 왜 그런지. … 왜 그것은 그래야 하는가? 인간은 자연의 한 조각이기 때문이다. 봄날과 가을날, 여름의 더위와 겨울의 추위와 함께. 그리고 인간은 바다의 리듬을 따르기 때문이다. 썰물과 밀물을. 그리고 우리의 현존재는 삶과 죽음의 한 끊임없는 반복이기 때문이다."

---

1) 삶의 본질적 '소여성' 혹은 '피투성'.
2) 류시화 엮음,『지금 알고 있는 걸 그때도 알았더라면』에 수록.

* 놀라운 사건(경이)

삶이란 또한 놀라운 사건이 아닐 수 없다. 내가 살아 있다는 사실 자체가 실은 경이인 것이다. 그 경이로움의 크기는 세계 존재의 그것과 하등 다를 바가 없다. 이 존재가 나 자신의 능력이나 의지와는 완전히 무관하기 때문에 더욱 그렇다.

[참고] 레너드 번스타인[3]
"나는 매일 아침 일어날 때 내가 거기에 존재하며 지속되는 세계가 아직도 여전히 내 주위에 존재한다는 것을 놀라워한다. 이러한 놀라움의 요소 없이는 내가 느끼는 삶과 예술에 대한 영감을 지켜낼 수 없다고 나는 믿는다. 삶은 놀라움의 끝없는 연속이다."

■ 인생은 흔하고 당연하고 뻔한 것 ─────────

* 흔함, 뻔함

삶은 누구나의 것이다. 언제나 있고 어디에나 있다. 당연히 있다. 흔해 빠진 것이 인간이고 인생이다. 그것은 너무나 흔해 빠져 귀하지가 않다. '무려' 70억의 인생이 우리 주변에 널브러져 있다고 생각될 수도 있다. 또한 그 기본적인 양상은 누구에게나 뻔히 알려져 있다. 태어나 살다가 죽는다는 것을 누구나가 알고 있다. 늙고 병든다는 것도 다 알고 있다. 왜 그런지는 알 수 없지만, 어

---

3) 레너드 번스타인(Leonard Bernstein, 1918-1990). 미국의 지휘자, 작곡가, 작가, 음악 강연자, 피아니스트.

떻게 태어나 어떻게 살다가 어떻게 죽는지도 웬만하면 다 안다. 인생은 그렇게 뻔한 것이다. 살다 보면 이런 일도 있고 저런 일도 있고, 대체로 그렇고 그런 것이라고 사람들은 인생을 인식한다. 그런 점을 생각하면 '인생이란…' 하고 언급하는 것 자체가 진부할 수도 있다. 수많은 사람들이 실제로 그렇고 그런 인생을 상투적으로 살아간다.

[참고] 여행스케치의 노래「산다는 건 다 그런 게 아니겠니」
너는 어떻게 살고 있니
아기 엄마가 되었다면서
밤하늘의 별빛을 닮은 너의 눈빛
수줍던 소녀로 널 기억하는데
그럼 넌 어떻게 지내고 있니
마누라 외모가 괜찮니
미팅 한번 못해보고 군대 간 니가
나보다 먼저 장가갔을 줄이야
산다는 건 그런 게 아니겠니
원하는 대로만 살 수는 없지만
알 수 없는 내일이 있다는 건
설레는 일이야 두렵기는 해도
산다는 건 다 그런 거야
누구도 알 수 없는 것

지금도 떡볶이를 좋아하니
요즘도 가끔씩 생각하니
자율학습 시간에 둘이 몰래 나와
사먹다 선생님께 야단맞았던 일
아직도 마음은 그대로인데
겉모습이 많이 변했지

하지만 잃어버린 우리 옛 모습은
우리를 닮은 아이들의 몫인 걸
산다는 건 그런 게 아니겠니
원하는 대로만 살 수는 없지만
알 수 없는 내일이 있다는 건
설레는 일이야 두렵기는 해도
산다는 건 다 그런 거야
누구도 알 수 없는 것

산다는 건 그런 게 아니겠니
원하는 대로만 살 수는 없지만
알 수 없는 내일이 있다는 건
설레는 일이야 두렵기는 해도
산다는 건 다 그런 거야
누구도 알 수 없는 것
산다는 건 다 그런 거야
누구도 알 수 없는 것

■ 인생은 일회적, 절대적인 것 ─────────

* 불가역적 일회성

인생은 일회적이다. 좋다고 또 살아볼 수도, 싫다고 다시 살아볼
수도 없는 것이 우리네 인생이다. 한 번 지난 시절은 돌이킬 수 없
다. 게임에서야 몇 번씩 죽어도 되살아날 수 있지만 실제 인생이야
아차 한 번 죽으면 그걸로 끝이다. 영영 아주 끝이다. 특히, 사랑하
는 사람들과의 사별에서 우리는 이 점을 현상적으로 확인한다.
물론 윤회전생설이라는 말도 있기는 하다. 불교와 오르페우스교

는 그렇다고 말한다. 피타고라스와 그 추종자들도 그렇게 믿었다. 그러나 그건 누구도 확인할 길이 없다. 설혹 그것이 사실이라 하더라도 전생이나 다음 생 같은 '그' 생과 '이' 생은 다른 생이다. 복제인간이 태어나더라도 그 나는 이미 그이지 내가 아니다. 인격의 동일성은 오직 하나뿐이다. 따라서 인생도 오직 하나뿐이다.

부활이라는 말도 있기는 하다. 기독교는 그렇다고 말한다. 설혹 그렇다 하더라도 그것은 '신의 아들'인 예수의 신성을 나타내는 것이지 일반적인 '인생'의 해당 사항은 아닌 것이다. 이른바 마지막 날의 부활도 현세적인 의미의 부활이 아니라는 것을 예수도 설명한다.

[참고]　고형곤, 『선의 세계』
"단 한 번의 생…"

[참고]　R. 롤랑
"인생은 왕복 차표를 발행하고 있지 않습니다. 한 번 떠나면 두 번 다시 돌아올 수가 없습니다."

[참고]　예후디 메누힌(Yehudi Menuhin), 『변양들』
"우리의 인생에는 단독자의 일회성에 대한 요구가 속해 있다. 삶이 더 많이 그 자신에게 의식될수록 이 특징은 더 뚜렷해진다."

[참고]　최성봉, 『무조건 살아, 단 한 번의 삶이니까』

[참고]　『신약성서』, 「마태복음」, 22장 23-32절
그날 부활이 없다고 주장하는 사두가이파 사람들이 예수께 와서 물었다. "선생님, 모세가 정해준 법에는 '어떤 사람이 자녀가 없이 죽으면 그 동생이

형수와 결혼하여 자식을 낳아 형의 대를 이어야 한다'고 하였습니다. 그런데 우리 이웃에 7형제가 살고 있었습니다. 첫째가 결혼을 하고 살다가 자식 없이 죽어서 그 동생이 형수와 살게 되었는데 둘째도, 셋째도 그렇게 하여 일곱째까지 다 그렇게 하였습니다. 그들이 다 죽은 뒤에 그 여자도 죽었습니다. 7형제가 모두 그 여자와 살았으니 부활 때에 그 여자는 누구의 아내가 되겠습니까?"

예수께서 이렇게 대답하셨다.

"너희는 성서도 모르고 하느님의 권능도 모르니까 그런 잘못된 생각을 하는 것이다. 부활한 다음에는 장가드는 일도, 시집가는 일도 없이 하늘에 있는 천사들처럼 된다. 죽은 사람의 부활에 관하여 하느님께서 너희에게 하신 말씀을 아직 읽어본 일이 없느냐? '나는 아브라함의 하느님이요, 이사악의 하느님이요, 야곱의 하느님이다'라고 하시지 않았느냐? 이 말씀은 하느님께서 죽은 이들의 하느님이 아니라 살아 있는 이들의 하느님이라는 뜻이다."

■ 인생은 반복적, 순환적인 것

* 반복, 순환

인생은 '돌고 도는 것'이라는 인상으로 우선 대개 우리의 생적 의식에 인지된다. 좁게 보면 매일매일 (다람쥐 쳇바퀴 돌 듯) 똑같은 일상이 반복된다. 넓게 보면 똑같은 출생과 죽음이 반복된다. 그 과정에서 행복과 불행도 교차하면서 반복된다. 그것은 마치 날씨의 변화와 같다.

개인의 경우나 인류의 경우나, 삶에는 그렇게 반복적, 순환적인 구조가 내재한다. 그것은 어떤 거대한 자연법칙의 일부인 양 여겨진다. 삶도 죽음도 행복도 불행도 다 되풀이된다. 그 점을 인식하고 마음의 평정을 얻자. 갖가지 세상사에 너무 기뻐하지도 너무 슬퍼하지도 말자.

반복과 순환의 주기는 다양하다. 하루, 일 년, 일생. 그러나 모든 것은 되돌아온다. 날은 또다시 밝아오고, 봄은 또다시 돌아오고, 새로운 생명은 또다시 태어난다. 그리고 또 지나간다. 인생은 계절의 순환과 흡사한 순환구조를 갖는다. 단, 계절의 순환이 그러하듯이, 이 되돌아옴은 엄밀하게 말하자면 '가고 그리고 새로운 것이 동일한 양상으로 다시 시작됨'이며 절대적 동일자의 절대적 반복과는 구별된다.

[참고] 시시포스의 신화[4][5]

---

4) 시시포스(고대 그리스어 Σίσυφος['sɪsɪfəs], 라틴어 Sisyphus)는 고대 그리스 신화의 인물로서 코린토스 시를 건설한 왕이었다. 영원한 죄수의 화신으로 현대에 이르기까지 잘 알려져 있다.
전설에 따르면 테살리아의 왕 헬렌의 아들, 혹은 후손이었던 아이올로스와 에나레테의 아들이라 한다. 다른 설에는 그의 아버지가 바람의 신 아이올로스라고도 한다. 플레이아데스 메로페의 남편으로서 에피라(코린토스)를 건설해 왕이 되었다고 한다. 이후 기록에 따르면 오디세우스의 아버지라고도 한다(오디세우스의 어머니 안티클레아가 라에르테스와 혼인하기 전). 시시포스는 꾀가 많은 것으로 명성을 떨쳤는데 욕심이 많고 속이기를 좋아했다. 여행객과 방랑자를 살해하기도 했다. 시시포스는 죽음의 신 타나토스가 그를 데리러 오자 오히려 타나토스를 잡아 족쇄를 채워 한동안 아무도 죽지 않았다. 결국 전쟁의 신 아레스가 와서 타나토스를 구출하고 시시포스를 데려갔다.
하지만 시시포스는 죽기 전 꾀를 내어, 아내에게 죽으면 제사를 지내지 말라고 일러뒀다. 그래서 저승에서 제사를 받지 못하자 저승의 신 하데스에게, 아내에게 제사를 지내도록 설득하기 위해 이승으로 다시 보내줄 것을 부탁했다. 그러나 코린토스에 가서는 저승에 돌아오기를 거부해, 나중에 헤르메스가 억지로 돌려보냈다.
그는 저승에서 벌로 큰 돌을 가파른 언덕 위로 굴려야 했다. 정상에 올리면 돌은 다시 밑으로 굴러 내려가 처음부터 다시 돌을 굴려 올리는 일을

[참고] 니체, 『차라투스트라는 이렇게 말했다』, '동일자의 영겁회귀'
"우리처럼 생각하는 자들에게 있어서는 모든 사물 자체가 춤춘다. 만물은 다
가와서 손을 내밀고 웃다가는 달아난다. 그리고 다시 되돌아온다. 모든 것은
가고, 모든 것은 되돌아온다. 존재의 수레바퀴는 영원히 굴러간다. 모든 것은
죽고, 모든 것은 다시 꽃피어 난다. 존재의 세월은 영원히 흘러간다. 모든 것
은 꺾이고, 모든 것은 새로이 이어진다. 존재의 동일한 집이 영원히 세워진
다. 모든 것은 헤어지고, 모든 것은 다시 인사를 나눈다. 존재의 둥근 고리는
영원히 자기 자신에게 충실하다. 모든 순간에 존재는 시작한다. 모든 '여기'
를 중심으로 '저기'라는 공(球)이 회전한다. 중심은 어디에나 있다. 영원의 오
솔길은 굽어 있다."

[참고] 노자
"되풀이되는 것은 도의 움직임이다(反者道之動)."

■ 인생은 개별적, 실존적인 것 ─────────────

* 개별성, 각자성

우리 인간은 모두 홀로 태어나 홀로 죽어간다.6) 인생은 원칙적
으로 모두 '나의 것'이다. 각자의 것이다. 그 누구도 대신 태어나고
대신 살아주고 대신 죽어줄 수 없다. 아무리 사랑하는 가족이라도

시작해야 했다(『오디세이아』, xi. 593-600). 그가 이 벌을 받은 정확한 이
유는 확실하지 않다. 혹자는 그가 신들의 비밀을 인간에게 알린 벌이라 하
고 다른 이들은 그가 여행하는 이들을 살해한 벌이라고 한다. (위키 백과
참조)
5) 알베르 카뮈, 『시시포스의 신화』 참조.
6) 쌍둥이, 심지어 삼쌍둥이라 하더라도 이 '홀로 태어나 홀로 살다가 홀로
죽어감'에 대한 반증 사례가 될 수는 없다. 삶 자체가 원천적으로 개인의
개별적 동일성, 정체성(identity)에 기반을 두기 때문이다.

'대신'은 없다('대신'의 원천적 불가능성 혹은 '대체 불가능성'). 이것만은 어쩔 도리가 없다. 내 인생의 운행자, 수행자는 '나'다. 모든 인생은 개별적인 나를 기본 단위로 전개된다.

[참고] 키어케고어, '단독자(das Einzelne)', '주체성(Subjektivität)'
"주체적인 어떻게와 주체성이 진리다."

[참고] 하이데거, 『존재와 시간』, '각자성(Jemeinigkeit)'
"현존재[인간]에 관해 언급할 때는, 이 존재자가 지니고 있는 그때마나 나의 것[각자성]이라는 성격상, '내가 어떻다', '네가 어떻다'고 인칭대명사를 가지고 말하지 않으면 안 된다."

* 실존성 ― 고독한 결단, 선택, 책임

특히 삶의 과정에서 만나게 되는 심각하게 힘겨운 일들, 이른바 '한계상황'에서는 삶의 무거운 실존성이 확실하게 드러난다. 모든 것은 나 자신의 고독한 결단, 선택, 책임으로 이루어지지 않으면 안 된다. 나 자신이 그 모든 일들을 '감당'하지 않으면 안 된다. 실존이란 무릇 그러한 '실제 상황 속에 홀로 놓여 있음', '홀로 그 실제 상황과 맞서나감'을 일컫는다.

물론 가족이나 동지 등의 도움으로 그 모든 상황들에 공동 대처하는 가능성은 열려 있다. 많은 경우 실제로도 그렇다. 그러나 그러한 공동성이 근원적이고 최종적인 단독성, 개별성, 실존성을 '대체'할 수는 없다. 협조와 협력과 도움은 어디까지나 '협(協)'이지 '대(代)'는 될 수 없기 때문이다. 우리는 인생에 있어 원천적으로

284

'단독자'일 수밖에 없다. '나'는 결국 나 하나밖에 없으므로. 나의 일들은 어디까지나 나의 일일 수밖에 없으므로.

[참고] 야스퍼스, 『철학』, '한계상황(Grenzsituation)' - 죽음, 고뇌, 싸움, 죄

■ 인생은 관계적, 사회적인 것 ────────

* 관계성, 사회성

우리는 모두 홀로 태어나 홀로 죽어간다. 그러나 홀로 살아갈 수는 없다. 보이게 안 보이게 이런저런 타인들과 이리저리 얽혀서 돌아가는 것이 삶이다. 이런저런 개인적, 사회적 관계들이 철저하게 우리의 삶을 지배하는 것이다. 우리는 그 관계의 그물망을 벗어날 수 없다. 인생은 그렇게 원칙적으로 '나의 것'인 동시에 '우리의 것'이다. '나'는 무수한 종류의 '우리'의 일부로서 삶을 살아간다. 내 인생의 주인공은 나이지만 수많은 사람들이 협연하는 교향곡 같은 것이 인생의 실상이다.

[참고] 대니얼 디포, 『로빈슨 크루소』

* 사회적 가치의 인정

그런 이상, 우리의 인생은 사회적, 전통적, 일반적, 보편적, 상식적 가치의 영향권에서 움직인다. 그 점을 인식하고 인정하자. 예컨

대 성실하게, 정의롭게, 조화롭게 … 그렇게 살아가자. 그런 것을 가치로서 인정하자. 그것이 삶의 대기인 세상을 정화한다. 거기에는 세상 사람들의 암묵적인 합의가 숨어 있다. 그런 암묵적 합의가 사회적 가치의 강력한 근거로 작용한다.

[참고] 하버마스, 진리의 '합의' 이론.

■ 인생은 수동적(운명적)으로 던져진 것, 만들어지는 것 ──

* 삶의 운명성

나의 인생은 (현상적으로 분명히) 나 자신의 것이지만 그것에 대해 나 자신이 완전한 소유권을 주장할 수 없는 측면이 있다. 기본적으로 그것은 '주어진 것'이기 때문이다. 삶을 버리지 않는 한 우리는 그것을 긍정하고 수용할 수밖에 없다. 삶의 과정에서 전개되는 사건들의 경우도 그렇다. '어쩔 수 없음'이 삶을 강하게 지배한다. 그런 것을 우리는 '운명(Geschik)'이라 부르기도 한다. (어쩔 수 없는 명령이 곧 '운명'인 것이다.) 그러나 '정해진 운명'이란 게 과연 실재하는지 어떤지는 인간의 이성적 능력으로는 가늠할 수 없다. 그것이 그냥 '우연'인지, 정말로 어떤 팔자소관인지도 재단할 도리가 없다. 그러나 현상적으로 삶은 우연적인 것이거나 혹은 운명적인 것이다. 나 자신의 의지와 능력으로 있거나 되는 것이 아니기 때문이다. 인생에는 분명 알 수 없는 어떤 거대한 힘이 시키는 대로 살 수밖에 없는 측면이 있다. 그런 경우는 받아들이자. 그

286

것도 삶의 지혜다. 우리가 그 앞에서 완벽히 무력한 경우, 안달복달해도 어쩔 수 없는 경우라면 더욱 그렇다. "인생을 살아간다는 것은 생로병사를 비롯한 온갖 불가항력들, 그런 남의 일 같은 진실을 하나씩 자신의 일로 확인하면서 항복해나가는 과정이라고 말할 수 있다." 어쩔 것인가. 그것이 진실인 것을.

[참고] 하이데거, 『존재와 시간』, '피투성(Geworfenheit)'(던져져 있음)

[참고] 니체, 『차라투스트라는 이렇게 말했다』
"아아 이것이 삶이었던가. 그렇다면 다시 한 번!"[7]

* 운명의 확인 불가능성

그러나 삶의 모든 일들, 혹은 특별한 어떤 일들이 운명적으로 미리 결정되어 있다는 소위 '운명론', '결정론'은 현실적, 합리적으로 확인이 불가능한 것이다. 그러한 것들은 '그러한 채로', '그러한 것으로서', 즉 그냥 확인 불가능한 것으로서 받아들일 수밖에 없다. 바로 그러한 확인 불가능성이 이른바 운명론의 존재성인 것이다. '운명'과 '우연'의 관계도 또한 마찬가지다. 인생의 과정에 '운명적 우연'이라고 할 일들이 하나둘이 아니지만, 그것은 어디까지나 '해석'이지 '사실'임을 확인할 길은 없다.

[참고] 사주, 팔자, 손금, 관상, 성좌, 토정비결

---

7) 주어진 삶에 대한 이러한 긍정을 니체는 '운명애(amor fati)'라는 말로 술어화했다.

[참고] 너새니엘 호손, 「데이비드 스완(*David Swan*)」
[참고] 영화 『마이 페어 레이디』 중 '조금만 운이 있다면(With a little bit of luck)'

* 삶의 수동성, 소여성

삶의 여러 여건들, 내용들은 자신의 능력, 노력과 무관하게 주어진다. 아니, 삶 자체가 이미 그렇게 주어진다. 그러한 '주어짐'이 인생을 강하게 지배한다. 이른바 '복'이라는 것도 그렇다. 복이란 자신의 능력, 노력과 무관하게 주어지는 행복을 가리킨다.8) 다복한 경우와 박복한 경우, 그 어느 경우도 '팔자소관'이라고 사람들은 이해한다. 삶의 수동성을 꿰뚫어본 말이다. 인도인은 그 원인을 업보(karma)라고 생각한다. 그것은 대단히 특이한 생각이다. 그러나 그것도 또한 인간의 자의적인 해석 내지 믿음이지 이성이 그것을 '사실'로서 확인할 길은 없다. 현상적으로 보면 그저 그 모든 것이 까닭도 없이 그냥 주어지는 것이다.

* 주변 여건에 의한 피조성(被造性)

운명이나 팔자소관까지는 아니더라도 삶의 주변 여건, 환경, 상황, 조건에 의한 피조적인 성격도 삶의 엄연한 실상이다. 여건에 의해, 또는 여건만큼 인생은 '만들어진다.' 그 내용이 규정된다는 말이다. 이른바 '훈습(薰習)', 즉 "향 싼 종이에서 향내 나고, 생선

---

8) 이수정, 『진리 갤러리』 중 「복과 행복」 참고.

싼 종이에서 비린내 난다"는 것도 그런 성격을 말한다. 그러니 배울 만한 사람들을 가까이하자. 좋은 분위기, 좋은 여건을 선택하여 그 안에서 살아가자. 삶이란 영향관계에서 만들어지는 것이므로. '근묵자흑(近墨者黑)', 즉 먹을 가까이하는 자는 검어진다는 말도, '근주자적(近朱者赤)', 즉 인주를 가끼이하는 자는 붉어진다는 말도, 그 점을 알려준다. "까마귀 노니는 곳에 백로야 가지 마라"도 그런 뜻이다. 좋지 못한 환경은 되도록 피해 가자. 이른바 '맹모삼천지교'도 이런 취지와 맞닿아 있다. 그리고 "군자는 위방불입(危邦不入)"이라는 말도 또한 이런 취지로 해석할 여지가 있다.

■ 인생은 능동적(자주적)으로 만들어가는 것 ─────

* 선택, 결정, 개척, 창조

인생은 다분히 수동적, 운명적이지만 동시에 자신의 능동적, 자주적인 의지와 노력, 그리고 책임으로 개척해나가는 것이기도 하다. 자신의 선택과 결단으로 엮어나갈 수 있는 것이다. 그에 따라 인생의 모양이 결정된다. 인생의 길은 내가 운전하기에 따라 달리갈 수 있다. 이 자유의지에 대해 각자가 책임을 져야 한다. 훌륭한 작품 같은 인생을 만들어가자. 비유하자면 돌덩어리 하나 들고 던져진 인생. 우리는 그 돌덩이를 다듬어간다. 백지를 들고 나온 인생. 우리는 그 백지에 스스로 자신의 인생을 그려나간다. 인생은 빈 백지를 받아 태어나 거기에 삶의 그림을 그려나가는 것과 같은 것이다. 혹은 큰 돌을 받아 태어나 그것에 삶을 조각해나가는 것과 같은 것이다.9) 우리가 하기에 따라 그것은 낙서가 될 수도 작품이 될 수도 있다. 우리는 거기에 악마를 그릴 수도 천사를 그릴 수도 있다. 쓰레기보다야 작품이 낫지 않겠는가. 악마보다야 천사가 낫지 않겠는가. 그리고 기억해두자. 인생의 그림은 그렸다 지울 수 있는 연필화가 아니라 일단 그리면 지울 수 없는 유화 같은 것임을.

[참고] 사르트르,『실존주의는 휴머니즘이다』
"인간은 자유의 형벌에 처해져 있다."

[참고] 빅터 프랭클,『인간의 의미 탐구』
"한 인간에게서 모든 것을 다 빼앗을 수 있으나, 단 한 가지 빼앗을 수 없는 것이 있으니, 그것은 인간의 마지막 자유, 즉 어떠한 환경에 놓이더라도 자신의 태도를 선택하고 자기 자신만의 방식을 선택할 수 있는 자유다. — 인간은 어떠한 고통스러운 상황에 놓이더라도 자기가 지적으로나 정신적으로 어떠한 인간이 되느냐를 선택할 수 있다."

[참고] 노먼 빈센트 필,『오늘 너의 인생이 시작된다』
"우리의 가장 위대한 능력은 선택하는 능력이다. 선택의 힘으로 우리는 우리의 인생을 창조하거나 혹은 파괴한다. 매일매일 우리는 수도 없는 선택을 만나게 된다. 종종 그것은 언뜻 조그만 선택으로 보이기도 한다. 하지만 어떤 것도 전적으로 무의미한 것은 없다. 왜냐하면 언뜻 가장 무의미해 보이는 선택에 어떻게 우리의 인생이 전개돼 갈지가 결정적으로 달려 있을 수도 있기 때문이다. 역사란, 종종 아주 작은 일들로 해서 정해진다. 그런 일은 인간의 삶에서도 또한 만나게 된다."

---

9) 석공이었던 소크라테스의 아버지 소프로니코스가 소크라테스에게 해준 이야기라고 일반적으로 알려져 있다.

* 조건, 상황

단 인생의 자주적인 형성은 객체적 상황 내지 조건과 밀접한 상관관계에 있다. 삶이란 상황, 조건 속에서 이루어지며 그 속에서 만들어지는 것이다. 조건 내지 상황이 인간을 만들고 인간이 조건 내지 상황을 만든다. 그것은 상호 순환적이다.

특히 가정적, 사회적 조건은 삶에서 큰 비중을 갖는다. 개인의 행복도 불행도 절반은 가정적, 사회적 맥락에서 주어지는 것이다. 그러니 좋은 삶을 원한다면 자기 탓만 하지 말고 객관적인 삶의 조건, 가정과 사회의 여건 내지 구조를 개선할 필요가 있다. 특히 사회적 구조에 대해서도 책임을 묻자. 그를 위해 사회학적 관점을 지니자. 객관적인 상황, 조건을 바꾸려는 노력이 인생의 일부가 되어야 한다.

[참고] 사르트르, 『실존주의는 휴머니즘이다』, 『상황』

* 절반의 만들어짐과 절반의 만듦

삶이란 절반은 자신이 만들어가는 것, 절반은 환경(타인, 사회, 세상) 내지 여건에 의해 만들어지는 것이다. 만들어감과 만들어짐, 이 두 가지는 수레의 두 바퀴처럼 함께 굴러간다. 그러므로 안으로 자기를 다스리고 밖으로 사회를 개선하자. 이것이 좋은 인생을 위한 기본 지침이다.

■ 인생은 부정적인(힘들고 괴로운, 불평등한, 불공정한) 것

* 고(苦)

　우리는 삶의 도처에서 '괴로움'을 만난다. 인생에서 걱정과 힘듦, 고통은 보편적인 것이다. 멀리 볼 것도 없다. 우리 자신의 삶을 돌아보면 곧바로 확인이 된다. 우리들 각자가 삶의 과정에서 겪는 수많은 고생, 그리고 수많은 한숨과 눈물이 그것을 증명한다. 아니, 증명하고도 남음이 있다. 출생에서 죽음까지 온갖 종류의 괴로움이 줄기차게 이어진다. 다시 한 번 말한다. "아, 삶은 도대체 그 무슨 저주이기에 이토록 힘겹고 고달프고 괴로운가." 불교는 이 진리를 너무나도 잘 보여준다. 어떤 시대, 어떤 나라, 어떤 인간도 고(苦)라고 하는 이 무거운 진실에서 예외인 자는 없다.

　"우리 인간의 삶은 그 근본 구조에서부터 이미 피할 수 없는 비극성을 지니고 있다. 모든 인간의 삶은 눈물과 눈물 사이에 위치한다."

　하여 나는 말한다. "불쌍하고 불쌍하며 불쌍하고 불쌍하니 모든 이가 다 불쌍하도다."

[참고]　석가모니, '인생은 괴로움(duhkha)의 바다다.'
2고 : 내고(內苦), 외고(外苦)[10]
3고 : 고고(苦苦),[11] 괴고(壞苦),[12] 행고(行苦)[13][14]

10) 마음이 아픈 괴로움, 몸이 아픈 괴로움.
11) 생로병사.
12) 애별리고, 원증회고, 구부득고.

4고 : 생로병사(生老病死)
8고 : 생로병사 + 애별리고(愛別離苦),[15] 원증회고(怨憎會苦),[16] 구부득고(救
　　　不得苦),[17] 오온성고(五蘊盛苦)[18]
108번뇌

[참고]　쇼펜하우어, 『인생론』, 「삶의 괴로움에 관하여」
"이 세상은 어디에나 불행이 가득 차 있다. 우리 개개인의 생애도 … 끊임없
는 투쟁으로 일관되어 있다. 노동, 가책, 괴로움, 궁핍 – 이것은 거의 누구에
게나 평생 따라 다니는 운명이다. 우리가 세상을 살아간다는 것은 욕구를 갖
게 됨을 의미한다. 그러므로 삶은 본질적으로 괴로운 일이다."

[참고]　프로메테우스의 신화 – '인생은 무익한 고통을 반복하는 것'[19]

---

13) 오온성고.
14) '고고(苦苦)', '괴고(壞苦)', '행고(行苦)'는 각각 '아픔의 괴로움', '상실의
　　　괴로움', '변화의 괴로움'으로 해석할 수도 있다.
15) 사랑하는 사람과 헤어지는 괴로움.
16) 미워하는 사람과 만나야 하는 괴로움.
17) 바라는데 얻지 못하는 괴로움.
18) 오온(色受想行識)이 왕성한 괴로움.
19) 헤시오도스의 『신통기』에 따르면, 인간이 신에게 바칠 제물에 대해서 신
　　　과 협정을 맺고 있을 때, 소의 뼈를 가지런히 정렬하여 이를 윤기가 흐르
　　　는 비계로 감싸고, 살코기와 내장을 가죽으로 감싸 제우스신에게 어느 것
　　　을 가져갈 것인지 선택하게 하였다. 프로메테우스(먼저 생각하는 사람, 선
　　　지자(先知者)라는 뜻)의 계략을 간파한 제우스는 분노하여 인류에게서 불
　　　을 빼앗는다.
　　　하지만 프로메테우스는 제우스를 속여 꺼지지 않는 불을 회향목 안에 넣
　　　어 인간에게 몰래 주었다. 분노한 제우스는 인간을 벌하기 위해 최초의 여
　　　자인 판도라를 만들어 그의 동생인 에피메테우스(행동한 뒤 생각하는 사
　　　람이라는 뜻)에게 보내고, 프로메테우스의 만류에도 불구하고 에피메테우
　　　스가 그녀를 아내로 맞이하게 된다. 이 일로 인해 '판도라의 상자' 사건이
　　　발생하여 인류에게 재앙이 찾아오게 된다.
　　　또 그는 예언을 할 수 있는 능력을 지니고 있었는데, 제우스가 자신의 미

* 시련과 극복

생적 체험에 있어 고난과 시련이라는 현상은 끝없이 찾아오며 그것을 극복하고자 애쓰는 과정이 곧 인생이기도 하다. 고통 앞에 무릎 꿇고 주저앉는 인생이 있는가 하면, 과감히 칼을 빼들고 돌진하는 인생도 있다. 용기는 이럴 때 필요한 덕목이 된다. 이러한 용기의 원천은 본인의 의지와 주변의 따뜻한[20] 격려다.

개인에게나 민족에게나, 시련은 시시때때로 찾아온다. "시련은 해가 떠서 지는 것만큼이나 불가피하다."[21] 피할 수 없다. 예외도 없다. 격려와 용기에 의지해 그 시련들을 헤쳐 나가자. "신은 우리가 견딜 수 있을 정도의 시련만을 허락하신다"는 말도 있지 않은가. 영어 속담에는 "신이 우리에게 한쪽 문을 닫을 때는 어딘가 한쪽 창문을 열어두신다(When God closes a door, somewhere He opens a window)"는 말도 있다. 힘을 내자. 오늘도 여전히 시련은 없지 않지만. 그러기 위해, 닥쳐온 시련에 너무 오래 머물러 있어서는 안 된다. 전력을 다해 벗어나야 한다. "닫힌 문을 너무 오랫동안 쳐다보고 있으면 열려 있는 등 뒤의 문을 보지 못한다." 그렇다. 살다가 어려움에 처하게 됐을 때 우리는 시급히 '그 다음'을

래에 관하여 묻자 이를 알려주기를 거부하였고, 이 때문에 제우스의 분노를 사 코카서스 산 바위에 쇠사슬로 묶여 독수리에게 간을 쪼아 먹히게 되었다. 후일 헤라클레스가 독수리를 죽이고 그를 구해주었다. 헤라클레스가 열두 가지 과업을 할 때 아틀라스의 꾐에 빠지지 않도록 도와준 것이 그라고도 한다. (위키 백과 참조)

20) '따뜻함'의 인생론적 가치에 관해서는 이수정, 『진리 갤러리』 중 「소리의 온도」 참고.

21) 정호승, 『내 인생에 힘이 되어준 한 마디』 참조.

생각하지 않으면 안 된다.[22]

기억해 두자. 모든 고개는 넘으라고 거기에 있다는 것을.

[참고] 헬렌 켈러의 경우
[참고] 베토벤의 경우
[참고] 『오체불만족』의 저자 오토다케 히로타다의 경우

[참고] 마르쿠스 아우렐리우스
"지금 당신을 괴롭히고 슬프게 하는 일들을 하나의 시련이라고 생각하라. 쇠는 달아야 굳어진다. 당신도 지금의 시련을 통해서 더 굳은 마음을 얻게 되리라. 시련을 이기지 못하고서는 아무것도 이룰 수 없다."

[참고] 김지환, '페이스북'
"삶은 자빠졌다가 잘 일어나는 것이 관건이겠다. 자주 자빠지면 그걸 편하게 받아들이고 툭툭 털고 일어나기도 하는데, 그러다가 자빠지지 않으려는 자세마저 좀 먹게 되면 그 또한 문제다. 한 번도 자빠져본 적 없는 사람이 자빠지면 타격이 크다. 좌천되었다는 이유로 스스로 목숨을 끊은 모 대기업 계열사 사장의 예가 그러할 듯하다. 그런 측면에서 자빠짐의 경험은 삶의 중요한 자산이 될 법하다.
미약한 경험을 돌아봤을 때, 많이 자빠져도 삶은 계속 흘러가던데, 자빠질 때 잘 자빠지고, 또 자알 일어나는 훈련이 살아가는 데 매우 중요한 몇 가지 중 하나이겠다 싶다. 삶에는 우리를 자빠뜨리기 위한 얼마나 많은 태클이 있던가. 어이없이 눈뜨고 당하는 태클, 도무지 예측할 수 없는 상황의 백태클부터 해서 말이지. 심지어 하느님도 가끔은 백태클을 걸지 않으실까? '자빠지니까 인생이다' 싶다. 지금 자빠진 모든 사람들에게 신의 가호가 있기를."

---

22) 이수정, 『진리 갤러리』 중 「불행에 대처하는 법」 참고.

* 원천적인 '차이' 혹은 부조리

삶의 시작인 출생에서부터 삶의 조건은 이미 불공평하게 주어진
다. 남자, 부자, 미녀, 누구의 자녀 등 생득적 신분이 그것을 잘 보
여준다. 삶의 과정에서도 그렇다. 훌륭한 사람들도 얼마든지 불행
하고, 형편없는 인간들, 심지어 사악한 인간들도 얼마든지 행복하
다. 만인에게 균등한, 공정한 행복은 결코 주어지지 않는다. '인생
은 공평한 것'이라는 시중의 저 말은 그렇지 못한 사람들의 자위
혹은 속임수에 지나지 않는다. 이른바 '한', '신세 한탄', '원망'은
이러한 불공평의 구조 속에서 생겨난다. 인간에게는 노력을 통한
불평등의 해소 이외에 달리 어찌할 방도가 없다. 거기서 '정의'에
대한 갈망도 생겨난다.

불평등의 구조와 삶의 모순은 쉽게 해소되지 않는다. 그 해소에
대한 웃지 못할 기대로서 칸트의 이른바 '실천이성의 요청(Postulat
der pratischen Vernunft)'이 있다. 그러나 요청은 요청일 뿐 이 현
실세계에서는 그것이 좀처럼 실현되지 않는다. 인생은 본래 그런
것이니 일단은 그런 줄 알고 살아야 한다.23)

---

23) 이수정, 『푸른 시간들』 중 「풀의 초록빛 철학」
　　나면서부터 이미
　　누구는 비단 위에 눕고
　　누구는 짚단 위에도 눕지 않더냐
　　애당초 삶이란 그러한 것
　　부디
　　비단과 짚단으로 속 태우지 마라
　　누구에게는 비단도
　　짚단과 같고

296

[참고] 루소, 『인간불평등기원론』
[참고] 칸트, 『실천이성비판』, '신의 존재', '영혼의 불멸', '완전선24)의 실현'

* 불평등에 대한 인도적 해석

인도인들은 인생의 불평등이 전생의 악업에 따른 업보(karma)라고 말하며 실제로 그렇게 믿고 있다. 너무나 그럴듯한 설명이 아닐수 없다. 만일 이러한 것이 사실이라면 현생의 선업에 따라 후생, 내세에서는 지금의 불평등이 개선될 수 있다. 문제는 이것이 현실적으로 확인 불가능한 '설'이라는 것이다. 그러나 이러한 설도 하나의 현상 내지 생적 체험인 이상, 현상학적으로는 '그러한 것으로

누구에게는 짚단도
비단과 같다

강가의 풀은
말없는 푸름으로 땅을 덮는다
저 풀처럼
너는 너의 바람을 맞으며
묵묵히 너의 시간들을 헤쳐나가라
그게 언젠가
푸르른 저 고요에 다다르는 길

강가엔 자주 바람이 불고
풀이 눕고, 일어서고
다시 눕고, 또 일어선다

풀은 늘
푸르게 눕고
푸르게 일어선다

24) 도덕과 행복의 일치. 가장 훌륭한 사람이 가장 행복해지는 것.

서' 논의될 수 있다. 하나의 참고로 삼자.

[참고] 서경수, '인도의 빈촌 체험' – 불평등을 업보로 인한 당연으로 인식

■ 인생은 무상한, 허무한, 헛된 것 ─────────

* 인생무상

인생살이는 마치 날씨와도 같다. 맑은 날이 있는가 하면 흐린 날도 있고, 또 비오는 날, 심지어는 천둥 번개에 우박이 쏟아지는 날도 있다. 이렇듯 모든 조건이 항상 변화한다. 아무리 좋은 일도 영원하지 않다. 나쁜 일도 그렇다. 기쁨과 슬픔도 마찬가지다. "모든 기쁨에는 '유효기간'이 있다. 모든 슬픔에도 또한 유효기간이 있다. 슬픔보다 기쁨의 유효기간이 상대적으로 더 짧다. 분명한 것은, 기쁨도 슬픔도 오래가지 못하고 이윽고 지나간다는 것이다." 이런저런 일들도 어차피 다 지나간다. 귀여운 아기도 이윽고 소년이 되고 청년이 되며 이윽고 늙어서 병들고 끝내는 죽어 백골, 진토가 된다. 참으로 무상하구나. 우리네 인생이여.

[참고]
"빈손으로 왔다가 빈손으로 가는 것(空手來空手去)."
"인생은 나그네길 어디서 왔다가 어디로 가는가? 구름이 흘러가듯 …" (최희준의 노래 「하숙생」)
"제행무상(諸行無常)" (석가모니)
"모든 것은 흐른다(panta rhei)." (헤라클레이토스)

"서른, 잔치는 끝났다." (최영미)

"가는 것이 이와 같구나. 밤낮을 가리지 않네(逝者如斯夫 不舍晝夜)." (공자, 『논어』)

"뜬 삶이 꿈과 같으니 기쁨 되는 것은 그 얼마이뇨(浮生若夢 爲歡幾何) …" (이백, 「춘야연도리원서(春夜宴桃李園序)」)

[참고] 조설근, 『홍루몽(紅樓夢)』 중 「호료가(好了歌)」

사람이 모두 신선이 좋은 줄 알면서도
오직 공명 두 글자를 잊지 못 한다
그러나 영웅재상이 지금 어떤고
모두 다 무너진 무덤의 풀 밑에 있다

사람이 모두 신선이 좋은 줄 알면서도
단지 금은보화를 잊지 못 한다
어둡도록 바둥대며 돈을 벌어서
요행히 부자 되어도 흙에 묻힌다.

사람이 모두 신선이 좋은 줄 알면서도
단지 아내의 정에 끌려 못 된다
남편이 살았을 땐 하늘처럼 섬겨도
세상 먼저 떠나면 팔자 고친다

사람이 모두 신선이 좋은 줄 알면서도
오직 자녀의 정에 끌려 못 된다
자녀의 사랑으로 눈먼 부모는 많아도
효도하는 자녀를 얼마나 보았느냐[25]

---

[25] 世人都曉神仙好 唯有功名忘不了 古今將相在何方 荒塚一堆草沒了
世人都曉神仙好 只有金銀忘不了 終朝只恨聚無多 及到多時眼閉了
世人都說神仙好 只有姣妻忘不了 君生日日說恩情 君死又逐人去了
世人都說神仙好 唯有兒孫忘不了 癡心父母古來多 孝順兒孫誰見了

[참고] 작가 미상,『고금이야기(今昔物語)』
[참고] 심복,『부생육기(浮生六記)』
[참고] 『주역』

[참고] 류시화 엮음,『지금 알고 있는 걸 그때도 알았더라면』
"이 또한 곧 지나가리니…"

* 허무, 헛됨

인생의 변화 가운데서도 특히 공들여 이룩한 것이 헛되이 무너지고 사그라질 때, 가치가 상실되었을 때, 인간은 허무26)를 느낀다. 영원한 영광은 없는 것이다. 아무리 훌륭하고 화려한 인생이었다고 하더라도 어차피 모든 것은 죽음이라는 종말로 이어진다. 어떠한 권세도 어떠한 미모도 결국은 한 줌의 흙으로 돌아간다. 그래서 "화무십일홍 권불십년(花無十日紅 權不十年)"이라고들 하는 것이다. 허무는 인생의 귀결이며 본질적인 구조다.

이러한 의미에서, 인생이란 바닷가의 모래성 쌓기에 비할 수 있다. 열심히 쌓지만 끊임없이 파도가 몰려와 휩쓸어가고 또 쌓고 또 휩쓸어가고…. 아무리 쌓고 지켜도 결국은 죽음이라는 파도가 다 휩쓸어간다.

---

26) 단, 이 '허무'는 니체의 유명한 '허무주의(Nihilismus)'와는 그 의미의 맥락이 다르므로 주의할 필요가 있다. 니체 허무주의의 핵심은 2천 년 유럽 역사에서의 핵심적 가치가 전도되었다는 점에 있다. 이 점에 대해서는 니체,『차라투스트라는 이렇게 말했다』를 비롯하여, 하이데거,『니체』; 渡辺二郎,『ニヒリズム』(東京大学出版会); 박찬국,『니체와 니힐리즘』(지성의 샘) 등을 참조.

300

[참고] 솔로몬, 『구약성서』, 「전도서」
"헛되고 헛되며 헛되고 헛되나니 모든 것이 헛되도다."

[참고] 도요토미 히데요시
"이슬로 나서 이슬로 사라지는 이 내 몸이여 오사카의 영화도 꿈속의 또 꿈
(つゆと落ちつゆと消えにしわが身かな浪速のことも夢のまた夢)"

[참고] 나훈아의 노래 「건배」
냉정한 세상 허무한 세상
알고도 속고 모르고도 속는 세상
팔자라거니 생각을 하고
가엾은 엄니 원망일랑 말어라
가는 세월에 저가는 청춘에
너나 나나 밀려가는 나그네 …

[참고] 베르디의 오페라 『돈 카를로』 중 아리아 「허무한 세상」

[참고] 이영유, 『나는 나를 묻는다』 중 「잠시, 나를 내려놓고」
인생의 徵兆란,
하늘에 구름 두어 점
떠 있는 것이겠고,
세상의 兆朕이란
두어 점 보이던 구름
홀연,
자취를 감추는 것일 텐데,

하잘것없는 衆生들은
어쩌자고
希望만을 이야기하는지
이름도 모르는 희망의 골목들을
뒤지고 다니는지

뒤돌아서면 눈에 보이는 건
하찮은 慾望의
化石일 뿐

두어 점 구름이 나타났다가는 잠시
눈을 돌리면 허공뿐인
아득한 絶望!
그곳을 향하여
사뿐히 내려서고 싶다

■ 인생은 긍정적인(아름다운, 은혜로운, 고마운) 것 ─────

* 축복, 은혜

　삶의 과정에서 우리는 수없이 많은 기쁨, 즐거움, 만족, 따라서 행복을 경험할 수 있다. 사랑이나 성공은 그 대표적인 사례다. 그것은 인생을 사는 우리 인간에게 있어 '좋은 것'으로 인식된다. 그럴 때 인생은 너무나 아름답다. 그것은 축복이다. 복이란 우리 자신의 능력이나 노력과 상관없이 주어지는 은혜를 뜻한다. 생 자체에 이미 그러한 성격이 있다. 살아 있는 것만으로도 행복할 때가 있는 것이다. 그것은 은혜가 아닐 수 없다. 우리 모두가 애착을 갖는 나의 생이지만 그 생이 나 자신의 의지나 능력과 완벽히 무관하게 이미 주어져 있는 것이기 때문이다. 더욱이 아무런 대가도 없이 공짜로 주어져 있기 때문이다.

302

[참고] 천상병, 「귀천」
나 하늘로 돌아가리라
새벽빛 와 닿으면 스러지는
이슬 더불어 손에 손을 잡고

나 하늘로 돌아가리라
노을빛 함께 단 둘이서
기슭에서 놀다가 구름 손짓하면은

나 하늘로 돌아가리라
아름다운 이 세상 소풍 끝내는 날
가서, 아름다웠더라고 말하리라

* 고마움과 감사

삶이 축복이고 은혜인 측면이 있다면 그것은 고마운 것이다. 그것에 우리는 감사해야 한다. 삶을 긍정하고 수용하고 감사하는 것이 하나의 태도로서, 인간적 자세로서 권장된다. 긍정적, 능동적, 적극적, 창조적, 주체적 태도로 삶에 임할 때, 밝고 활기차고 플러스적인 요소가 많은 삶이 결과적으로 주어질 수도 있다. 어두운 상황이 많을지라도 긍정적으로 바라보면 그 상황이 다른 쪽으로 선회될 수도 있다. 많은 사람들이 감사에 인색하다. 그것은 무엇보다도 은혜에 대한 인식이 결여되어 있기 때문이다. 그것은 기본적으로 인간적 오만에 기인한다.

[참고] 『신약성서』, 「데살로니카전서」, 5장 18절
"범사에 감사하라."

[참고] 에픽테토스
"갖고 있지 않은 것을 한탄하지 말고 갖고 있는 것을 감사할 줄 아는 사람은 지혜로운 사람이다."

[참고] 하이데거, '사유'(Denken)와 '감사'(Danken)

* 감사의 본질

현재 우리는 삶의 한복판에 서 있다. 그래서 인생의 소중함을 잘 모른다. 그러나 그 인생에는 한계가 있다. 그 한계를 숙고한다면 한계의 이쪽(저쪽이 아닌 이쪽), 즉 삶의 한복판에 있다는 사실이 감사하게 느껴질 수 있다. '감사'란 '좋은 것'을 '받음'에서 발생하는 감정이고 태도다. 그것이 감사의 본질이다. 삶은 좋은 것이다. 그것은 부여받은 것이다. 따라서 감사해야 한다.

정상적인 인격을 지닌 사람이라면, 그리고 약간의 지혜를 지닌 사람이라면, 우리가 삶의 과정에서 누리는 것들이 우리에게 무상으로 주어져 있다는 사실을 깨닫게 된다. 그와 같이 주어진 것이 우리에게는 너무나도 많다. 우리에게 뿐만 아니라 온 세상에 가득하다. 그리고 그중 많은 것들이 우리에게 '좋은' 것이다. 우리들의 인생 자체도 그렇다. 그것은 좋은 것이고 주어진 것이다. 그것은 나 자신에 의한 것이 아니다. 따라서 고마운 것이다. 우리는 이 좋음과 고마움을 깨달아야만 한다. 좋음과 고마움은 대개의 경우 그것이 상실되었을 때 비로소 절절히 느끼게 된다. 그러나 그 전에 깨달을 수도 있다. 그것은 훌륭한 일이다. 일본의 마츠시타 코노스케는 입사 면접 시 "당신은 운이 좋았다고 생각하는가?"라고 질문

했다고 한다. 그리고 운이 좋았다는 사람을 채용했다. 감사의 마음을 평가한 것이다.

[참고] 공자, 『논어』
"나면서 아는 자가 상이다. 배워서 아는 자는 그 다음이다. 곤란을 겪고서 아는 자는 또 그 다음이다. 곤란을 겪고도 배우지 못하는 자는 백성이 이를 하로 친다(生而知之者 上也 學而知之者 次也 困而知之者 又其次也 困而不學 民斯爲下矣)."

■ 인생은 비할 바 없이 값진 것, 소중한 것 ─────

* 삶의 가치

　삶은 소중하다. 사람들은 출생을 기뻐하고 생일을 축하한다. 그리고 죽음을 애통해하고 아쉬워한다. 이러한 현상 자체가 살아 있음, 살고 있음의 근원적 가치를 상징적으로 보여준다. 내가 소중하게 생각하는 사람의 삶을 팔라면 팔겠는가? 판다면 얼마에 팔겠는가? 삶은 돈으로 환산할 수 없다. 우리 한 명 한 명은 모두 다 그렇게 가치 있는 사람들이다. 또, 죽어가는 삶을 돈으로 살 수 있다면 억만금을 내고라도 살 사람이 있을 것이다. 자신은 물론, 부모 자식의 경우를 생각해보라. 삶이란 그만큼 값진 것이다. 따라서 이미, 지금, 아직, 살아 있음은 그만큼 소중한 것이다. 그 삶을 잘 아껴야 한다. 단, 진정으로 값진 삶은 어떻게 사느냐에 따라 결정된다. 보석보다 더 훌륭한 삶도 있는가 하면 쓰레기만도 못한 삶 또한 얼마든지 있다.

[참고]   법륜 스님,「삶의 소중함」
"몇 해 전 칠레의 한 탄광에서 광부들이 매몰된 사건이 있었죠. 그 광부들이 69일을 땅속에 갇혀 있다가 구조되었을 때 너무나 기뻐했습니다. 생각해보면 뼈만 앙상했던 그분들도 그렇게 기뻐하는데 큰 사고 없이 잘 사는 우리들은 왜 기쁘게 살지 못할까요? 왜 꼭 어려움을 겪어야 삶의 소중함을 알게 될까요? 지금 이렇게 살아 있다는 것은 정말 대단한 일입니다. 우리는 내가 가진 백 개의 복은 당연히 여기고 부족한 하나를 계속 아쉬워합니다. 내게 주어진 삶이 얼마나 복된 것인지 알아야 합니다. 지금 주어진 이 삶이 얼마나 복된가를 자각한다면 지금 이대로 인생을 행복하게 살 수 있습니다."

* 모순의 공존

사람이란, 인생이란, 이렇듯 서로 반대되는, 모순되는 면들을 동시에 갖고 있다. 논리의 차원에서는 그것이 자동적으로 배척되지만, 현실의 세계는 논리의 세계와는 다른 세계다. 현실의 삶에서는 얼마든지 모순의 공존이 가능하다. 왜냐하면 그것이 삶의 실상이기 때문이다. 삶이란 이렇기도 하다가 저렇기도 하다. 여기서는 이렇고 저기서는 저렇다. 누구에게는 이렇고 누구에게는 저렇다. 아니, 언제나 어디서나 누구에게나 이렇기도 하고 동시에 저렇기도 하다. 그런 것이 바로 우리의 이 인생이다. 인생이란 무릇 이와 같다.

[참고]   '모순(矛盾)'의 개념 − 창과 방패
"못 뚫을 것이 없는 창과 못 막을 것이 없는 방패"

[참고]   형식논리학의 '모순율'

제 6 장

삶의 이유 – 우리는 왜 사는가?

'왜 사느냐?'라고 우리는 삶의 한가운데서 끊임없이 묻는다. 그 답을 찾고자 하는 자연스러운 경향이 우리 자신들에게 내재하고 있다. 험난한 인생살이 자체가, 원인 모를 인생살이 자체가 이 물음을 요구한다. 그런데 왜라는 이 물음에 대한 대답은 이중적이다. 그것은 '~때문에'라는 이유를 지시하기도 하고, 동시에 '~위하여'라는 목적을 지시하기도 한다. 그 이유와 목적, 근거와 의의는 구체적으로 무엇인가?

■ 원인의 문제에 대한 철학사적 회고 ────────

ἀρχη / ἀιτία / τὸ ἀΥάΘων(to agathon) / Ziel / Zweck / Grund / Wille / Sinn ⋯

[참고] 탈레스, 데모크리토스, 플라톤, 아리스토텔레스, 토마스, 칸트, 쇼펜하우어, 하이데거 등

■ 났으니까 산다 ────────────────

* 났으니까

'왜 사느냐?'에 대한 정답은 없다. 다만 태어났기 때문에, 삶이 주어졌기 때문에 살 뿐이다. 우리는 영문도 모르고 때어난다. 태어

나 살다 보니 이미 살고 있는 것이다. 그러니까 산다. 났으니까 산다. 습관적으로, 탄성적으로 그냥 살아가는 것이다. 이 '그냥'이 하나의 답이다. 무책임한 말 같지만 인간의 입장에서 볼 때는 이것이 진실에 가장 가깝다. 분명한 것은 지금 내가 현상적으로 이미 살고 있다는 것이다. 그 '이미 살고 있음', '주어져 있음', '던져져 있음'이 '살아야 함'을 시사하고 있다. 현상이 이유를, 결과가 원인을 지시한다.

[참고] 김상용, 「남으로 창을 내겠소」
"왜 사냐건 웃지요."[1]

[참고] 하이데거, 『존재와 시간』, '피투성(Geworfenheit)'

■ 마지못해 산다

* 마지못해

왜 사느냐고 많은 사람들이 묻는다. 그러면 많은 사람들이 '마지못해' 산다고 대답한다. 그게 어디 한갓된 농담일까? '마지못해'라는 것은 만다는 것 즉 죽는다는 것이 싫기 때문이라는 것을 말한

---

1) 이 시는 이백의 시 「산중문답(山中問答)」의 영향을 받은 것으로 알려져 있다.
   問余何事棲碧山 (나더러 무슨 일로 푸른 산에 사냐기에)
   笑而不答心自閑 (웃으며 대답 않았지만 마음은 절로 한가롭다)
   桃花流水杳然去 (복사꽃이 흐르는 물에 아득히 떠내려가니)
   別有天地非人間 (인간 세상이 아닌 천지가 따로 있었네)

다. 죽는 것이 싫은 이상, 죽지 못하는 한, 우리는 살 수밖에 없다. 죽든가 살든가 둘 중의 하나다. 다른 선택지는 없다. 죽기 싫다면 살아야 한다. 별 수 없다. 어쩔 수 없다. '어쩔 수 없이', '죽지 못해' 우리는 산다. 이것도 삶의 중요한 한 이유다. 어쩌겠는가. 죽기 싫다면 살 수밖에. '죽음을 꺼림', '죽기 싫음'이라는 현상이 곧 우리의 '삶의 이유'를 지시한다.

■ 좋으니까 산다, 원하니까 산다 ──────────

* 좋으니까, 살고 싶으니까(의지)

왜 사는가? 근원적, 궁극적인 '왜?'는 알 수 없지만 아무튼 삶은 주어져 있다. 그 삶을 우리는 '현상적으로' 원하고 있다. 여기서 중요한 것은 삶이 우리에게 좋은 것이고, 우리가 그 삶을 본능적으로 원한다는 것이다. 그러니까 산다. '피투성 + 살려고 하는 의지(생에의 맹목적인 의지) + 적극적인 살고 싶음', 이것이 곧 삶의 이유다.

'이곳' 세상에 우리를 붙들어 매는 최후의 끈, '살고 싶음', 그것은 삶의 숨겨진 진실이다. 우리를 이 '삶의 세계'에 붙들어 매는 보이지 않는 끈은 무수히 많다. 친구, 연인, 가족, 회사, 직장 …. 그 끈들을 하나씩 잘라 나간다 하더라도 마지막까지 남게 되는 최후의 단단한 끈이 있다. 그것이 이 삶 자체에 대한 원초적인 집착, 애착이다. '살고 싶음'이다. 그것이 삶의 이유다. 그것은 삶의 충분한 이유가 된다. 사는 것이 좋으니까, 살고 싶으니까 우리는 사는 것이다.

* 살고자 함 — 생명에의 지향

살고자 함은 모든 생명의 본능이자 내재적인 기본 원리다. 이는 우리 인간은 말할 것도 없고 동물, 미생물, 식물을 불문하고 모든 생명에게 해당된다. 생명에의 지향은 하나의 보편적인 원리인 것이다. 위험 앞에서의 반사적 반응, 이를테면 모기, 파리, 바퀴벌레의 재빠른 달아남이나 지렁이의 꿈틀거림에서도 우리는 이것을 목격한다. 갑작스러운 소리나 나타남의 경우, 우리가 "아이쿠, 깜짝이야"라고 말하고 움찔하는 반응을 보이는 것도 그러한 생명에의 지향을 알려준다.

■ 의미 때문에 산다 ────────────────

* 의미, 보람

결론적으로 보았을 때, 인생은 무의미한 듯이 보인다. 영문도 모르고 왔다가 영문도 모르고 가는 것이 인생이므로. 더구나 모든 것을 남겨두고 빈손으로 가는 것이므로. 결국은 모든 것이 다 헛되므로. 그러나 인간은 그 무의미한 인생에서 어떻게든 의미를 찾고자 한다. 그리고 그것은 이런저런 모습으로 찾아진다. 그 의미가 인생을 떠받친다. 인생에 추진력을 부여해준다. 그것은 명백한 하나의 생적 현상이다. 의미는 사람에 따라, 시기에 따라, 경우에 따라, 다

양한 형태로 발견될 수 있다. 그것은 자신이 스스로 부여하는 것이
기도 하다.

삶의 과정에서 그때그때 삶을 이끌어주는 지표로서 작용하는 것
들이 분명히 있다. 바로 그것을 우리는 '삶의 의미'라고 부를 수
있다. 예컨대 어린아이에게는 '엄마의 사랑'이, 엄마에게는 '아기'
가 의미가 된다. 많은 경우 사람에게는 그렇게 사람이, 소중한 사
람이, 특별한 어떤 사람이, 무엇과도 바꿀 수 없는 의미가 된다. 또
는 사람에 따라 '돈'이나 '자리', '명예', '출세', 그리고 '봉사' 등
이 각각 의미가 되는 경우도 있다. 자식, 일, 진리, 아름다움, 사랑
등도 의미가 된다. 내가 살아 있는 것만도 내 가족에게는 행복이
다. 이것도 의미가 될 수 있다. 작가에게는 글쓰기가, 철학자에게
는 사유가 삶의 의미가 되기도 한다. 의미는 그렇게 여기저기에 숨
어 있다. 우리는 그런 의미들을 그때그때 가슴속에 품고서 살아야
한다.2)

일, 노력, 마음 씀의 결과로 주어지는 뿌듯한 만족이 있다. 그것
이 삶의 의미를 확인해준다. 그런 의미를 우리는 '보람'이라 부른
다.

[참고]   이복숙 시인의 경우
"시는 내 삶의 의미였어요."

[참고]   클로드 레비-스트로스
"우리들의 인생은 본래 무의미한 것이다. 그러나 우리는 그 무의미한 인생에
서 의미를 찾고자 한다."

---

2) 이상경, 「마음속에 꽃 한 송이」, 『덕성여대신문』 참조.

* 사명, 소명, 그리고 목표

사명, 소명이라고 불리는 것이 있다. 그것은 (하늘로부터, 사회로부터, 시대로부터, 집안으로부터, 혹은 구체적인 누군가 혹은 무언가로부터) 자기에게 맡겨진 (혹은 맡겨졌다고 스스로 느끼는) 어떤 특별한 임무, 특별한 역할, 특별한 소임이다. 그런 것이 때로는 삶을 찬란하게 연소시키는 연료가 된다. 삶의 과정에서 우리는 여러 가지 형태로 이러한 사명, 소명을 느끼게 된다. 이러한 경우에 구체적인 '목표'들이 설정이 되고 그 목표에 도달하기 위해 우리는 온갖 노력을 기울인다. 그것이 그때그때 삶을 이끄는 강력한 추진력을 부여해준다. 그것은 삶의 '특별한 의미'가 된다.

■ 좋기 위해서 산다 ─────────────

* 좋음

인생의 목적은 '좋음'이다. 인생의 일거수일투족은 다 어떤 형태로든 '좋음'을 지향하고 있다. 좋기 위해서 행해지고 이루어진다.

314

'좋음'은 삶의 구체적 맥락 속에서 다양하게 분절된다. 부귀영화 혹은 부귀공명, 즉 돈, 권력, 지위, 명예, 그리고 건강, 우정, 사랑 등이 그 내용을 이룬다. 인간이 느끼는 그런 온갖 좋음의 최상위에는 '행복'이 있다. 인생론적으로 볼 때, 인간은 행복을 추구하는 동물(Sein zum Glück)이다. 좋음을 지향하는 존재(Sein zum Gut)다. 그것이 삶을 이끌어간다. 이것이야말로 인생의 궁극적 이유다. 그리고 이것은 궁극적으로 우주 전체의 창조 원리인 '좋음'으로 통하는 것이다. 인생론의 최종 도달점은 바로 이 '좋음'이다. '좋음', 거대한 원리, 심오한 원리, 최초의 원리, 궁극의 원리.

[참고] 『구약성서』,「창세기」
"하나님 보시기에 좋았더라."

[참고] 플라톤,『국가』, '선의 이데아(he tou agathou idea)'

[참고] 아리스토텔레스,『니코마코스 윤리학』
"행복이야말로 인간이 영위하는 모든 일의 궁극목적이다."

논의를 접으며: 다시보기 또는 당부

＊ 어떻게 인생을 살 것인가? 이는 인생론의 최종 과제다. 모든 사람들이 '잘', '좋게' 살기를 바란다. 그러기 위해서는 '제대로', '올바로' 살아야 한다. 그러면 구체적으로 어떻게 사는 것이 잘 사는 것, 제대로 사는 것인가? 간단치는 않지만 황금률은 있다. 그것은 각자가 '삶의 기본'을 지키는 것이다. 기초의 부실, 기본의 붕괴가 세상의 저 온갖 문제를 초래한다. 삶의 거의 모든 '문제'들이 바로 여기서 야기된다. 지금껏 살펴본 것이 삶의 기본, 삶의 기초다. 마무리를 위해 그 핵심 내용들을 되새겨보자. 그리고 자기 자신을 향해, 또는 모든 이에게, 특히 삶을 가꾸려는 젊은이에게, 당부해두자. 너와 나, 인간들 모두의 좋은 삶을 위하여.

■ 삶의 주체 ──────────────────

＊ 화려한 스타들을 부러워하지 마라. 너도 네 인생에서는 주인

공이다. 너의 인생을 멋진 작품처럼 만들어봐라. 칭찬도 비난도, 주목도 무시도 다 너의 몫이다. 너의 책임이다. 남, 환경, 조건 따위에 휘둘리지는 마라. 너 자신이 네 운명의 주인이 돼라.

   * 남에게 잘해주라고 사람들은 말한다. 그래 그렇게 해라. 하지만 너 자신에게도 잘해주어라. 너 자신에게 물어보아라. 네가 무엇을 바라는지를. 자신의 그 욕구에 충실하여라. 자신에 대한 배려를 소홀히 하지 마라. 스스로에게 인정받을 그런 삶을 살아라.

   * '자기'를 직시해봐라. 너 자신의 정체를 알아차려라. 너 자신 안의 수많은 기억들과 기대들, 그 밑바닥에 있는 관심들을 잘 살펴라. 그것이 다름 아닌 너의 실체다. 내용 없는 '나'가 따로 있는 게 아니다.

   * 너는 너 개인인 동시에 또한 '우리'의 한 부분이기도 하다. 집안에서도 너는 우리고, 학교에서도 너는 우리고, 직장에서도 국가에서도 너는 우리다. 다양한 그 '우리'의 일부로서 '우리'의 삶에 기여하여라.

   * 끊임없이 '나'를 고쳐나가라. 그러려고 마음먹고 노력도 해라. 너는 어떤 경우에도 완전할 수는 없는 거니까. 인간은 부족하고 잘못하기 마련이니까. 특히 평판 나쁜 습관은 바로 버려라. 그러면 네 운명도 바뀔 수 있다. 본보기는 주변에 얼마든지 있다.

＊ 세상이 너를 누구라고 부르는지, 누구라고 불리면 네가 좋을지, 생각해봐라. 그 이름들이 너의 신분이다. 신분이 삶의 내용을 결정한다. 네가 바라는 '그'가 되도록 해라. 그리고 꼭 그 이름값을 하도록 해라.

＊ 살면서 무엇이 되건 그'답게' 살아라. 자기 자리에서 자기 역할을 다해야 한다. 자신의 본질에 충실할 때, 자기 자신의 인생도, 그리고 남의 인생에 대해서도 좋은 삶이 될 수 있는 길이 열린다.

＊ 사람들은 대개 군중 속에, '사람들' 속에 교묘히 '자기'를 숨기고 산다. 그러한 숨김은 편함을 보장해주기도 하지만, 비겁함을 보호해주기도 한다. 떳떳이 자기를 드러내고 살아라. 주장할 건 주장하고 책임질 건 책임져라.

＊ 인간관계가 세상살이의 거의 전부다. 지금 네 앞에 있는 사람이 곧 운명인 듯 대해라. 남(들)에 대해 너는 '꼭 있어야 할 사람'인지, '있는 게 나은 사람'인지, '아무래도 좋은 사람'인지, '없는 게 나은 사람'인지, '꼭 없어야 할 사람'인지, 자성해봐라.

＊ 삶은 타인들과의 관계 속에서 이루어진다. 그러므로 타인들에게 잘해주어라. 타인들을 항상 의식하고 배려하고 친절하여라. 너의 존재가, 너의 말과 행동이 다른 사람들에게 고통이 되는지 기쁨이 되는지를 돌이켜봐라. '남에게 바라는 대로 남을 대해라.'

* 네가 시민임을 잊지 말아라. 국민의 한 사람임을 가슴 깊이 새겨라. '신사 숙녀 여러분!'의 그 신사 숙녀의 한 사람으로서 행동해라. 시민의식, 공공의식, 질서의식 같은 기본적인 덕목이 비로소 그 이름에 합당한 자격을 부여해준다.

* 몸 없는 너는 있을 수 없다. 몸의 가치를 가볍게 보지 마라. 그러니 항상 깨끗이 하고 건강히 해라. 잘 자고 잘 먹고 운동도 해라. 가능하면 차 타기보다 걸어 다니고 아픈 것 같으면 곧바로 병원에 가라. 예쁘게 멋있게 꾸며도 봐라.

* 사람에게는 인품, 인격, 품격이라는 또 하나의 얼굴이 있다. 그것은 꽃향기처럼 은은히 뿜어져 나오는 것이다. 악취를 풍기는 사람도 얼마든지 있다. 사람이든 책이든 문화든 간에 향기 나는 것을 가까이하고 악취 나는 것을 멀리하여라.

* 인생에는 아무리 노력해도 해결되지 않는 문제 또한 많다. 그럴 때는 마음을 다스려라. 인생의 행복은 마음이 작정한 것만큼 주어진다. 마음을 잘 다스리는 게 바로 지혜다. 줄일 때는 줄이고 버릴 때는 버리고 잊을 때는 잊을 줄도 알아야 한다.

* 생명은 세상의 그 무엇보다 우선하는 가치다. 살아 있는 것, 살고 있는 것, 살려는 것을 살 수 있게 하는 '살림의 문화'에 이바지해라. 행여 실수로라도 죽임의 세력에 가담하지 마라. '생명이 곧 세상'임을 알아야 한다.

320

* 우리 '인간'은, 신에게 축복받았지만 죄지은 자라고, 이성을 가진 자라고, 도구를 써서 생산하는 자라고, 본능을 가진 자라고, 끊임없이 한계를 넘어서는 자라고, 그리고 정신의 세계를 지닌 자라고 선인들은 말한다. 어느 하나도 틀린 게 없다.

* 그러니 때로는 경전도 읽고 예배도 하고 기도도 해라. 때로는 냉철하게 생각도 해라. 온갖 도구로 온갖 것들을 만들어도 보아라. 때로는 음주가무에 연애도 해봐라. 그리고 문화의 건설에도 한몫 해봐라. 그래, 그 모든 게 다 인간이니까.

■ 삶의 시간 ──────────────

* 주어진 시간만큼 사람은 산다. 시간이 곧 삶이다. 은행원이 1원을 신경 쓰듯이 그렇게 1분 1초를 아껴서 써라. 시간이 양임을 깊이 새기고 그 낭비를 경계해라. '~할 시간'들을 잘 할당해라. 때로는 많이 때로는 적게. 시간은 관리의 대상이다.

* 삶은 흐르는 세월과 더불어 간다. 균일하게 흐르지 않는, 때로는 빠르게 때로는 느리게 주어지는 게 삶의 '실시간'이다. 시간은 흘러 '가버리는' 것이기도 하지만, 동시에 흘러 '고이는' 것이기도 하다. 그렇게 고인 것이 이력이고 역사다.

* 출생에서 이미 인생의 많은 것이 정해져 있다. 인생의 절반은 타고난다. 그런 게 운명이고 팔자다. 그러나 '반씩이나'라고 생각

할 수도 있고, '반밖에'라고 생각할 수도 있다. 그러니 그 전근대적인 팔자론의 속박과 굴레에 얽매이지는 마라.

* 삶은 시절들을 거치며 간다. 어렸을 때나 젊었을 때나 늙었을 때나, 그 어느 것 하나도 인생이 아닌 건 없다. 그때그때의 현재가 바로 삶의 한가운데임을 인식해라. 그 각각의 과정에서 최선의 삶을 추구해라.

* 삶의 각 시기에 맞는, 어울리는 삶의 모습이 있다. 일단은 그것에 맞추는 것, '답게' 사는 것, '답게' 살도록 해주는 것, 그것이 바른 삶, 좋은 삶이다. 그러니 어릴 때는 어린이답게 젊을 때는 젊은이답게 늙었을 때는 늙은이답게, 그렇게 살아라.

* 어릴 때는 '순진무구'하게 살도록 해라. 젊을 때는 '활기차게' 살도록 해라. 늙어지면 '느긋이' 자애롭게 살도록 해라. 사람들이 네게 바라는 대로. 네가 사람들에게 바라는 대로. 그렇게 가장 보기 좋은 모습으로 사람답게.

* 죽음은 삶의 끝이다. 하지만 또한 살아온 삶의 마무리임을 알아라. 그러니 어떤 죽음을 죽을 건지를 생각해둬라. 진정으로 슬픈 죽음이 될 수 있는 그런 삶을 살아라. 삶의 종류가 죽음의 종류를 결정한다. 장례니 제사니 그런 것은 둘째다.

* 삶은 언제나 현재다. 그것은 과거와 미래와의 영향관계 속에

322

있음을 알아야 한다. 그러니 좋은 현재, 좋은 삶을 위해 좋은 과거와 좋은 미래를(즉, 기억과 기대를) 다듬으면서 '관리'해가라. 나쁜 과거는 떨쳐버리고 나쁜 미래는 막아야 한다.

* '현대'라는 시대가 네 삶의 조건임을 직시해라. 그 혜택(과학, 기술, 산업, 유통, 교통, 통신)을 적절히 향유하고 그 문제(인간성 상실, 비인간화, 환경오염, 자연파괴, 프라이버시 상실)를 극복해라. 누리지 못하면 그것은 바보고, 빠지고 말면 그것도 바보다.

■ 삶의 장소

* 가장 기본적, 근원적, 궁극적인 삶의 공간은 집이다. 집은 세상에서 거의 유일하게 '따뜻한 곳'이다. 그 따뜻함은 가족의 체온(가족 간의 사랑)에서 전해지는 것이다. 그 온기가 식지 않도록 가족관계를 소중히 해라.

* 사람은 보통 출생으로 시작해 자녀로서 사는 1차 가정과 결혼으로 시작해 부부 내지 부모로서 사는 2차 가정, 이 둘을 갖는다. 새 둥지로 옮겨가는 그 전환은 고개 넘듯 하여서 쉽지가 않다. 부디 잘 만나고 잘 고르고 잘 처신해라.

* 꼭 크고 비싸고 호화로울 필요는 없지만 되도록이면 아름답고 편리한 집에 살아라. 집은 단순한 부동산 그 이상의 것이다. 아름다운 집들이 아름다운 거리와 마을과 풍경을 연출한다. 그것이 터

를 내준 대지에 보답하는 것이다.

　＊ 학교에는 친구가 있고 선후배가 있고 스승이 있고 학문이 있
다. 거기에서 지식, 교양, 우정, 경쟁, 협력, 비판 등 삶에 필요한
온갖 것을 배워라. 어디 좋은 일만 있겠나. 나쁜 일에서도 배울 게
있다. 사람은 배우는 만큼 자라고 익어가는 것이다.

　＊ 네가 학생일 때는 제대로 배워라. 네가 선생일 때는 제대로
가르쳐라. 배우기 위해서도 가르치기 위해서도 공부는 필수다. 그
게 학교의 본질이니까. 그런데 본질을 잃어버린 이름들이 너무 많
구나. 이 세상에는.

　＊ 냉엄한 사회에서 인생의 본론은 비로소 시작이다. 마음을 다
부지게 먹어야 산다. 하지만 너무 겁먹을 필요도 없다. 위험도 있
지만 기회도 있는 곳이 인간사회다. 짐승도 있지만 천사도 있는 곳
이 인간사회다. 너는 사회의 인간화에 기여해라.

　＊ 동네와 마을은 생활의 반경이다. 거기에는 본받을 동네 어른
도 있고, 상담할 선배도 있고, 함께 놀고 협력할 친구도 있고, 이끌
어줄 후배도 있다. 거기에 가게도 관공서도 놀이터도 골목도 학교
도 그리고 이웃도 있다. 있을 게 있으면, 있는 만큼 좋다.

　＊ 거기에서 '오가는 마음'들이 사라져간다. 슬픈 일이다. 예컨대
위로와 격려, 자극과 배려, 훈계와 충고… 이런 것들이 삶의 공간

324

을 넉넉히 하는 거니까. 그 의의와 기회들을 되살려봐라. 찾아보면 싹이 아예 없지는 않을 터.

＊ 직장이 없으면 살아갈 수 없다. 보통 사람들은 삶의 대부분을 거기서 산다. 거기에다 네 인생을 걸어야 한다. 철저히 준비하고 신중히 선택하고 악착같이 붙잡고 열심히 근무해라. 하여 돈도 벌고 보람도 느끼며 행복을 일궈라.

＊ 다양한 사람의 다양한 직업에 각각의 가치를 인정하고 존중해 줘라. 가치가 집중되면 거기서 온갖 '사회적 문제'가 생겨나온다. 지금 이 자리가 바로 그 자리, 바로 내 자리라는 자세가 직업인의 도리다.

＊ 직장 동료, 상사, 부하, 그리고 고객들, 그들과의 인간관계가 또한 삶의 거의 반이다. 그게 원만하면 힘겨움도 덜고 그게 껄끄러우면 즐거움도 깎는다. 원만한 인간관계만 얻어도 삶의 절반은 이미 성공이다.

＊ 직장은 일을 하는 곳이다. 일에는 제가끔 목적이 있다. 본질이 있다. 누군가는 무언가를 맡아야 한다. 그 일, 주어진 일의 목적과 본질에 최선을 다해라. 직업은 거의 하늘의 명이다. 대충 하는 일은, 직장은 물론 세상과 하늘에도 폐를 끼친다.

＊ 국가는 운명적인 삶의 한 조건이다. 그러니 국가의 '상태'에

관심을 가지고 그 발전에 한몫을 해라. 너 하나 잘하는 것이 곧 나라를 위한 길이다. 개인이든 언론이든 국회든 정부든 국가에 폐가 되는 세력들을 내버려두지 마라.

* 좋은 '한국'을 위해 네가 있는 자리에서 최선을 다해라. 한 걸음이라도 내딛고 올라서봐라. 천박한 가치관을 뜯어고쳐라. 뒤틀린 구조를 바로잡아라. 우수한 개인들을 엮어나가라. 하다 보면 한 뼘이라도 좋은 곳은 늘어날 터.

* 세계가 이제 하나의 생활권으로 좁아졌다. 전 세계가 하나의 유기체처럼 움직인다. 세계를 향해 큰 눈을 떠라. 세계를 삶의 무대로 설정해봐라. 세계는 넓고 할 일은 많다. 세계는 넓고 갈 곳도 많다. 외국어로 문을 열고 세계로 나가라.

* 자연은 발전과 진보라는 미명하에 파괴, 상실, 훼손, 황폐화되고 있다. 그것을 진지하게 우려할 때다. 자연과의 우호적 관계를 되살려야 한다. 자연은 우리 인간을 낳아주고 길러준 어머니였다. 자연은 단순한 환경 그 이상의 것이다.

* 세상은 유일 절대적인 곳이다. 우리가 아는 모든 인간들이 바로 여기서 삶을 살았다. 오로지 여기서만 살 수가 있고 오로지 여기서만 있을 수 있다. 이 세상이 있다는 것보다 더 큰 사건은 천지에 없다. 안다면 삼가 옷깃을 여며라.

326

＊ 인생살이의 오만 가지 일들이 세상을 채운다. 세상은 '삶의 공간'이다. 그것은 좋은 것도 나쁜 것도, 힘든 것도 편한 것도 될 수가 있다. 이렇게도 저렇게도 사람이 만든다. 너는 조금이라도 살기 좋은 세상으로 만들고 가라.

■ 삶의 내용 ─────────────────────

＊ 네 '욕구'를 들여다봐라. 그때그때 절실히 원하는 그것을 쫓아다녀라. 이루어라. 어떻게든 이루어라. 그 과정이 곧 인생이다. 장애물이 있다면? 그래도 가라. 산도 넘고 물도 건너 앞으로 가라. 길이 끝날 때까지 그렇게 가라.

＊ 빈천, 질병, 사고, 걱정, 재앙, 불운, 실패, 좌절, 실업, 실직, 낙방, 열등, 무료, 시련, 고생, 배고픔, 목마름, 추위, 더위, 고독, 소외 등 불행은 게릴라처럼 사람을 공격해온다. 그러려니 하고서 맞서 싸워라. 삶이란 애당초 그런 거니까.

＊ 부귀, 영화, 권력, 재물, 명예, 권위, 쾌락, 재미, 향락, 아름다움 등 삶의 세상에는 보물도 많다. 무엇이든 네 욕구가 원한다면 쫓아가봐라. 가져봐야지 그것이 헛된 줄도 아는 거니까. 그러나 설 데서 설 줄 아는 게 참된 지혜다.

＊ 바라는 게 있다면 '능력과 노력'으로 얻어내어라. 어려움이 있다면 '수양과 예지'로 이겨내어라. 행복이 눈앞에 보여도 길이 아

니면 가지를 마라. '정의' 아닌 행복은 좇지도 말고 부러워도 마라.

* 희망을 버리지 마라. 실망과 좌절로 무너지지 마라. 희망은 인생의 구원이 된다. 어떠한 절망적 상황에서도 희망은 우리를 구원하는 금 동아줄이 된다. 희망은 용기를 싹틔워준다. 그 용기가 이윽고 새 길을 연다.

* 일상생활도 인생의 큰 부분이다. 가깝다고 흔하다고 시시한 게 아니다. 뻔하다고 익숙하다고 하찮은 게 아니다. 아무렇게나 되는대로 막 살지 마라. 생활을 문화처럼 작품처럼 만들어봐라. 그로써 삶의 질을 높여라. 열이 힘들면 다섯이라도.

* 취미생활, 문화생활은 인생살이의 큰 즐거움이다. 자기 인생에 즐거움을 주는 것은 자기에 대한 의무다. 문화적 삶을 위한 투자를 아끼지 마라. 인간이 원숭이보다 나은 점이 거기에 있다.

* 일하지 않고는 먹지를 마라. 무위도식은 부끄러운 일이다. 열심히 노력해서 네 할 일을 찾아라. 이것이다 싶으면 신나게 일해라. 마지못해 일하면 부역이 되고 즐겁게 일하면 유희가 된다. 일이 비로소 삶을 삶답게 한다.

* '논다'는 것은 삶을 위한 의무요 권리요 책임이요 봉사다. 놀 줄도 모르는 것은 바보거나 환자다. 따라서 놀지 못하게 하는 것은 억압이요 폭거다. 그러나 놀기만 하는 자는 자기를 망치고, 놀게만

하는 자는 남을 망친다.

* '함께 있음', '사람과 함께 있음', '특별한 그 사람과 함께 있음'이 행복의 꽃이다. 혼자 갖는 행복은 미완성이다. 사랑은 삶을 위한 큰 축복이다. 사랑으로 삶은 비로소 꽃이 된다. 그러나 소중히 돌보지 않으면 꽃은 이내 시든다.

* 성은 신성한 삶의 대원리다. 성은 자연의 섭리에 참여함이다. 성이 없으면 인생도 없고 성이 없으면 세상도 없다. 그러나 성은 위험물이니 '취급주의!'를 잊지 말아라. 잘못 건드려 일이 터지게 되면 한순간에 인생도 날려버린다.

* 결혼은 사랑의 완성이다. 독신은 문명의 기형이다. 내 짝이다 싶으면 모든 것을 걸어라. 아니다 싶으면 깨끗하게 접어라. 부부가 돼서 시시콜콜한 일들로 싸우는 것은 바보짓이다. 오손도손 살아도 짧은 생인데 상처 주며 살기엔 삶이 너무 아깝다.

* 자녀 기르기, 교육하기, 뒷바라지는 사랑의 연장이다. 그 재미로 한 20년 웃으며 산다. 그 재미를 쉽게 포기하지 말아라. 그러나 대가를 바라지는 마라. 줄 수 있다는 것이 이미 받는 것이니, 오직 줄 수 있음에 감사하며 키워라.

* 세상살이에 미움과 증오, 대립과 경쟁, 대결과 싸움은 따라다닌다. 그것들이 인생을 삭막한 사막, 살벌한 밀림으로 만들어간다.

그것으로 세상은 전장이 된다. 할 수만 있다면 용서하고 피해 가거라. 그게 최선이다. 이기는 것은 그저 차선일 뿐이다.

* 싸움을 피하려면 다양하게 가치를 인정해야 한다. 가치의 편중이 경쟁의 근원이다. 타인의 인격과 개성에 대한 존중의 결여가 싸움의 불씨다. 이것도 좋지만 저것도 좋다. 내가 하나면 남도 하나다. 그런 자세면 싸움의 절반은 피할 수 있다.

* 승리도 하고 패배도 하는 것이 세상살이다. 이겼다가 지기도 하고, 졌다가 이기기도 한다. 이기고서 질 때도 있고 지고서 이길 때도 있다. 현명한 자는 승리를 자만하지 않고 패배를 자괴하지 않는다.

* 세상에는 선도 많고 악도 많다. 하지만 절대적인 선도 절대적인 악도 없다. 선에 반드시 포상이 따르지도 않고 악에 반드시 징벌이 따르지도 않는다. 그래도 선은 선이고 악은 악이다. 너는 선의 창고에 업을 쌓아라. 작아도 적어도 모이면 쌓인다.

* 성인군자도 몸 없이는 살지 못한다. 몸이 상하면 삶도 상하고 몸이 끝나면 삶도 끝난다. 위생으로 보건하고 운동으로 단련해라. 살다가 여유 있거든 곱게 꾸미고 가꾸어도 봐라. 몸과 마음은 둘로서 하나, 하나로서 둘이다.

* 인간다운 인간, 인간 위의 인간이 되고 싶거든 끊임없이 배우

고 공부하고 교양을 쌓아라. 인격을 닦아라. 마음을 돌보고 머리를 채우지 않으면 인간이랄 게 없다. 세상에 배울 것, 본받을 것은 지천으로 깔렸다.

* 친구는 인생의 큰 재산이다. 너를 위해 손해를 감수해주는 그라면 믿어도 좋다. 존중함이 없는 친구라면 버려도 좋다. 그러니 친구라고 생각한다면 너도 존중의 자세를 잊지 말고 그를 네 안에 받아들여라. 친구란 그만한 가치가 충분히 있다.

* 살다가 잘 되지 않을 땐 신을 불러라. 예배도 하고 기도도 해라. 대답이 없으면 원망도 해라. 정말 있는지도 잘 모르지만 정말 없는지도 알 수는 없다. 없어도 있다고 여기는 삶이 그래도 낫다.

■ 삶의 성격 ───────────────────────────

* 인생은 신비다. 수수께끼다. 불가사의다. 왜 나는지 누가 알겠나? 왜 사는지 누가 알겠나? 왜 죽는지 누가 알겠나? 아무튼 나고 아무튼 살고 아무튼 죽는다. 알 수 없으니 잘난 체 말고 항상 겸손하고 두려운 자세로 살아나가라.

* 삶은 어디에나 있고 언제나 있다. 흔하고 가까워 귀한 줄을 모른다. 그렇고 그런 것이라 사람들은 여긴다. 그러나 이따금씩은 삶의 먼지를 털고 때를 닦아내 본연의 빛을 회복시켜라. 뻔하다고 하찮은 것은 절대 아니다.

* 인생은 일회적이고 절대적이다. 그것은 하나밖에 없고 한 번 밖에 없다. 주어진 만큼 살 수밖에 없다. 마음에 안 든다고 다시 살 수도, 마음에 든다고 또 살 수도 없는 게 삶의 구조다. 그러니 신중하게 살고 낭비하지 마라.

* 개인의 경우나 전체의 경우나 삶은 반복적이고 순환적인 구조를 갖는다. 삶도 죽음도 행복도 불행도 되풀이된다. 그러니 마음의 평정을 지켜나가라. 크고 작은 세상사, 너무 기뻐도 말고 너무 슬퍼도 마라.

* 인생은 홀로 태어나 홀로 죽어가는, 그리고 그 누구도 대신 태어나고 대신 살아주고 대신 죽어줄 수 없는 개별적, 실존적인 것이다. 그러니 권리도 책임도 너의 몫이다. 남을 너무 탓하지도 말고 너무 의지하지도 마라.

* 네 인생, 주인공은 너지만 동시에 수많은 사람들이 협연하는 교향곡 같은 것이다. 그러니 사회적, 전통적, 일반적, 보편적, 상식적 가치를 따라야 한다. 예컨대 온유, 성실, 진실, 정의… 그런 것들. 그것이 삶의 대기인 세상을 정화해준다.

* 삶에는 운명 같은 것도 없지는 않다. 그러니 어쩔 수 없는 일들에 대해서는 받아들여라. 필요 이상으로 안달하지 않는 것, 애태우지 않는 것도 삶의 지혜다. 그러나 결정론, 운명론에 빠지지는 마라. 팔자도 결국은 길들이기 나름인 게다.

* 삶의 절반은 여건, 환경, 상황, 조건에 의해 만들어진다. 그러니 되도록 좋은 여건들을 찾아야 한다. 좋지 못한 환경은 가능한 한 피해라. 좋은 환경을 개척하고 나쁜 환경을 개선해라. 집이든 학교든 회사든 국가든.

　* 좋은 삶을 원한다면 자기 탓만 하지 말고, 불운 탓만 하지도 말고, 객관적인 삶의 조건, 사회의 구조를 개선해가라. 구조에 대해 책임을 물어라. 사회학적 관점도 꼭 필요하다. 객관적인 상황과 조건을 바꾸려는 노력도 인생인 게다.

　* 삶의 나머지 절반은 자기 몫이다. 개척해가는 것이다. 그러니 자신의 선택과 결단과 책임으로 엮어나가라. 깔끔한 작품 같은 인생을 만들어가라. 잘 구상하고 잘 다듬어가라. 네가 하기에 따라 네 인생, 걸작도 되고 졸작도 된다.

　* 삶의 고통은 보편적이다. 괴로운 것은 너만이 절대 아니다. 인간인 이상 누구나 다 괴롭다. 고통과 시련이 끝없이 와도 주저앉지 말고 무너지지 마라. 끝없이 극복하고 헤쳐 나가라. 본질을 알면 헛된 줄 알고, 욕심을 덜면 길은 트인다.

　* 삶은 출생에서부터 애당초 불공평하고 불평등하다. 그러니 그 점으로 해서 자신을 애태우지 마라. 노력으로 그것을 상쇄해가라. 어쩔 수 없다면 어찌해도 안 되고, 어쩔 수 있다면 어찌하면 되니까.

* 인생은 무상한 것, 허무한 것, 헛된 것이다. 그러니 지나친 집착에서 벗어나라. 세상에 좋다는 거 다 가져봐도 어차피 갈 때는 빈손으로 가는 것. 그렇다고 뒷짐만 지고 있는 것이 능사겠는가. 흔적이든 기념이든 이 세상에 남게 되는 것도 분명히 있다.

* 결과를 보면 삶은 무의미하다. 하지만 과정을 보면 수많은 의미들로 가득 차 있다. 그 의미들이 사람을 살아가게 한다. 그것 때문에 살아가는 것, 그것을 위해 살아가는 것, 그런 의미들이 어디 하나둘인가. 그런 의미들을 만들어가고 찾아나가라.

* 삶의 과정에는 수많은 즐거움, 기쁨, 행복이 있다. 두말없이 그것은 좋은 것이다. 그것은 축복이다. 은혜다. 그러므로 삶을 긍정하고 수용하고 고마워해라. 어두운 상황이 닥칠지라도 항상 밝고 긍정적인 삶, 플러스적인 삶을 사는 게 좋다.

* 삶은 값진, 소중한 그 무엇이다. 사람들이 출생을 그토록 반가워하고 죽음을 그토록 애통해하는 것은 이미 삶이 가치 있음을 반영하는 것이다. 비싼 보석을 쓰레기통에 두지 않듯이 네 인생의 나날도 애지중지하여라.

■ 삶의 이유 ─────────────────────

* '왜 사느냐?' 사람들은 묻지만 속 시원한 대답을 누가 알겠나. 너나 나나 사람은 영문도 모른 채 이미 태어나 살고 있다. 그러니

까 산다. 났으니까 산다. 무책임한 말 같지만 이게 일단 답이다. 삶은 의무다. 그러니 살아라. 어쨌거나 그냥 살아야 한다.

* 적지 않은 사람들이 '마지못해' 산다. 마지못하다는 것은 만다는 것, 즉 죽는다는 것이 싫다는 말이다. 죽는 것이 싫은 이상, 죽지 못하는 한, 우리는 살 수밖에 없다. 그러니 살아라. 부디 너도 죽지는 마라. 그러나 어차피 산다면 제대로 살아라.

* '살고 싶다'고 사람들은 바란다. 죽음 앞에 서보면 저절로 안다. 살겠다는 맹목적인 의지가 우리에게 있다. 그러니까 산다. '이곳'에 우리를 매어두는 최후의 끈이 삶 자체에 대한 집착, 애착이다. 그것이 삶의 이유다. 타고난 것이니 누가 이를 탓하랴.

* 우리를 이 '세상'에 붙들어 매는 보이지 않는 끈은 무수히 많다. 가족(부모, 형제, 부부, 자식), 친구, 연인, 회사, 직장, 나라…. 그 끈들을 하나씩 잘라나간다 해도 마지막까지 남게 되는 최후의 단단한 끈이 있다. 그것이 바로 살겠다는 의지다.

* 무언가 때문에, 무언가를 위해서, 사람들은 산다. 때로는 그 무언가 때문에 무언가를 위해서 죽을 수도 있다. 그런 것을 사람들은 '의미'라고 부른다. 사명도 소명도 의미가 된다. 그런 의미들을 찾아 가져라. 그것이 인생을 불태우는 연료가 된다.

* '좋음'이 인생의 최종 원리다. 좋으니까 산다. 좋으려고 산다.

사람들은 그것을 행복이라 부른다. 부귀영화, 돈, 권력, 지위, 명예, 건강, 우정, 사랑… 사람마다 좇는 것은 그때그때 달라도, 좋겠다는 그걸 보고 사람들은 산다. 좋은 게 좋은 거다. 그게 원리다. 궁극의 원리다.

이수정(李洙正)

일본 도쿄대(東京大) 대학원 인문과학연구과 철학전문과정 수료(문학박사).
한국하이데거학회 회장, 한국철학회·철학연구회·한국해석학회 이사, 창원
대 인문과학연구소 소장·인문대학 학장·인문최고아카데미 원장, 일본 도
쿄대·독일 하이델베르크대·프라이부르크대·미국 하버드대 방문교수, 하
버드 한인연구자협회(HKFS) 회장, 일본 규슈대(九州大) 강사 등을 역임.
월간『순수문학』으로 등단(시인).
현재 창원대 철학과 교수로 재직.

저서로는『하이데거 ─ 그의 생애와 사상』(공저, 서울대출판부),『여신 미네
르바의 진리파일 ─ 시로 쓴 철학사』(철학과현실사),『편지로 쓴 철학사』(아
테네),『하이데거 ─ 그의 물음들을 묻는다』(생각의 나무),『본연의 현상
학』(생각의 나무),『인생론 카페』(철학과현실사),『진리 갤러리』(철학과현실
사) 등이 있고, 시집으로『향기의 인연』(생각의 나무),『푸른 시간들』(철학과
현실사) 등이 있으며, 번역서로『현상학의 흐름』(이문출판사),『해석학의 흐
름』(이문출판사),『근대성의 구조』(민음사),『일본근대철학사』(생각의 나무),
『레비나스와 사랑의 현상학』(갈라파고스) 등이 있다.

메일 sjlee@changwon.ac.kr

인생의 구조

1판 1쇄 인쇄	2014년 9월 10일
1판 1쇄 발행	2014년 9월 15일

지은이	이 수 정
발행인	전 춘 호
발행처	철학과현실사

등록번호	제1-583호
등록일자	1987년 12월 15일

서울특별시 종로구 동숭동 1-45
전화번호 579-5908
팩시밀리 572-2830

ISBN 978-89-7775-778-3   03100
값 18,000원

지은이와의 협의하에 인지는 생략합니다.
잘못된 책은 바꿔 드립니다.